法国哲学研究丛书

学术译丛

Le Pli: Leibniz
et le Baroque
Gilles
Deleuze

修订译本

褶子

莱布尼茨
与巴洛克风格

[法] 吉尔·德勒兹———— 著　杨洁————译

U0125297

上海人民出版社

插图 1　利奥波德一世（Leopold I）

插图 2　查理二世

插图 3　圣特雷莎的沉迷

插图 4　路易十四胸像

插图 5　斯皮纳齐雕塑作品

插图 6　奥尔加斯伯爵的葬礼

总序
哲学经典翻译是一项艰巨的学术事业

  法国哲学是世界文化遗产的重要组成部分，法国哲学经典是令人叹为观止的思想宝藏，法国哲学家是一座座高高耸立的思想丰碑。笛卡尔的我思哲学、卢梭的社会契约论、孟德斯鸠的三权分立学说、托克维尔的民主学说、孔德的实证主义、柏格森的生命哲学、巴什拉的科学认识论、萨特的存在主义、梅洛-庞蒂的知觉现象学、列维-斯特劳斯的结构主义、拉康的精神分析、阿尔都塞的马克思主义、福柯的知识—权力分析、德里达的解构主义、德勒兹的欲望机器理论、利奥塔的后现代主义、鲍德里亚的符号政治经济学、利科的自身解释学、亨利的生命现象学、马里翁的给予现象学、巴迪欧的事件存在论……充满变革创新和勃勃生机的法国哲学影响了一代又一代人，为人类贡献了丰富多彩、灵动雅致的精神食粮，以其思想影响的广泛和深远而成为世界哲学文化的重要组成部分。

西方哲学经典，对哲学家而言，是要加以批判超越的对象；对哲学工作者而言，是要像信徒捧读《圣经》那样加以信奉的宝典；对普通读者来说，则多少是难解之谜。而如果没有了翻译转换，那所有这一切就无从谈起。

自从明朝末年至今，西方思想在中国的传播已走过了大约四个世纪的历程，中西思想文化的交融渗透推动一个多元、开放和进取的精神世界不断向前发展。显而易见，传播者无论是外国传教士还是国人知识分子，都不同程度地遇到了不同语言文化思想如何转换的棘手难题。要在有着不同概念系统和概念化路径的两种哲学语言之间进行翻译转换并非易事。法国哲学经典的汉语翻译和传播当然也不例外。太多的实例已充分证明了这一点。

绝大多数哲学文本的重要概念和术语的含义往往并不单一、并不一目了然。西文概念往往是一词多义（多种含义兼而有之），而任何翻译转换（尤其是中文翻译）往往都只能表达出其中一义，而隐去甚至丢失了其他含义，我们所能做的就是尽可能选取一种较为接近原意、最能表达原意的译法。

如果学界现在还一味热衷于纠缠某个西文语词该翻译成何词而争论不休，则只会导致人们各执一端，只见树木不见森林，浪费各种资源（版面、时间、精力、口舌、笔墨）。多年前，哲学界关于"to be"究竟该翻译成"存在"还是"是"、"Dasein"究竟应该翻译成"亲在"还是"定在"甚或"此在"而众说纷纭，着实热闹过一阵子，至今也无定论。我想只要是圈内专业人士，当看到古希腊哲学的"to be"、康德的"diskursiv"、海德格尔的"Dasein"、萨特的"facticité"、福柯的"discipline"、德里达的"supplément"、利科的"soi-même"等西文语词时，无论谁选择了哪种译法，都不难想到这个语词的完整意义，都不难心领神会地理解该词的"多义性"。若圈内人士都有此境界，则纠结于某个西文语词究竟该怎样翻译，也就没有多大必要了。当然，由于译者的学术素养、学术态度而导致的望文生义、断章取义、天马行空般的译法肯定是不可取的。

哲学经典的翻译不仅需要娴熟的外语翻译技能和高超的语言表达能力，还必须具备扎实的专业知识、宽广的知识视野和深厚的文化底蕴。翻译的重要前提之一，就是译者对文本的理解，这种理解不仅涉及语句的字面意义，还关系到上下文的语境，更是离不开哲学史和相关政治经济社会和宗教文化等的知识和实践。译者对文本的理解其实包含一个诠释过程。诠释不足和诠释过度都是翻译的大忌。可是，翻译转换过程中却又难以避免信息的丢失和信息的添加。值得提醒的是：可读性并不等于准确性。哲学经典翻译应追求"信、达、雅"的境界，但这应该只是一个遥远的梦想。我们完全可以说哲学经典翻译是一项艰苦的学术活动。

不过，从译者个体来讲，总会存在程度不一的学识盲点、语言瓶颈、理解不准，因而难免在翻译转换时会词不达意甚至事与愿违，会出错，会有纰漏。虽说错误难免，但负责任的译者应该尽量做到少出错、不出大错。而从读者个体来讲，在保有批判态度的同时，最好也能有一个宽容的态度，不仅是对译者，也是对自己。因为难以理解的句子和文本，有可能是原作者的本意（难解），有可能是译者的错意（误解），有可能是读者的无意（不解）。第一种情况暗藏原作者的幽幽深意，第二种情况体现出译者的怅然无奈，第三种情况见证了读者的有限功底。学术经典传承应该是学术共同体的集体事业：写、译、读这三者构成了此项事业成败的三个关键环节。

"差异""生成""创新""活力"和"灵动"铸就了几个世纪法国哲学的辉煌！我们欣慰地看到愈来愈多的青年才俊壮大了我国法国哲学研究和翻译的学术队伍。他们正用经典吹响思想的号角，热烈追求自己的学术梦想。我们有理由确信我国的法国哲学和西方哲学研究会更上一层楼。

拥抱经典！我们希望本译丛能为法国哲学文化的传承和研究尽到绵薄之力。

莫伟民

2018 年 5 月 29 日写于光华楼

目录

第一部分　褶　子

第二部分　包　含

第三部分　拥有身体

么相似？— 感觉器官与振动：冲动的心理机制 —
物质的重褶 — 算法的身份

代译序
褶子：新单子与新巴洛克风格

"从意向性到褶子、从存在者到存在、从现象学到本体论，海德格尔的门徒们使我们懂得本体论曾与褶子多么不可分离，既然**存在**（Être）曾经恰恰是褶子，褶子是存在与存在者共同形成的，作为古希腊人的开启行为，存在的展开不是褶子的反面，而是褶子自身、**裂口**（Ouvert）的接合线、揭蔽—遮蔽的奇异性。存在的褶痕保留得比较模糊，存在与存在者的褶子取代了意向性。"[①]

"最遥远者因转变成最近者而成为内在的：**褶子中的生命**（la vie dans les plis）。这是中心房间，人们不再担心其空，既然要把自我置入其中。人们在此成为其速度的主宰，相对而言，成

[①] 德勒兹：《福柯》，于奇智译，上海人民出版社 2021 年版，第 119 页。

为其分子与奇点的主宰，在此主体化地带：宛若外部之内部的小船。"[1]

德勒兹这两段话预示着"褶子"概念将会得到进一步探究，《褶子：莱布尼茨与巴洛克风格》一书便是这一探究的重要哲学成果。在一定意义上讲，德勒兹的"褶子"概念是莱布尼茨单子与巴洛克艺术的思想结晶，因此，我们可以把"褶子"视为"新单子"或"新巴洛克风格"。可以说，"褶子"是对"莱布尼茨单子"与"巴洛克风格"的超越，至少可与它们媲美、相提并论。如果说莱布尼茨有单子论或单子哲学，那么，德勒兹有了自己的褶子论或褶子哲学。

德勒兹在《褶子》第一章接着《福柯》写道："褶子并不是巴洛克风格的发明，褶子色色形形，有来自东方的褶子，有希腊褶子、罗马褶子、罗曼式褶子、哥特式褶子、古典式褶子……但巴洛克风格使所有这些褶子弯来曲去，并使褶子叠褶子，褶子生褶子，直至无穷。巴洛克风格的特征就是趋向无限的褶子。"[2]趋向无限的褶子，事实上无处不在，于是，（几乎）完全可以说，一切都是褶子。正如汤姆·康利指出："褶子是德勒兹哲学中那个登峰造极、居高临下的形象，而一个诗人能顶两个哲学家。"[3]

"我们不再能够区分垂直的泛音和水平的旋律线……因为这两种状态在一条对角线上融合在了一起，单子在这里互相渗透、互相转化……问题依然是要在这个世界上居住，但斯托克豪森的

---

① 德勒兹：《福柯》，于奇智译，第 134 页。

② Gilles Deleuze, *Le Pli: Leibniz et le baroque*, Les Editions de Minuit, 1988, p. 5.

③ 汤姆·康利：《褶子与折叠》，载《德勒兹：关键概念》，查尔斯·J. 斯蒂瓦尔编，田延译，重庆大学出版社 2018 年版，第 272 页。

音乐居所和杜比菲的雕塑屋均不允许内部与外部的不同，不允许私人与公共的差异继续存在，他们将变异和路径视为同一，并以'游牧论'（nomadologie，或可译作'游子论'——引者注）替代了'单子论'（monadologie）……虽然我们还将发现新的打褶方式和新的包裹方式，但我们依然是莱布尼茨主义者，因为打褶、解褶、重褶（或者折叠、展开、再折叠）始终是问题所在。"① 这是《褶子》一书的结语，一般地展现了德勒兹哲学的志向与气度。这标志着德勒兹哲学在本书中得到了极度提升。

　　德勒兹在《福柯》一书中讨论了"主体化"（褶皱或思想内部）观念，认为主体化因褶皱而起，进而概括出四个主体化褶皱（褶子）："阿芙洛狄西亚"褶子、力量关系褶子、知识褶子与外部自身的褶子。它们如同主体性的目的因、形式因、动力因、质料因。② "褶子"概念贯穿福柯的全部著作。如果说，德勒兹在《福柯》（1986 年）一书中还只是将"褶子"（pli, fold, pleat）作为其部分内容而隐没其中，那么，《褶子》（1988 年）一书则使这个词"上岸"而成为书名。可见，"褶子"这一概念经历了由隐至显的过程。《褶子》与《福柯》是一个组合体，互相呼应，因此，读者朋友可以对照阅读，以进一步理解德勒兹与福柯的哲学共鸣。问题是，这一洞见在哲学史上有何意义？这是我们阅读《福柯》与《褶子》要深思的大问题。对此，德勒兹已经做了如此精妙的凝练表达："**存在—光线**（Être-lumière）只转向可见性，而**存在—语言**（Être-langage）只转向陈述：褶子不会重新建立意向

---

① Gilles Deleuze, *Le Pli*: *Leibniz et le baroque*, p. 189.
② 参见德勒兹：《福柯》，于奇智译，第 113 页。

性，因为意向性在非意向性知识的两部分之间的分离中消逝。"[①]
可见，德勒兹和福柯的一个哲学目标是与海德格尔、梅洛-庞蒂、
萨特等人抗衡。

既然德勒兹已自揭其哲学谜底，还有必要写一篇也许"多余
的"说明性文字（所谓"序"或"前言"）吗？

什么是序？所谓序就是写在前面的话，"有言在先"或"有
言在前"，比"正文"先说，犹如序幕或事件的端始，亦如弥撒
的序祷或序诵。我们能否逃过"序"？凡事皆有开端，看来作为
"有言在先"的序———一本书的开端，我们无法逃过，恰似我们
无法逃过事物的开端。正如德勒兹言："序完全没有必要，但是，
书的作者、编订者、作序者（真正的受害者），这些人当中，谁
都不能逃避它。"[②]《褶子》极富想象力，是一部非常深刻又十分
耐读的书。总之，这是一部应当引起中国哲学界重视的德勒兹
著作。

德勒兹将"哲学"界定为"创造概念"，这实际上是其治学
原则与哲学信念，使他丝毫不愿停歇，要像骏马那样天天咀嚼燕
麦并在大地上奔跑，也要像大鲸鱼那样忘情而努力地下沉。我
们不能放弃哲学与哲学探究，更不能放弃哲学创造，要不断抵
抗"哲学死亡"的谬论。探究哲学就是研究概念及其概念组，犹
如庖丁解牛，亦如木匠制作家具。哲学家就是概念创造者，如同
农民是粮食生产者。"创造概念"为他探究和发展哲学确定了方
向。在他看来，怀疑是创造的先决条件，在怀疑以往哲学家思想

---

① 德勒兹：《福柯》，于奇智译，第 121 页。

② Gilles Deleuze, *L'Île Déserte et Autres Textes. Textes et Entretiens 1953—1974*, Les Éditions de Minuit, 2002, p. 395.

的基础之上，用自己确定的概念替换某种既成哲学框架中的关键概念，以孕育出新概念并改变原有哲学的思想图景。

我们往往会在德勒兹著作中读出所研究对象（比如尼采哲学、斯宾诺莎哲学、康德哲学、福柯哲学等）原本没有的说法或者没有提及的主题。这正是德勒兹极具个人风格与个人方式的解释方法，即把其研究对象当作"鸟巢"，取走原来的鸟蛋，换上另外的鸟蛋，从而孵化出新的鸟。即使新的鸟是怪异不同的，也值得珍视，因为这毕竟是一种大胆尝试，并且避免了低水平重复。一个非常典型的例子是：他以"意义"与"价值"取代尼采哲学的"真理"与"错误"，并进行新的理解与诠释。于是，尼采哲学呈现出崭新的面貌。从根本上来说，取代概念与所取代概念既相互区别又互为补充；取代概念与所取代概念原本互为邻里，一隐一显，一阴一阳；当然，取代概念是有待激活的因素，通过取代得以进入哲学的重要位置，得到理性阐释和意义赋予，从而生成新概念；可见，原来缺乏生机的取代概念被激活。在某种意义上说，这是一种看起来有些"偷偷摸摸"的行为，但是，这种行为允许他的某种哲学理论研究只是一种借用，以生成迥然不同的理论成果，而不是亦步亦趋地复制或再现所研究对象，而是使其中具有可能性、潜在性的思想亮点发出耀眼的光芒。这便是"哲学即创造概念"这一命题的基本内涵，也正是一种内在的哲学实践。

我们应当看到，这种哲学实践绝不是随意的，而是对创造者有极高的要求。哲学工作者必须真正懂得哲学，懂得爱护哲学，不能使哲学沦为市场叫卖声；必须对哲学概念及其属性、作用、功能了然于心，才能恰当地选择取代概念并恰当地进行取代，才能创造取代的可能性条件；必须掌握概念的发生发展的过程与规律，才能完成创造概念的哲学使命。这些本领，德勒兹完全具备。

曾为《福柯·褶子》（2001年版）所作"译后记"的一段话，大致概括了《褶子》的基本内容，今稍作修改，抄录于下，愿有助于读者朋友开卷：

《褶子：莱布尼茨与巴洛克风格》，精彩地破解了莱布尼茨哲学蜿蜒曲折的褶子之谜，并且根据这个褶子在巴洛克路线上继续描述和解释世界，以发展哲学思想。莱布尼茨哲学研究是德勒兹的重要工作，德勒兹深受莱布尼茨的影响，在莱布尼茨哲学中他重新发现了一个褶皱式的双重世界，即身与心的折叠。身与心生成的褶子（pli）是莱布尼茨的哲学发明，身与心不断折叠、展开、再折叠。他在《福柯》中用"褶子"这一概念描述思想内部结构的主体化过程，并且发展了这个概念，思想的内部结构是其外部结构的褶子，也就是说，我们在"思"中进行着"思"。德勒兹不仅探究莱布尼茨哲学的"褶子"问题，而且分析巴洛克风格。于是，莱布尼茨哲学与巴洛克风格通过褶子而发生联系，这是德勒兹的又一个新发现。将"褶子"引入哲学，是很有意思的。我们完全可以把褶子比喻为一个圆拱，这个比喻有助于我们更好地理解德勒兹哲学的精巧结构，更能理解他为哲学确定的根本任务：创造（新）概念。德勒兹在莱布尼茨哲学与巴洛克风格之间画出一条对角线，这条对角线来回缠绕而生成一块斜纹布（褶子），将建筑学家、画家、音乐家和哲学家联系起来。这块斜纹布就是莱布尼茨所宣称的既无门又无窗的封闭性单子（monade）。每个单子都是和谐而满载的宇宙。德勒兹的褶子观念非常形象地揭示了存在于身心之间的差异与不可分性、普遍和谐与回转迭合。德勒兹哲学提出"褶子"这一概念的宗旨在于，拒斥潜在性，描述布局，标出断裂线，画出对角线。

我们或可举关于语句的例子以理解"褶子意"（esprit du pli），诸如《容斋四笔》卷三——"晴干吃猪头，雨落吃羊头"[1]——精妙地表达了"褶子"意象，其中的"吃"构成褶子语句的纽结，分别连接"晴干"与"猪头"、"雨落"与"羊头"，与此同时，"晴干"对"雨落"，"猪头"对"羊头"。再如《杂俎》所出此类句子："左边左边，右边右边；上些上些，下些下些；不是不是，正是正是；重些重些，轻些轻些！"[2] 这是搔痒隐语，实喻致知。痒在背而难自搔，他人搔也不击要害，遂须反复摸索，各显不同，层层扩展，反反复复，交替进行。这构成绝妙的褶子式致知意象与致知画面。此外，世间有"爪杖""如意""不求人"等（这些搔痒工具本身也是如褶子般的物品），便可自行搔背。可见，这样的语句褶子及其褶子意象是复杂多变的。

汉字"褶"，从衣，习声兼表如鸟翅折叠的意思，其本义是"夹衣"，又表"衣裙折皱"（本义具有原初性，追溯原初即寻找根源）。"褶"字引申为折痕叠迹，又指脸部皱纹（脸褶子）、鱼尾纹等。总之，一切诸如此类的现象都具褶子意象。

---

[1]　转引自钱钟书：《管锥编》第一册，中华书局1986年版，第146页。

[2]　同上书，第三册，第968页。

英文的 fold 或 pleat，它们作为动词，指向"打褶""折弄""折叠""对折（衣物、纸张、织品、鸟翅、床、被子等）""折小叠平""包裹""关闭""终结""拥抱""交叉""交叠""合拢""吻合""缝合""搅拌""调和"等。它们作为名词则导向"褶""缝褶""褶裙""折弄的裙子""褶层""折叠部分""皮肤褶皱""褶痕""褶缝""褶线""栏""圈""岩石褶皱"等。

法文的名词 pli 朝向"褶子""裥""褶痕""波状皱褶""波浪形""习惯""信封""封口信件""皱纹""褶皱"等。其动词 plier 有"折""折叠""使弯曲""使服从""使屈服""弯曲""屈服""屈从""退却"等。

凡"打褶者""有褶者""可折叠者""易弯曲者""柔软者"皆具褶子意象。

在汉语中，同偏旁（同根）词族，如由"鱼"作为偏旁构成的如下汉字及其词族生成"褶子意象"（我们可称之为"字褶子"，亦存在于其他语言之中）：

鱽、钆、鱿、鲀、鲂、鲃、鲅、鲆、鲄、鲇、鲈、鲉、鲊、鲋、鲌、鲍、鲏、鲐、鲑、鲒、鲓、鲔、鲕、鲖、鲗、鲘、鲙、鲚、鲛、鲜、鲟、鲠、鲡、鲢、鲣、鲥、鲤、鲦、鲧、鲩、鲪、鲫、鲬、鲭、鲮、鲯、鲰、鲱、鲲、鲳、鲴、鲵、鲶、鲷、鲸、鲹、鲺、鲻、鲼、鲽、鲾、鲿、鳀、鳁、鳂、鳃、鳄、鳅、鳆、鳇、鳈、鳉、鳊、鳋、鳍、鳎、鳏、鳐、鳑、鳒、鳓、鳔、鳕、鳗、鳙、鳚、鳛、鳜、鳝、鳞、鳟、鳠、鳡、鳢、鳣、鳤。

这些字集结了鱼类动物或相关项，其他物类也如此，一字对一物或者一物应一字，字物互相对应。言说领域（符号的与实践的）的"字的集结"意味着大自然的"物的集结"，它们因集结而生成字或物的褶子或褶子族。可见，"褶子意象"既体现在"符号世界"，又展现于"物质世界"，换而言之，无论是符号世界还是物质世界，都开显为这样或那样的"褶子构型"或"褶子轮廓"(configuration du pli)。

关于褶子的观念与想法终将导向并延至存在、事件、无限等，也将带给我们关于褶子的印象与知识，甚或褶子哲学。这是一个从殊相到共相的理性飞升。小至微观世界，大至宏观世界，褶子处处皆是。广阔无边的宇宙就是一个美丽动人的至大褶子，也充满精妙绝伦的巴洛克风格。

德勒兹在其病魔缠身的晚年，愉快地接受了他学生帕内(Claire Parnet)的系列访谈，生成了他的私人小褶子或字母表：A：Animal（动物）、B：Boisson（饮品）、C：Culutre（文化）、D：Désir（欲望）、E：Enfance（童年）、F：Fidélité（忠诚）、G：Gauche（左派）、H：Histoire（历史）、I：Idée（思想）、J：Joie（快乐）、K：Kant（康德）、L：Littérature（文学）、M：Maladie（疾病）、N：Neurologie（神经学）、O：Opéra（歌剧）、P：Professeur（教授）、Q：Question（问题）、R：Résistance（反抗）、S：Style（风格）、T：Tennis（网球）、U：Un（一）、V：Voyage（旅行）、W：Wittgenstein（维特根斯坦）、XY：Inconnues（未知数）、Z：Zigzag（曲折）。他向我们充分展示了如何用哲学理解与解释世界的魅力。

此次难得的系列访谈长达8个小时。这是德勒兹献给喜欢他的人的最后礼物。

或许还可提一个题外话式的问题：我们能否从翻译中逃逸？恐怕很难。困难的逃逸恰似困难的自由。我们一旦初试翻译这桩美丽而又让人生畏的事业就恐怕难以从中逃逸，因为翻译很易使人上瘾。翻译就是夜行船、荡秋千、走钢丝、上刀山、下火海，总之，翻译起码是一次语言、思想、大脑的三重历险。《褶子》一书，如同译者其他译作，都是受邀之作，都是对允诺的复原。译者杨洁女士，法语汉语表达俱佳，喜欢德勒兹及其著作。我们完全可以说，翻译《褶子》是对德勒兹原作绝好的馈赠，也是献给喜欢德勒兹的中国读者的礼物。可歌可贺！在此，作为朋友，我向译者杨洁女士表达我由衷的敬意。

德勒兹的《褶子：莱布尼茨与巴洛克风格》是友人杨洁女士的译作修订本，曾与我所译德勒兹另一著作《福柯》合成一书，于 2001 年由湖南文艺出版社出版中译本。《褶子》修订译本，现由上海人民出版社出版，独立成书。

如今，应于力平先生与杨洁女士二位之邀，为该书作一篇"代译序"，权作抛"砖"引"玉"。

于奇智

2021 年 5 月 24 日

江声林影馆

第一部分

褶　子

第一章　物质的重褶

巴洛克风格与本质无关，确切地说，它关涉操作功能，关涉特征。巴洛克风格就是不断制作褶子。褶子并不是巴洛克风格的发明，褶子色色形形，有来自东方的褶子，有希腊褶子、罗马褶子、罗曼式褶子、哥特式褶子、古典式褶子……但巴洛克风格使所有这些褶子弯来曲去，并使褶子叠褶子，褶子生褶子，直至无穷。巴洛克风格的特征就是趋向无限的褶子。首先，巴洛克风格将褶子按照两个方向、依据两种无穷区别开来，仿佛无穷有着两个层次，即物质的重褶和灵魂中的褶子。在下层，物质先以第一类褶子被叠积，再以第二类褶子被组合，以此使它的部分构成"以不同方式折叠、又多少有所发展"的器官。[①] 而在上层，灵魂则高歌上帝的光荣，它遍及自己的褶子，但却不能使它们完全展

----

① 《自然与实体交流的新系统》(*Système nouveau de la Nature et de la Communication des substances*)，第 7 节。

开，"因为这些褶子是趋向无穷的"①。"迷宫"一词从词源上讲就是"多"的意思，这是因为迷宫有很多褶子。这个"多"，不仅指它有多个部分，也指它以多种方式被折叠。一座迷宫精准地对应着每个层次：连续体的迷宫与物质及其部分对应；自由的迷宫则与灵魂及其谓词对应。② 如果说笛卡尔未能破解这两个迷宫，是因为他是沿着一条直线道路探寻连续体的奥秘、又在一种直线性灵魂中探寻自由的奥秘的。他没有看到物质还有弯曲，也不知道灵魂还有倾斜。因此就需要有一种既能清点种类又能破解灵魂的"密码术"，它能够看清物质的重褶，也能读懂灵魂的褶子。③

可以肯定的是，上述两个层次一定是相互沟通的（这也正是连续体能够上升至灵魂的原因）。下层也有灵魂存在，但那是些感觉的、动物的灵魂，或者可以说，灵魂中也有一个下层，在那里，物质的重褶环绕着灵魂，包裹着灵魂。当我们知晓灵魂不可能有外部的窗户，至少先要明白这个外部是属于上层的、理性的、向着另一层次上升（提升）的灵魂的外部。没有窗户的是上层：那是一个房间或暗室，仅挂着一幅"褶子使其呈现为多样"的幕帘，它如真皮一样暴露在外。这些褶子，也就是不透明的幕帘上的绳索或弹簧力，代表着在物质作用下转化为行为的天赋知识。因为，物质能够借助存在于下层的"几个小孔"使绳索的最

---

① 《单子论》（*Monatologie*），第 61 节；《自然与神恩的原则》（*Principe de la Nature et de la Grâce fondés en raison*），第 13 节。

② 《论自由》（*De la liberté*）[卡莱伊（Foucher de Careil）：《莱布尼茨未刊书信及文稿》（*Nouvelles lettres et opuscules*）]。

③ 关于作为"发现被掩盖事物要害之术"的"密码"，参见残篇《论组合术……》（*Un livre sur l'art combinatoire*）[库蒂拉（Couturat）：《文稿》（*Opuscules*）]；《人类理智新论》（*Nouveaux essais sur le l'entendement humain*，以下简称《新论》"），第 IV 部分，第 17 章，第 8 节：自然的重褶和"节缩"。

下端发生"颤动或震荡"。莱布尼茨在下层与上层之间所进行的是一场伟大的巴洛克式装配工程,下层有开凿的窗户,上层则密不透光,但它却如音乐厅一样能够共振,能够将下层的可视运动传达为声音。① 有人批评称《新论》一书并没有表达莱布尼茨的思想,只是最大限度地解释了他与洛克思想和解的可能性。但这部著作毕竟使莱布尼茨成就了他一直想要证明的东西的表达方式,即两个层次、两个迷宫以及物质的重褶和灵魂的褶子之间的对应乃至相互联系的关系。在两个褶子之间还存在一个褶子吗?而同一个图像,即大理石纹理图像则可能在不同条件下适应两个层次,因为,此一时,大理石的纹理是物质的重褶,它们包围着聚集在大理石石块儿中的活体,使得大理石石块儿宛若一汪微波涟漪的湖水,湖中满是鱼儿;彼一时,石头纹理又是灵魂中的天

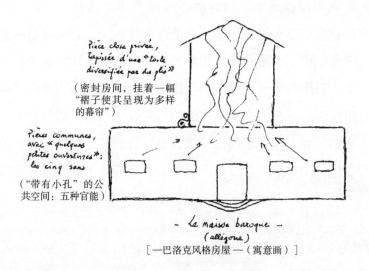

Pièce close privée,
Tapissée d'une "toile
diversifiée par des plis"
(密封房间,挂着一幅
"褶子使其呈现为多样
的幕帘")

Pièces communes,
avec "quelques
petites ouvertures":
les cinq sens
("带有小孔"的公
共空间:五种官能)

- La maison baroque -
(allégorie)
[—巴洛克风格房屋 —(寓意画)]

---

① 《新论》,第Ⅱ部分,第12章,第1节,莱布尼茨以该著"重写了"洛克(Locke)的《人类理解论》。不过,洛克也曾援用"暗室"一词,但他没有用"褶子"一词。

赋观念，仿佛人物形象被折叠在大理石里，或是雕像潜在于大理石块中。物质可以是大理石的，灵魂也可以是大理石的，只是方式不同罢了。

沃尔夫林[①]指出了巴洛克建筑的某些物质特征，即底部的横向加宽、三角楣的降低、低而曲折的台阶向前延伸；将材料处理成团块或骨料、棱角圆化、避免直角、用圆叶形板代替锯齿叶形板、利用石灰华[②]制作出类似海绵或呈多孔的形状，或构建出旋涡样式，并让旋涡一个紧接着另一个，只在终结处变形为一将马尾或一朵浪花形的泡沫；材料便具有了超越空间、与流体呈一致的趋势，与此同时，水流自身则汇聚为团块。[③]

惠更斯[④]发展了以弯曲为研究内容的巴洛克数学物理理论。而在莱布尼茨那里，宇宙的弯曲则依据另外三个基本概念而延展，即物质的流动性、物体的弹性以及作为机制的弹簧力。首先可以肯定的是，物质本身不可能沿曲线运动，它所遵循的是切线。[⑤]而宇宙似乎被一种能动的力压缩，这个能动力迫使物质沿着一条在极限处没有切线的曲线作曲线或旋涡运动。而物质的无穷分解使这个压缩力在确定曲线的同时，又将物质的所有部分带到了它的邻域，带到了周边的部分里，这些部分包围并渗入被认可的物体，同时确定其曲线。物质的各个部分不断分解，在每一

---

① 沃尔夫林（Heinrich Wölfflin, 1864—1945）：瑞士艺术史学家。——译注

② 石灰岩沉积质的统称，主要成分是碳酸钙，属石灰石或大理石，也称孔石。通常呈奶油色或淡红色，可作建筑材料、假山、盆景，还可入药。——译注

③ 参见沃尔夫林：《文艺复兴与巴洛克风格》（*Renaissance et Baroque*），蒙佛尔出版社。

④ 惠更斯（Christian Huyghens, 1629—1695）：荷兰物理学家、数学家、天文学家。——译注

⑤《新论》序。

个旋涡中形成数个小旋涡，小旋涡中又生出更小的旋涡，而在由旋涡之间相互触碰所产生的凹处，又有无穷小的旋涡形成。物质因而呈现为一种有着无穷小微孔、海绵状的或虽有孔洞却并非真空的组织结构，总是孔洞里还有孔洞。每个分离体，无论多么小，都包含着一个世界，因为它总要为不时过往的东西所洞穿，为越来越细微的流体所围绕、所渗透。整个宇宙仿佛"一汪物质的池塘，里面荡漾着各式各样的流波和涟漪"①。

其次，尽管如此，我们也不能得结论说，即使最微小的物质也完全是流动的，并且已经失去了其组织结构。这种说法出自一篇被莱布尼茨认为是笛卡尔所写的论文。笛卡尔认为，是各个部分之间事实上的不同导致了可分离性：能够定义绝对流体的正是凝聚性或粘附性的缺席，也就是说，是各个部分之间可分离性的缺席，这种分离性实际上也只适合抽象的和被动的物质。② 笛卡尔这个观点很可能是错误的，我们还会在不同领域里看到类似错误。在莱布尼茨看来，物质的两个在事实上不同的部分有可能是不可分的，正如下列情况所显示的那样：周围紧邻物的作用不但规定一物体作曲线运动，这些紧邻物的压力还规定物体的刚性（凝聚性、黏附性）或规定其各部分的不可分离性。因此，应当说，一物体既具有某种程度的流动性，也具有某种程度的刚性，或者说，物体在本质上是弹性的，因为物体的弹力正是作用于物质之上的能动压缩力的表现。当船以一定速度航行时，波浪就会

---

① 1696 年 12 月致德·毕耶特（Des Billettes）的信，格哈特（C. I. Gerhardt）编：《莱布尼茨哲学著作集》（*Philosophie*），第 VII 部分，第 452 页。

② 《定义表》（*Table de définitions*），C，第 486 页；《新论》，第 II 部分，第 23 章，第 23 节。

变得如大理石一般坚硬。原子学的绝对刚性假说与笛卡尔的绝对流动性假说在这里遭遇了，而这两种观点在以有限的物体或以无穷的点（作为点的轨迹、分析性点方程的笛卡尔线段）提出可分离极小值问题时，犯了同样的错误。

这正是莱布尼茨在其一篇杰出的文章中所阐述的问题：易弯曲或有弹性的物体也有着黏附的部分，这些部分形成了一个褶子，因此不能再分离为部分的部分，而是无穷尽地被划分成愈来愈小、但始终保持着一定黏附性的褶子。所以，连续体的迷宫并不是一条可以被分解为彼此独立、如流沙颗粒般的点所构成的线段，而是像一块布或一页纸，它能够分成无穷的褶子或被转换为曲线运动，并被环绕着它的东西坚定一致、齐心协力地限定着。"连续体的分离不应当被看作沙子分离为颗粒，而应被视为一页纸或一件上衣被划分为褶子，并且是无穷的划分，褶子越分越小，但物体却永远不会被分解为点或极小值。"[1] 如同洞里有洞一样，总是褶子里还有褶子。物质的统一体，即迷宫的最小元素是褶子，不是点，点永远不是一个部分，它只是线段的一个端头。正因为此，作为压缩弹力的相关物，物质的部分是团块或聚合体。这样，展开褶子就不是褶子的反义词，而是跟随着褶子直到另一个褶子，是被一个"相反的力变过来又变过去""旋转成褶子的微粒"[2]，风的褶子，水、火、土的褶子，还有地下矿脉的褶子皆如此。"自然地理"的坚固褶皱以一种复杂的、相互作用的方式首先相关于火的活动，其次是大地上的水流和风的活动；而矿脉则与圆锥曲线类似，它们有时会以圆形或椭圆形告终，有时则

---

① 《帕西迪乌斯与斐拉莱特对话》(*Pacidius Philalethi*)，C，第 614—615 页。

② 致德·毕耶特的信，第 453 页。

以双曲线或抛物线继续延伸。^① 日本哲学家所说的"origami^②"或称折纸艺术应该就是物质科学的模式。

由此已经可以得出两个能够让我们预感到物质与生命、物质与有机体有着和谐关系的结论。当然，有机褶子有其特殊性，正如化石所证明的那样。然而，一方面，物质中各部分的分离总是伴以曲线运动或弯曲状态的瓦解的，我们可以在卵子的发育过程中看到这一点：以数字表示的分离仅仅是形态遗传活动和作为褶皱的内折活动的条件。另一方面，如果物质竟然能够无限分解为独立的点的话，有机体的形成就可能是一个不大现实的谜，或者说是一个奇迹，而当（已被重折的）无穷中间状态不断出现，且其中每一状态都含带一定程度的黏附性，有机体的形成就变得越来越接近可能，越来越趋于合理，这就有点类似不可能用彼此不相干的字母随便拼凑成词，而借助音节或词形变化规律则完全可能组成词一样。^③

第三，已经很明显，物质的机制就是弹簧力。如果说世界呈无穷海绵孔洞状，如果说在最小的物体中依然有世界存在，那正是因为"物质里处处有弹簧力"，这个弹簧力不仅证明各个部分会无穷分离，也证明了运动的获得和丧失是渐进性的，同时还努力将力保留下来。物质—褶子即是一种物质—时间，其现象就如

---

① 《原始地球》（*Protogaea*），迪唐（Dutens），第 II 部分；见贝尔特朗·德·圣热尔曼（B. de Saint-Germain）博士的法译本，1850 年，朗格鲁瓦出版社。关于矿脉和圆锥曲线，见第 8 章。

② 日语，意即：折叠纸、五色纸，日本人用以折叠鹤等。——译注

③ 威拉得·吉布斯（W. Gibbs）发展了这个主题。莱布尼茨假设上帝是不会在"尚很柔软的土地上"勾画"最初的线条"时不去创造"某种类似动物或植物这类结构的"（《原始地球》，第 8 章）。

无数杆"气枪"连续不断的射击。[1] 这里，我们又一次预感到物质与生命的姻亲关系，因为物质处处释放弹簧力，几乎让人对物质有了一种肌肉的概念了。在援用光的传播以及"发光体内的爆炸"将动物精神变成一种弹性的、发光的和爆炸性的实体时，莱布尼茨即与笛卡尔主义背道而驰，但与范·海尔蒙特[2] 的传统走到了一起，并且受到波义耳[3] 实验的启发。[4] 总之，打褶与展开褶子并不对立，它是绷紧—放松、挛缩—膨胀、压缩—爆炸（而非密集—稀疏，因为它可能导致真空产生）。

下层因此也是由有机物质构成的。有机体是被内生褶子规定的，而无机物质却有着永远为外部或环境所规定的外源性褶子。这样，对活体而言，就有着一个使其得以成形的、内在的褶子，这个褶子随着有机体的变化和发展而不断发生形变。由此我们看到了预先成形的必然性。然而，有机物质却并非因此不同于无机

---

① 致德·毕耶特的信；致培尔（P. Bayle）的信，1698 年 12 月（GPh，第 III 部分，第 57 页）。参见盖鲁《莱布尼茨的动力学与形而上学》（*Dynamique et métaphysique leibniziennes*），美文出版社，第 32 页："如果不能假设物体是组合而成并因此能够通过自身的微孔将渗入其内部的物质微粒排出而挛缩，而这个被排出的更小的物质微粒又能够从它自己的小孔将另一个更小物质排出……如此下去，直至无穷的话，**弹簧力**又何以理解呢？"

② 范·海尔蒙特（Van Helmont，1580—1644）：荷兰化学家、生理学家、医生。——译注

③ 波义耳（Robert Boyle，1627—1691）：英国物理学家，化学家。——译注

④ 关于启发了威利斯（Tomas Willis）反射概念的弹性和爆炸、关于这种模式与笛卡尔模式的区别，参见乔治·康吉莱姆（Georges Canguilhem）：《反射概念在 17、18 世纪的形成》（*La Formation du concept de réflexion aux XVIIᵉ et XVIIIᵉ siècles*），法国大学出版社，第 60—67 页。马勒伯朗士（Nicolas de Malebranche）试图同时在无机物和有机体中将弹簧力和弹性松懈的论点与笛卡尔主义相调和：《真理的探求》（*Recherche de la vérité*）第 VI 部分，第 8、9 章（"任何坚硬物体都不会产生哪怕是一丁点的弹簧力……"）。

体（初级物质与次级物质的区别在这里无关紧要）。无论无机物还是有机物，都是同一种物质，只是作用于这种物质的能动力不同。当然，这些力完全是物质的和机械的，灵魂尚没有介入。因此，此时此刻，活力就是一种严格意义上的有机物。能够解释有机褶子的，是物质力量，这些力只须能使自身与先前的力区别开来，并能加入先前的力之中，就足以在其产生作用的地方将唯一的物质变成一种有机物质。莱布尼茨将这种能动力称作"塑性力"，以便与压缩力或弹力相区别。塑性力构建团块，但是，尽管团块借助弹簧力为有机体做了准备，或者说使有机体的成形成为可能，但它却永远不可能使团块成为有机体，因为有机体的器官总是以这些使它们得以预先成形的塑性力为条件的，而塑性力不是团块的力，如此一来，任何器官都只能从一个先存的器官里产生出来。[①] 即便物质里的化石也不能为我们的想象力所理解，就像我们在斑驳的墙面上可能看到一幅基督头像的情形，但这些化石与经由已经存在过的有机体的塑性力相关。

如果说塑性力彼此能够区分，那也不是因为活体超越出了机械装置，而是因为机械装置不足以为机器。机械装置之错并不在于它过于人工而不能解释活体，恰恰因为它的人工程度不够，因为它不足以为机器。我们的机械装置实际上是由那些本身并非机器的组成部分组合而成的，而有机体则无穷地被机器化，它是一部其所有组成部分或零件都是机器的机器，只是"被其所接收的

---

① 1705 年 7 月致玛莎姆夫人的信（GPh，第 III 部分，第 368 页）。也见《对生命原则和塑性力特性的考察》（*Considération sur les principes de vie et sur les natures plastiques*）（GPh，第 VI 部分，第 544、553 页）：生命原则是非物质的，但"塑性力"不是。关于化石，参见《原始地球》，第 28 章。

不同褶子变换了形式"而已。[1] 这样的话，与其说塑性力是机械的，不如说它是机器的，而且，巴洛克式机器也因塑性力而得以定义。有人可能反驳说，无机自然的机制已经趋向无限，因为弹簧力自身的组成是无穷的，也或因为褶子永远都与其他褶子相关。但是，从一个等级向另一个等级的每一次过渡，都须有一个外部规定性或是一个来自环境的直接作用力，否则，这种过渡就可能停顿下来，就像在我们的机械装置中那样。活的有机体则相反，它由于预先成形而具备一种内在规定性，这个规定性使有机体得以从一个褶子过渡到另一个褶子，或者无穷尽地以机器构成机器。在有机体和无机体之间似乎存有一种向量差，后者趋向越来越大的、统计学机制从中发生作用的团块；前者则趋向越来越小、越接近极端的团块，在这些小团块里起作用的是一套个体机器装备，一种内在个性。莱布尼茨是否在很多方面都早有预感，只是这些预感很久以后才得到了发展呢？[2] 的确，在莱布尼茨看来，内在个性只能在灵魂的层次上获得解释，这是因为有机内在性只能是派生的，且只有一个凝聚性或黏附性的（而非固有的或"内在的"）包裹。这是一种空间内在性，尚不是概念内在性；是外部的内在化，是外部的内陷，如果没有真实的内在性存在于**其他地方**，这种内陷是不会自行产生的。总之，是有机体给予了物

---

① 《自然的新系统》，第10节；《单子论》，第64节："铜齿轮的轮齿有着不同的部分或片段，对我们来说，这些部分已不再是某种人造的东西，较之铜齿轮具有专门的用途，这些部分却不再有任何能够显示这是一台机器的东西。但自然的机器，亦即活体，在其直至无穷小的部分里也依然是机器"。致玛莎姆夫人的信，第374页："塑性力就在机器中。"

② 关于莱布尼茨的工艺学概念以及他与笛卡尔关于这一概念的对立，参见米歇尔·塞尔（Michel Serres）：《莱布尼茨系统》（*Le Système de Leibniz*），法国大学出版社，第II部分，第491—510及621页。

质一个内部，经由这个内部，内在化原则得以对物质产生作用，树叶的情形即如此：无论从叶脉还是从褶子上看，都没有两片树叶完全相同。

打褶—展开褶子已经不单单意味着绷紧—放松、挛缩—膨胀，还意味着包裹—展开、退化—进化。有机体就是凭借其折叠能力而被定义的，它能将自己的各个部分无穷尽地折叠、再展开，但展开并不是无穷尽的，而是展开到属于某一规定种类的程度。因此，一个有机体被包裹进了种子（器官的预先成形），而种子又被其他种子包裹，直至无穷（包裹胚芽），如同俄罗斯的套娃：第一只苍蝇包含着未来所有的苍蝇，而每一只苍蝇在适当的时刻都将应运展开它自己的部分。而当一个有机体死亡，它并不就此化为乌有，而是退化，并且立即折入再度入眠的胚芽之中，同时进入更高级的状态。简单地说，展开褶子既是增加、扩大，也是折叠、缩小、减退，"返回到一个世界的深处"[1]。尽管如此，仅以简单的量度变化可能不足以解释有机体与无机体、机器与弹簧力之间的不同，很可能还会使人忘记，不仅要从部分朝着或多或少更大或更小的部分过渡，还要从褶子到褶子。当机器的一个部分仍然是机器，这个部分的小机器与整体的机器就不是一回事了。当莱布尼茨援引阿尔勒坎[2]的上衣，其内衣与外衣并不是同一件。这就是为什么除了尺寸变化，更有形态变化或"形式特征变化"的原因所在。凡动物都具有异质和异形双重性，如同蝴蝶折叠成毛虫，毛虫又

---

[1]　1687 年 4 月致阿尔诺的信，GPh，第 II 部分，第 99 页。

[2]　阿尔勒坎（Arlequin），17 世纪意大利著名喜剧人物，其形象为身着多彩服装、头戴黑色面具、富有同情心而头脑简单的仆人。——译注

延展为蝶。如果说卵子不仅是一个包裹，它同时还能提供一个部分，而另一个部分由雄性成分提供的话①，动物的双重性甚至还是同时存在的。事实上，除了体积上的差别，能够重复出现的是无机体，因为外部环境总是向一个身体内渗；有机体则相反，它包裹着一个内部环境，这个内部必然包含**其他**种类的有机体，这些有机体也会包裹那些包含了**其他**有机体的内部环境："一个活体的所有肢体都充斥着其他活体，这些活体可能是植物，也可能是动物……"②无机褶子因而是简单而直接的，而有机褶子却总是组合的、交叉的、间接（以一个内部环境为媒介）的。③

物质要被折叠两次，一次是在弹力的作用之下，另一次是在塑性力的作用下，并且不能从弹力过渡到塑性力。因此，宇宙就不是一个巨大的活体，它不是**自在动物**。但莱布尼茨不接受这种假设，正如他不接受**普遍精神假说**一样。有机体保守着不可缩减的个体性，而有机系统则守卫着不可缩减的多样性。无论如何，这两种力、两种褶子、团块以及有机体都在严格意义上是同外延的。活体并不比无机物质的部分**更少**。④当然，外部环境不是活体，而是一个湖或池塘，就是说是一个能够养鱼的地方。湖或池塘在这里具有了全新的意义，因为池塘不再与作为有机褶子而遍及它们的弹性波浪有关，而与作为无机褶子被放养在塘里的鱼

---

① 《新论》，第 III 部分，第 6 章，第 23 节。因此，博内（Charles Bonnet）不该在其《哲学的再生》（*Palingénésie philosophique*）中批评他的老师莱布尼茨止步于体积大小的变化上。

② 《单子论》，第 67—70 节。

③ 参见塞尔，第 I 部分，第 371 页。

④ 1687 年 9 月致阿尔诺的信，第 118 页。

儿有关，大理石块亦如此。而活体在其本身所包含的内部环境又是另外一些养鱼塘，里面满是另一些鱼儿，"群鱼攒动"。其中的无机褶从两个有机褶之间经过。莱布尼茨与巴洛克风格皆认为，理性原则就是些真切的呼唤：并非**一切**都是鱼，但处处有鱼存在……活体不具有普遍性，但却普遍存在。

有人说，预先成形论和连锁论，如同它们在被仔细研究后终于被证实一样，也早已被摈弃了。发展、演进的意义完全颠倒了，因为它现在表示后成之意，也就是说，它表示有机体和器官的显现，这些有机体和器官既非先成亦非连锁而成，而是在另一个与它们不相似的东西中形成出来的，这就是说，一个器官与一个先存的器官无关，而与一个更为普遍的、分化程度较低的胚样相关。[①] 发展并非通过扩大和增长而由小到大，而是通过分化一个起初未被分化的场而由一般到特殊。这种分化的发生或是由于外部环境的作用，或是受到具有规定性、定向性、而非构成性亦非先成性的内在力的影响。然而，当先成论超出单纯量度变化范围，它便会向后成说趋近，仿佛后成说被迫带有一种可能的或潜在的预先成形一样。这是因为问题的关键不在此处，而在于，这两种概念共同将有机物构想为别致的褶子、折痕或折叠（生物学绝不会放弃这种对于活体的确定，正像今天球状蛋白质的基础褶皱作用所证明的那样）。17 世纪以先成说借助最原始的显微镜所识别出的正是这一真相。从那时起，在后成说和先成说两个方面又发现了同样的问题就不足为怪了：所有折叠模式都是同一**自在**

---

① 根据后成说，阿尔伯特·达尔克（Dalcq）得以认为："从行为和反应系统可以得到尾肢……那里没有任何东西先天即是尾部的。"[《卵子及其组织动力学》（*L'Œuf et son dynamisme organisateur*），阿尔班·米歇尔出版社，第 194 页]。

动物的变化过程或发展水平，或者，如莱布尼茨据先成说、居维叶 ① 和贝尔 ② 以后成说观点所认为的那样，确实存在着其他类别不可约减的折叠？③ 的确，这两种观点是截然对立的：后成说认为，有机褶是从一个相对平整的或半光滑的表面自我生成、自我凹陷或增生吸积而成的（分裂、内陷及连接何以能够有预兆?）。而对先成说而言，一个有机褶总是出自另一个褶子，至少在同一种组织的内部如此：任何褶子都源自一个褶子，即 *plica ex plica*④。借用海德格尔的说法，后生说的褶子就是一种 *Einfalt* ⑤，或者说是一个未分化褶子的差异化；而先成说的褶子则是一种 *Zwiefalt* ⑥，而不是一个褶子呈现为两个，因为任何褶子都必然如

---

① 居维叶（Geroges Cuvier，1769—1832）：法国动物学家、古生物学家、比较解剖学的创立者。——译注

② 贝尔（Karl Ernst von Baër，1792—1876）：德裔爱沙尼亚生物学家、解剖学家、胚胎学创始人。——译注

③ 赞同后成说的乔弗鲁瓦·圣伊莱尔（Isidore Geoffroy Saint-Hilaire）是伟大的有机折叠思想家之一。他认为，由于不同褶子是同一**动物**的不同变体，因而能够借助折叠从一些褶子过渡到另一些褶子（组合平面统一体）。如果弯曲一个脊椎动物，"使其背部的两棘趋近，它的头就会弯向脚部，盆骨趋近颈部，内脏的位置就与足纲软体动物的一样了"。这招致了贝尔以后成说之名反对先成说，也激起了居维叶的不满。居维叶提出，发育的轴线或结构的平面均具有多样性。参见乔弗鲁瓦：《动物学哲学原理》(*Principes de philosophie zoologique*)。尽管乔弗鲁瓦是一元论者，但他在其他方面也自称莱布尼茨派，他以一种物质的力解释有机体，这种力不改变物体的性质，但可以给予物体以新的形式和新的关系。这是一种电冲击力，或是开普勒（Kepler）式牵引力，它能使弹性流体在"局部世界"里或无穷小世界中"再度展开"。这种力的作用距离很小，且不是借助收缩各同质部分而产生作用，而是通过同形部分的碰撞产生作用[《自然哲学的历史与综合概念》(*Notions synthétiques et historiques de philosophie naturelle*)]。

④ 拉丁语，意即：褶子出自褶子。——译注

⑤ 德语，海德格尔用语，意即：纯一性、元一。——译注

⑥ 德语，海德格尔用语，意即：二重性、双关。——译注

此，褶子就是一个"两者的褶子"，一个"两者之间"，这是在差异即是自我区分这个意义上而言的。对于认为先成说没有前途的观点，我们无法确定其可靠性。

这样，充斥着下层的就是团块、有机体、堆集和活体了。为什么还需要另一个层次，是因为感觉的或动物的灵魂已经在那里，与有机体不可分离吗？甚至每个灵魂在其身体里似乎都有定位，就像水滴里的一个"点"，当这个水滴分裂或体积减小，这个"点"则依然存在于缩小了的水滴的部分里。灵魂就是这样，直至死亡，它都一致存留在它始终存在的地方，即存在于身体的那个部分里，无论这个部分减小了多少。① 莱布尼茨说，视点就在这个身体中。② 当然，塑性力是物质的，根据这种力，一切都如机器运行一样在身体中完成。塑性力虽能解释一切，却解释不了可变**统一体的等级**，塑性力将它所构建的团块（一株植物、一条软体虫、一个脊椎动物……）带回这个等级。物质的塑性力作用于团块，是要团块从属于塑性力自身也以其为前提的实在统一体。塑性力能做的是有机合成，但须以灵魂作为**合成的统一体**，或作为"非物质生命原则"为前提。仅在此时，万物有灵论才以纯粹统一体或联合为出发点，抛开一切因果关系，与有机论走到了一起。③ 不过，如果有机体不具有它们与之不可分离的灵

① 1706 年 3 月致德·鲍斯（Des Bosses）的信，见克里斯蒂安娜·弗莱蒙的《存在与关系》（*L'Etre et la relation*），弗兰出版社；1687 年 4 月致阿尔诺的信，第 100 页：一只昆虫即使被碎尸万段，其灵魂依然存在于"仍有生命的某个部分里，并且，这个部分始终须足够小，以保证避开对其有害的行为……"

② 1704 年 6 月致玛莎姆夫人的信，第 357 页。

③《自然与神恩的原则》，第 4 节：灵魂中的"等级的无限性"；《自然的新系统》，第 11 节。

魂—统一体，当然，灵魂也与有机体不可分离，有机体就其自身的情况就不可能具有这种使自己被无穷折叠、并在灰烬中继续存留的因果力。这正是莱布尼茨与马勒伯朗士的根本区别所在：精液中不仅有身体的预先成形，也有灵魂的预先存在。① 物质当中不仅处处有活体，灵魂也无处不在。因而，当一个有机体应运展开其自身的部分时，它的动物灵魂或感觉灵魂也便朝着整个剧场敞开。在这个剧场，灵魂撇开了它的有机体，虽然它与之不可分离，而遵循自己的统一体去感知、感觉。

然而，这正是全部问题之所在，从包裹着身体的亚当的精子开始，注定要成为人类身体的身体究竟发生了什么？从法律上看，这些身体似乎以胚胎的形式带有一种标志着它们命运的"秘密证书"，当那一时刻来临，它们立即将自己的部分展开，并到达为人类所专有的有机体展开的等级，或形成为大脑的褶子，与此同时，它们的动物灵魂也升华为理性灵魂，并达到更高一级的（精神）统一体："被有机化的身体会同时接收到人体的布局信息，其灵魂则上升到理性灵魂的等级。至此，我不能肯定这是上帝的日常操作还是着意安排。"② 不过，无论如何，这里的变化，即场所、界、平台或层次的改变都是一种上升，一种激昂。物质的场所让位给了精神的或上帝的场所。巴洛克灵魂与身体有着一种复杂的关系：它与身体永不可分离，它在身体中发现了一种动物性，这种动物性使其昏昏然，并将其卷入物质的重褶之中。但它也从中发现了一种有机的或智力的人性（发展等级），这种人性能使巴洛克灵魂上升，上升至所有其他褶子之上，即使

---

① 《单子论》，第 74 节。

② 《上帝的正义为他的事业辩护》，第 81—85 节；《神正论》，第 91、397 节。

理性灵魂会重新坠落，直至死亡，或像浮沉子一样再上升到最后的审判。正如莱布尼茨所说，张力就在下陷和上升之间，正是这种下陷或上升在某些地方穿透了有机化团块。我们从圣洛朗教堂（Basilique Saint-Laurent）的墓碑雕像来到了圣伊尼亚斯（Saint-Ignace）穹顶画像。有人反对说，物质引力与宗教的上升完全不同，它们不属于同一世界。但二者都是向量，它们以向量的名义分布在一个唯一的、同一个世界，分布在唯一的、同一个屋子的两个不同层次中。这是因为，灵魂与身体不可分是枉然的，它们在事实上根本就是分开的（我们在物质的部分里已经看到了这一点）。从那时起，灵魂在身体的某个无论多么小的部分中的定位，就更是一种自上而下的**投影**，那是灵魂被投影为身体的一个"点"，这种投影符合德萨格① 几何学，也符合巴洛克透视观。总之，上层的首要理由是这样的：下层有灵魂存在，其中一些受召唤将变成理性灵魂，并因此也将变更其所在的层次。

不过，我们还是不能停下来。莱布尼茨的原则相互作用之说不仅对理性灵魂有价值，也对动物或感觉灵魂本身有价值：如果两个在事实上互为分离的事物能够是不可分离的，则两个不可分离的事物也能够在事实上是分离的，并能分属于两个不同的层次，而其中一个在另一个中的确定位置就可能只是一个呈现为点的投影（"在我看来，认为灵魂存在于点中是不合适的，或许可以说，……灵魂是通过对应存在于某一地方的"）。作为统一体等级的动物灵魂因此就已经在另一个层次里了，因为这一切都如机器运行那样发生在动物本身，发生在下层。塑性力或机械力是

---

① 德萨格（Girard Desargues, 1591—1661）：法国数学家，圆锥曲线透视几何奠基人。——译注

"派生力"的组成部分，而派生力是以其构建物质的方式被定义的。相反，灵魂则是"原始力"，或是非物质生命原则，它们只能从内部、自在地、通过"与精神的类比"被定义。由于动物灵魂随着其有机体的缩减而遍及无机体，停滞就更不可能。这样，就轮到无机物质与那些栖息在更高的别处的灵魂相关了，但这些灵魂只能被投影在无机物上。一个身体，无论它小到什么程度，只能在第二种派生力的驱动下才会沿曲线运动，这种派生力就是压缩力或弹力，它们通过周边外部身体的机械作用对曲线加以规定，因为身体是自动沿正切线运动的。但此处亦然，机械定律或外在决定论（冲撞）虽然能解释一切，却无法解释一个如此多变、无规律的具体运动的**统一体**。正如柏格森所揭示的那样，运动统一体始终是灵魂的事情，甚至是知觉的事情。同理，物质的集相关于一种不再由外部规定的弯曲，在外部作用下，被一任意物体所遵循的曲线与内在的、使个体化的、处于另一层次的"更高级"统一体相关，这个统一体包含着"曲率"，即褶子定律或方向改变定律。① 作为与派生力的相关者始终为来自外部的冲击所规定，同时又作为与原始力的相关者为内部所统一的是同一运动。在第一种关系中，弯曲是偶性的，由直线所派生；而在第二种关系中，弯曲却是原始的。因而，弹簧力有时为微妙的环境作用所机械地解释，有时又作为物体的内部，即"已存在于物体内

---

① 《对培尔先生在新系统中所发现困难的解释……》（*Eclaircissement des difficultés que M. Bayle a trouvé dans le système nouveau ...*）（GPh, IV, 第 544, 558 页）。盖鲁已经指出外部决定论和内部自发性是如何通过身体取得完美一致的，第 203—207 页及第 163 页（"弹性现在已被视作原始自发性和原始能动力的表现"）。

部的运动原因"被内部包含，只需等待外部为其排除障碍。[①]

　　因此，另一个层次处处表现出其必要性，且这种必要性是纯粹形而上的。构成这另一个层次或者说构成上层内部的是灵魂自身。在那里，不再有窗户供外部的影响进入。借助物理学，我们从外在的物质重褶来到自生的、活跃的内部褶子。现在要考察的正是这些褶子，考察它们的本性和展开情况。一切都仿佛是在物质的重褶本身没有其理由的情况下发生的。这是因为，**褶子**永远处在两个褶子之间，而且，这个两者之间的褶子似乎无处不在于无机体和有机体之间、有机体与动物灵魂之间、动物灵魂与理性灵魂之间、一般意义上的灵魂与身体之间。

　　[①] 《自然的新系统》，第 18 节；《论第一哲学的改造和实体概念》(*De la réforme de la philosophie première et de la notion de substance*)。

第二章　灵魂中的褶子

可变曲线或褶子的理想遗传因素是弯曲。弯曲是真正的微粒，是弹性的点。克利[1]就指出，弯曲是能动的、自生的线条的遗传因素。由此看出他与巴洛克风格及莱布尼茨的亲近及其与笛卡尔主义者康定斯基[2]的对立。在康定斯基看来，角是坚硬的，点也是坚硬的，它们依靠一种外部的力得以运动。而克利则认为，点作为"非矛盾的非概念性概念"遍及弯曲，它就是转折点本身，切线正是在它这里横穿过曲线。它就是点—褶子。克利画了三个连续的图形[3]，第一个是弯曲；第二个图形显示不存在精确的、没有混合的图形，正如莱布尼茨所说，不存在"没有混杂着弯曲的直线"，也不存在"不混有其他性质的某种有限性质的曲线，这一点在最小的部分与在最大的部分里是一样的"，因此，

---

① 克利（Paul Klee，1879—1904）：瑞士表现派画家。——译注

② 康定斯基（Wassily Kandinsky，1866—1944）：俄罗斯画家、艺术理论家、抽象艺术先驱。——译注

③ 克利：《现代艺术论》（*Théorie de l'art moderne*），龚蒂耶出版社，第 73 页。

"绝不可能为某一物体规定一个精确的表面，就像我们有可能为微粒所做的那样"；① 第三个图形用阴影显示凸面，这样可以凸显面和曲线中心，以使凸面和凹面以转折点为界相互转换。

贝尔纳·卡什 ② 将弯曲或转折点定义为内在奇异点。与"极值"（外在奇异点，最大值和最小值）相反，弯曲与坐标无关，它既不在上也不在下，不在右也不在左，不倒退也不前行。弯曲符合莱布尼茨所说的"模糊特征"，它处于失重状态；甚至凹面矢量与重力矢量也尚无任何关系，因为由凹面矢量决定的曲率中心围绕着弯曲而振动。因此，弯曲是线或点的纯粹**事件**，它是**虚拟的**，是完美的理想。弯曲依据坐标轴自我发生，但它暂时还不在世界当中，因为它就是**世界**本身，或毋宁如克利所说，弯曲是世界的开始，是"宇宙生成的地方"，是"次元 ③ 之间"的"无因次量 ④ 的点"。弯曲是一个被事件期待的事件吗？弯曲正是以这种身份经历了一些可能的变换，据卡什认为，弯曲经历了三种形态的变换。⑤

活跃的线条自由地嬉戏。为散步而散步，没有特别目的。原动力：

---

① 1687 年 9 月致阿尔诺的信，GPh，第 II 部分，第 119 页。

② 卡什（Bernard Cache, 1958— ）：法国建筑师、哲学家。——译注

③ 亦即维度，数学中指独立参数的数目，在物理学和哲学中指独立时空坐标的数目。——译注

④ 物理学术语，指描述某一物理体系的一个量，是一个纯数，没有任何物理单位。——译注

⑤ 卡什：《领土陈设》（*L'Ameublement du territoire*），这部关于地理、建筑及不动产的颇具启发性的著作，对整个褶子理论也具重要意义。

德勒兹在其《褶子：莱布尼茨与巴洛克风格》（1988，午夜出版社）中称卡什的 *L'Ameublement du territoire* 即将出版。据查，该著 1995 年由麻省理工学院出版社以 *Earth Moves：The Furnishing of Territories* 为英译本书名先行出版，直到 1997 年，奥尔良 HYX 出版社才首次出版该著的法文版，且易名为 *Terre meuble*（《移动的大地》）。——译注

一个运动中的点（图 1）：

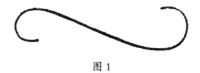

图 1

同一线条有了一些伴随物（图 2 及图 3）：

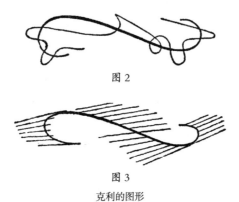

图 2

图 3
克利的图形

弯曲的第一种变换是矢量的，或者借助对称，与一正交或相切的反射面呈矢量关系。这种变换依据光学定律进行，将弯曲转换成尖点或弹头形。弹头形表现一运动物体的形状，它与流体的流动线路相吻合，而尖点表现的是水流统一汇集为一个单一水道时的谷底的剖面图：

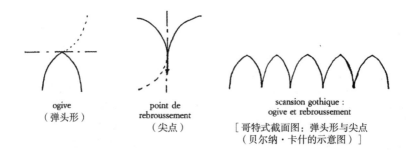

ogive
（弹头形）

point de
rebroussement
（尖点）

scansion gothique :
ogive et rebroussement

[哥特式截面图：弹头形与尖点
（贝尔纳·卡什的示意图）]

第二种变换是投影式的，这种变换表达的是由"隐匿参数"和变量或位能的奇点所规定的内部空间在外部空间的投影。托姆[①]的变换在这个意义上涉及的是一种活体形态学，其突变提出了七个基本事件：**褶子**、折叠、燕尾、蝴蝶、双曲、椭圆和抛物线。[②]

最后，弯曲在其自身与一个无穷变分或无穷可变曲率是不可分的。巴洛克风格要求将角变圆，并根据位似[③]定律让这些角激增，所获得的就是科赫曲线。[④]该曲线经由无穷个角点，但不在任何一个点上接纳切线，它包裹着一个无限呈海绵状或有孔洞的世界，它所构成的不只是一个线条，却又不足为一个面（曼德博[⑤]的分形维数与小数或无理数一样，是无因次量，是次元间[⑥]）。位似也使变分与规模的改变相一致，类似山坡长度的情况。但当涉及的是起伏波动而非内部位似，情况就完全不同了，问题就不再是有无可能在

---

① 托姆（René Thom，1923—2002）：法国数学家，突变论创始人。——译注

② 关于突变理论与有机形态发生的联系，参见勒内·托姆《形态发生与虚构》（*Morphologie et Imaginaire*），Circé 8—9（关于七个特殊性或突变—事件的介绍，第 130 页）。

托姆突变理论提出的七个突变类型是折叠突变、尖顶突变、燕尾突变、蝴蝶突变、双曲脐突变和抛物脐型突变。德勒兹在此未提及尖顶型，却增加了褶子。——译注

③ 数学术语，一种具有位置关系的特殊相似。——译注

④ 一种类似雪花的几何曲线，故又称雪花曲线。这种曲线无论是由直段还是曲段组成，都始终保持连通。瑞典数学家科赫（Koch）1904 年第一次描述了这种曲线，故被命名科赫曲线。——译注

⑤ 曼德博（Benoit Mandelbrot，1924—2010）：波兰裔法国及美国籍数学家，分形理论创始人。——译注

⑥ 曼德博：《分形物体》（*Les objets fractals*），弗拉马里翁出版社。关于海绵状或孔洞说，参见曼德博引用让·佩兰（Jean Perrin）的文章，第 4—9 页。曼德博虽与托姆所持观点不同，但他们均深受莱布尼茨的启发。

无论多么接近的另外两个点之间确定一个角点，而是在间距成为新褶皱的诞生地、总要增加一个弯曲时，是否具有增加这个弯曲的权力问题。正是在这里，是从褶子到褶子，而非从点到点；也是在这里，任何轮廓都在材料的强势面前变得模糊不清，这种强势上升至表面，呈现为额外补充的弯曲和重褶。弯曲的转换不再有对称，也不再有投影的特权平面，它变成了旋涡，使旋涡得以形成的是滞后和延迟，而非延长或增殖：线条实际上折叠成了螺旋，以便借助悬于天地间的一种运动来延迟弯曲，这种运动无穷地即离于一个弯曲中心，而且，它随时都可能"飞起来，甚或向我们猛扑过来"[①]。但垂直螺旋既不抑制亦不延迟弯曲，不承诺弯曲，也不使其成为不可抗拒的截线，因为涡旋绝不可能自行生成，其螺旋遵循的是一种分形结构模式，根据这个模式，总有新的涡旋不断加入先前的涡旋之中。[②] 涡旋是由涡旋充满的，而且，随着轮廓的逐渐消失，涡旋最终只能化作泡沫或马鬃。在弯曲的变分向着起伏打开并最终成为起伏的同时，弯曲自身则变成了涡流。

巴洛克数学的定义是与莱布尼茨同时出现的，巴洛克数学面对的是对可变量值亦即变分本身的一种"新感"。其实，在一个分数甚或在一个代数式中，被视作易变的并非易变性，因为每个项都具有或应该具有一种特定的值。但无理数及与之相应的级数算法、微分商和差分算法则不再如此，在这些情况中，变分实际上变成了无限的，因为无理数是两个收敛级数的公共极限，其中

---

① 霍昆格姆（Guy Hocquenghem）和舍雷尔（Scherer）根据佩尔莫塞（Permoser）的雕像《神化的欧根亲王》（1718—1721）就是这样描写巴洛克螺旋的，见《原子之魂》（L'Ame atomique），阿尔班·米歇尔出版社，第186—197页。

② 从弯曲到涡旋，参见曼德博，第8章，也见卡什，后者特别强调延迟现象。

一个没有最大值，另一个没有最小值，而微分商又是两个正在消失的量之比的公共极限。但我们发现，在这两种情况下，都有一个作为原因而产生作用的弯曲元素的存在。无理数意味着一个圆弧落在由有理点构成的直线上，并宣布该直线为一假无穷数，它只是一个包含着一种空隙无限性的、无以确定的东西；这就是为什么说连续体就是一个迷宫的原因，它不能用直线来表示，它永远是一条可能混杂着曲度的直线。在如此接近的 A、B 两点之间，始终存在着引出等腰三角形的可能性，其斜边从 A 到 B，由顶点 C 确定的一条弧线在 A 和 B 点之间与直线相交。这个圆弧如同一段曲折的树枝，即迷宫的要素，它在曲线和直线相遇的地方将无理数变成为一个褶子点。对于微分商亦然，其褶子点为 A，它在 c 和 e 两个量值消失时保持着 $\frac{c}{e}$ 之比（这也正是一半径与一符合角 C 的切线之比）。[1] 总之，始终存在着一个使变分成为褶子的弯曲，它将褶子或变分引向无限。所谓褶子即是**幂**，正如我们在经由求根的无理数中以及在经由一个量与一个幂之比的微分商中见到的褶子一样，它是变分的条件。幂本身即是行为，是褶子的行为。

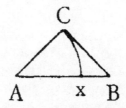

---

[1] 《以普通代数算法证明微积分算法》(*Justification du calcul des infinitésimales par celui de l'algèbre ordinaire*)，格哈特编《莱布尼茨数学著作》(以下简称 GM)，第 IV 部分，第 104 页。

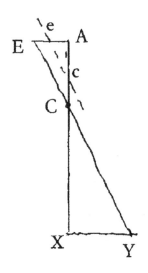

　　当数学将变分作为研究对象，所得的结果就可能是函数概念，对象概念也将改变，变成函数概念。在一些尤为重要的数学著作中，莱布尼茨提出了取决于一个或数个参量的曲线族理念："不是求在唯一的点与一已知曲线相切的唯一直线，要求的是以无限的点与无限的曲线相切的那条曲线；这条曲线不是被切的，而是切予的；而切线不再是直线，不再是唯一的，也不再是切予的，它变成了曲线，变成了无穷族和被切的"（这是切线的倒数问题）。① 这样，就存在着一个曲线系列，它不仅包含固定参数，

　　① 米歇尔·塞尔，第 I 部分，第 197 页。莱布尼茨的两部主要著作是 GM，第 V 部分：《论来自线条的线条》(*D'une ligne issue des lignes*) 和《微分法的新应用》(*Nouvelle application du calcul différentiel*)〔"比较系列内的曲线或观察一曲线从另一曲线上越过，有些系数非常稳定而持久，它们不只是留在系列的某一条曲线上，而是留在所有曲线上；其他系数则是可变的。当然，要让曲线的系列规律为已知的，系数中只有一个唯一的可变参数继续存在就成为必然，这样，如果有多个针对所有曲线的变量出现在一个能够解释它们共同性质的主方程式中，其他可以表达可变系数相关关系的次要方程式就应该是已知的，而且，由于这些次要方程式的作用，所有变量都可能从主方程式中被删除，只有一个例外……"，见佩鲁（Peyroux）的译文：《莱布尼茨论微积分》，布朗夏尔书店出版社〕。

对每一条曲线和所有曲线都一样，也包含着可变参数向着切予或相切曲线的"一个唯一变率"的缩减，即褶子。对象已不再由一个基本形式所规定，它达到了一种纯粹的泛函性，如同一个被参数限定的曲线族出现了偏斜，这个曲线族与一系列可能的偏斜或与一个由对象自己所描画的可变弯曲面不可分。我们将这个新对象叫作**对象域**（Objectile[①]）。正如贝尔纳·卡什所指出，这是一个非常现代的工艺学对象概念，这个概念甚至与工业时代的初期阶段并无关系，在那个时代，标准这一观念还保持着勉强算得上是本质的东西，并强行规定了一个硬性的法则（"对象由团块并且为了团块而产生"）；对象域概念所关涉的是我们今天的情形：标准的不断变化取代了定律的恒定；对象借助变分跻身连续体之中；工业生产信息自动化或数控机床取代了冲制工艺。对象的新身份使其不再与一太空模具相匹配，也就是说，不再与形式—材料的关系相关联，而与时间的调制相关联，这种调制包括材料的不断变化和形式的不断发展。调制中"绝对不会因为起模而有所停顿，因为能量介质的循环就相当于一种永久起模；而调制器则是一个连续时间模具……用模子制作就是按照给定方式调制，而调制则是以连续的、无穷变化的方式模制"[②]。莱布尼茨不就是这

---

① 卡什与博塞（Patrick Beaucé）1996 年成立了一间设计与数字建筑实验室"L'atelier Objectil"，该工作室借助最先进的技术创建了一些"非标准对象"（objets non standard）。Objectil 一词是对计算建筑研究的前瞻，它将工程、数学、技术、哲学等学科联系在一起，并广泛涉及雕塑、设计、家具、建筑、城市规划及景观等领域。作为全新意义的"对象"，Objectil 不再只是一个本质的、确定的概念，而是一个包含无数个对象的数学函数。Objectil 概念被卡什发展，又为德勒兹所用。较之"物的流变态""对象流域"等汉译，本译文选用了刘威霆和郑超所使用、也相对简洁的译法"对象域"。——译注

② 吉尔伯特·西蒙东（Gilbert Simondon）：《个体及其肉体生物的起源》（*L'Individu et sa genèse physico-biologique*），法国大学出版社，第41—42页。

样为调制下的定义？他说：级数定律将曲线假定为呈连续运动、不断被它们的竞争曲线相切的"同一条线的轨迹"。这不仅是一个对象的时间概念，也是其性质概念，因为声音、颜色都是易弯曲的，且均处于调制中。这是一个风格主义的对象，不再是本质主义的对象，因为它变成了事件。

如果说对象深刻改变了身份，主体亦然。我们从弯曲或可变曲度来到了凹面的曲度矢量。我们从弯曲的一段出发，确定一个点，这个点不再是那个遍及弯曲的点，也不再是转折点本身，而是垂线与切线在变分的一个状态中相交的点。确切地说，它不是一个点，而是一个地点、一个位置、一个场所、一个"线性焦点"，即来自线条的线条。我们将其称作**视点**（point de vue），根据就是，它代表着变分或弯曲。这也正是视角主义[①]的依据所在。视角主义并不意味着对于一个预先规定的主体的从属，相反，主体是抵达视点，或者毋宁说是在视点逗留的东西。因此，对象的转换相关于主体的相应转换：主体不是一个在下的、次要的东西（sub-jet），而如怀特海所说，它是一个"超体"（Superjet）。当对象变成对象域时，主体即变成超体。在变分与视点之间有着一种必然的联系，这不仅缘于视点的多样性（虽然这种多样性确实存在，我们将会看到这一点），首先是因为任何视点都是建立在

---

① le perspectivisme，也称观点主义、透视主义，是尼采提出的一种哲学方法论。——译注

变分之上的视点。不是视点随主体的变化而变化，至少最初不是这样。相反，视点是一个条件，在这个条件下，一个可能的主体捕获到了一种变化（变形 métamorphose），或某种 = X（变像 anamorphose[①]）的东西。在莱布尼茨看来，视角主义就是一种相对主义，尼采、威廉·詹姆斯[②]、亨利·詹姆斯[③]，以及怀特海也均持这种观点，但它却不是我们所认为的那个相对主义，它不是真理依据主体而发生的变化，而是一种变化的真理在主体中出现的条件。这也正是巴洛克式透视的观念。

但有人反驳说，视点会随凹面颤动，那么，在无穷变分的连续性和视点的间断性之间就没有矛盾存在吗？这个矛盾是否就是（继康德之后的）许多人在莱布尼茨那里所揭示的连续性原则与不可分辨事物原则之间的矛盾呢？如果我们一开始就努力将连续性与毗邻区别开，对这个问题的回答就是否定的。[④] 奇点完全属于连续体，虽然它们并不相毗邻。转折点在广延中构成了第一

---

① 关于变像，参见《神正论》，第147节；《新论》，第 II 部分，第29章，第8节。

② 威廉·詹姆斯（William James，1842—1910）：美国哲学家、心理学家。——译注

③ 亨利·詹姆斯（Henry James，1843—1961）：美国小说家，威廉·詹姆斯之弟。——译注

④ 继罗素之后，盖鲁也极力主张所谓连续性与不可分辨事物的矛盾，参见《从理性秩序看笛卡尔》（*Descartes selon l'ordre des raisons*），奥比耶出版社，第 I 部分，第284页。令人不解的是，盖鲁在其他地方又对罗素的论点提出了批评，而莱布尼茨完全有可能就是依据这个论点提出了距离概念，即与长度和范围不可分亦不可缩减的关系，因为空间由距离关系构成，而广延则由可测量值构成。不过，这一论点保证了视点与连续体的完美协调，参见盖鲁的《莱布尼茨的空间、点和真空》（"*Espace, point et vide chez Leibniz*"），载《哲学杂志》（*Revue philosophique*），1946；也见罗素的《莱布尼茨哲学》（*La philosophie de Leibniz*），戈登和布里奇出版社，第124—126页。

类奇点，并对那些进入曲线长度范围的褶子加以确定（那是些越来越小的褶子……）。视点则是空间中的第二类奇点，它们依照间距的不可分离关系构成包裹。但转折点和视点谁也并不比对方与连续体更为相悖，在弯曲中有多少视点，就有多少弯曲，而视点的间距每每是不可分割的，弯曲的长度则越来越大。连续体由视点间的间距构成，亦由无穷对应的曲线的长度构成。视角主义当然是一种多元论，但作为多元论，它关涉的是间距，而非间断性（的确，两个视点之间不存在真空）。莱布尼茨能够将广延（*extensio*）定义为地点（situs）或位置的"连续重复"，也就是视点的连续重复，这并不是说广延因此就是视点的属性，而是说广延是作为视点间距秩序的空间（*spatium*）的属性，是这个空间使这种重复成为可能。①

变分上的视点代替了一个图形或一个形态的中心。最著名的例子就是圆锥曲线，其中锥尖即是视点，圆、椭圆、抛物线、双曲线，甚至直线和点都可作为变体，依据切割平面的倾角（"舞台布景透视术"）与这个视点相关联。所有这些图形都成了一个"实测平面图"自我折叠的方式。而这个实测平面图并不是一个精确的圆，这种特权只可能出现在古老的透视概念中，但却可以是开始衰退或此刻正在勾画一个曲线族的对象域，这里的曲线是次级曲线，而圆是其组成部分。这个对象域，或实测平面图，就像一个展开的褶子。但展开褶子并不是褶子的反义词，与非变分并不是变分的反义词同理：这是一个不变量转换。这个不变量将

---

① 《菲拉勒与阿里斯特对话》(*Entretien de Philarète et d'Ariste ...*)，GPh，第 VI 部分，第 585 页："这样一来，当**广延是空间的属性**时，它也便是位置或地点的扩散或延续，正如物体的广延是反式的或物质性的扩散。"

由一个"模糊标志"①表示。实际上，这个不变量被包裹在变分中，正如变分被包裹在视点中。它不存在于变分之外，如同变分不存在于视点之外。因此，德萨格早在这一圆锥曲线新理论的基础阶段就将变分所包裹的关系或规律称作"对偶"了（例如，假设一三角形绕一轴旋转，点在轴上的位置由三角形三顶点的投影及其三条边的延长线确定）。②

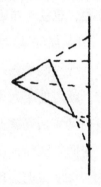

没有谁能更胜米歇尔·塞尔一筹，他不仅得出了圆锥曲线新理论的结果，也揭示了它的一系列先决条件，即：在一个无穷的或可变曲率的、失去了中心的世界，以视点代替衰退的中心的重要性；感知光学及感知中的几何学新模式以一种"视觉建筑"摈弃了接触和图形这些触觉概念；对象的身份仅存在于其不同变形

---

① 关于包括圆锥截面各种不同情况的模糊方程，参见《论普遍性的方法》(*De la méthode de l'universalité*)，C，第 97 页及以下各页。

② 参见勒内·塔顿（René Taton）：《德萨格数学》(*L'Œuvre mathématique de Desargues*)，弗兰出版社，第 110 页。伊冯娜·托罗斯（Yvonne Toros）在评价德萨格的对偶概念时与莱布尼茨和斯宾诺莎作了比较，她指出德萨格对于圆锥理论的重要意义在于他为斯宾诺莎主义和"平行论"带来了一束崭新的光明〔《斯宾诺莎光学》(*L'Optique de Spinoza*)〕。

德勒兹在其《褶子：莱布尼茨与巴洛克风格》(1988，午夜出版社)中称伊冯娜·托罗斯的《斯宾诺莎光学》一书即将出版。经查未见。——译注过程中或在其剖面偏斜角中；视角主义是相对论的真实性（而非真实的相对论）。这是由于视点在每个变分域界里都是**决定一切的权威**，即真实得以表现的条件，正如始于锥尖的圆锥曲线交错级数（有限点、无穷直线、有限圆、无穷抛物线、有限椭圆、无穷双曲线），或者始于算术三角形顶角的二次幂级数，而在任何域界里确定**这个**视点都是必要的，没有它，就无法找到真值，也就是说，就无法将变分分类，也就无法确定任何情况。① 莱布尼茨在所有域界里都为不同情况创建了"白板"，这个白板以视点为参照，并且作为权威原则或判断手段。总要找到好的，甚至可以说最好的视点，没有它，就可能陷入无序，甚至陷入混乱。每当援引亨利·詹姆斯，我们其实始终遵循的都是莱布尼茨将视点作为事物的秘诀、焦点、密码，或作为以模糊标记对不确定事物加以确定的思想：我给你们说的**东西**，也是你们想的**东西**，你们是否同意关于**它**（lui）的**说法**，但需要知道关于**它**（elle）该**遵循什么**，只须同意谁是**它**（lui），**谁又是它**（elle）？② 只有视点能够给我们答案，能告诉我们是什么情况，正如一幅失真的巴洛克式图像那样。

我们已经从可变曲率来到了（凹面的）曲率焦点，从变分过渡到了视点，从褶子到了包络，简言之，从弯曲到了包含。这种过渡是不被觉察的，有点类似直角不可能被一大圆弧测量，只能被一个非常小、非常靠近顶点的圆弧测量一样，因为顶点里已经

---

① 塞尔，I，第 156—163 页；II，第 665—667、690—693 页。

② 该句中的 lui 及 elle 同为法语重读人称代词，前者表示以单数阳性名词表示的人或事物，后者表示以单数阴性名词表示的人或事物。二者在当前语境中均为表语。——译注

"有角或称两条斜线存在"①。但是，我们却不能肯定地说可见物就在视点内。我们或许需要有一种更自然的直觉，才能接受这种向着极限的过渡。不过，这是一种极其简单的直觉：某物为什么有可能被折叠，抑或说，为什么某物会被包裹，而且被包裹进另一物？看上去包裹在这里取的是其最高程度的意义或者毋宁说是其终极意义：它不再是凝聚性或黏附性的包裹，如同有机部分的"交互包裹"中的卵子那样。但也不能说是一种黏连或附着性的数学包络，在这个包络中，仍是一个褶子包裹一些褶子，如同包络线上无穷点与无穷曲线相切。这是一种单侧的固有或"内在"的包络：包含、固有是**褶子的目的因**，因而，从褶子到包裹的转换就是难以察觉的。两者之间产生了一个距离，这个距离使包裹成为褶子的原因：被折叠的东西就是被包含的、固有的东西。我们说，被折叠的东西只能是虚拟的，它只现实地存在于一个包裹之中，存在于一个包裹着它的东西之中。

自此，就不一定是视点在包含，或者至少应该说，视点只能以代理的身份包含，而不是以目的因或完成的行为（隐德莱希）去包含。包含或固有有一个**条件**，就是莱布尼茨以其著名的"没有窗户"之说所揭示的**密闭或封闭**，这个条件是视点所不能满足的。包含从中得以完成、并得以不断完成的东西，或者，从完成的行为的意义上去包含的东西，不是场所或地方，不是视点，而是滞留在视点、占据着视点、没有它视点就不能成为视点的东西。这个东西必然是灵魂，是主体。总是灵魂去包含它从**其视点**

---

① 1700 年 6 月致索菲公主的信函，GPh，第 VII 部分，第 554 页。《……算法的证明》也显示了点 A 如何包容并保持 $\frac{c}{e}$ 之比。

里捕获的东西，即弯曲。**弯曲是理想或潜在性，它只能现实地存在于包裹它的灵魂中**。因此，是灵魂拥有褶子，为褶子所充满。凡褶子都存在于灵魂中，并且现实地只存在于灵魂之中。这确实已经是些"天赋观念"：因为它们是纯粹的潜在性，纯粹的潜能，其行为由灵魂的习性或禀性（褶子）构成，而其完成的行为则由灵魂的一种内在行动（内部展开）构成。[①] 但也不能不说这是一部分世界，完整的世界只是一种潜在性，它仅现实地存在于表达它的灵魂的褶子之中，灵魂将一些内部褶子打开，借助这个操作，它将一个被包裹在内部的世界展示给了自己。我们从弯曲来到了主体的包含体，亦即从虚拟来到了现实，这个过程中，弯曲规定褶子，而包含体规定灵魂或主体，也就是说，包含体规定那个包裹褶子、包裹其目的因及其完成的行为的东西。

由此区分出三种不同类型的点，它们分别代表着三种奇点。[②] **物理点**是遍及弯曲的点，或者说就是转折点本身：它既非原子，亦非笛卡尔点，而是弹性或塑性的褶子点，这个点因此并不真实，但重要的是，一方面，这个点降低了真实点的价值；另一方面，它又引导**数学点**去获取一个新的身份，这个新身份虽精确却也不真实。事实上，一方面真实点不是广延的一个部分，而是线条的一个约定终端；另一方面，轮到数学点丧失一部分真实性，

---

① 莱布尼茨正是在这个意义上区别了潜在性或观念：作为灵魂中潜能行为的变更、倾向、禀性或习惯；行动倾向及作为行为终极现实化的行动，还有雕塑的隐喻：大力神赫拉克勒斯（Hercule）雕像、大理石纹理、对大理石进行加工以便得到这些纹理。参见《新论》序及第 II 部分，第 1 章，第 2 节（"除禀性外，还有行动的倾向……"）。

② 《自然的新系统》，第 11 节。关于莱布尼茨从中受到启发的点的经院式概念及其各种不同情况，参见波姆（A. Boehm）：《莱布尼茨的实体链》(*Le Vinculum substantiale chez Leibniz*)，弗兰出版社，第 62—81 页。

以便成为曲率矢量的位置、场所、焦点、地点、接合处，一句话，成为视点。这样，视点即有了一种遗传意义：纯粹的广延将成为点的延续或扩散，并遵循将（两个任意点之间的）空间定义为"所有地点之地点"的间距关系。然而，如果数学点不再是线条的终端，而成为焦点的内在，它也还是会保留一点其"模态"的蛛丝马迹。它在身体之中，在延展开的东西中。[①] 我们也已经见到过这种身份的点，它不过是第三种点在身体里的投影，即**形而上学的点**，它是灵魂、是主体，是占据着视点、被投影于视点的东西。因此，灵魂不存在于呈点状的身体里，它本身即是一个高级的点，一个与视点相关的、另一种性质的点。**这样，我们就能够将弯曲点、位置点和包含体的点区分开了。**

我们知道莱布尼茨是如何命名作为形而上学的点的灵魂或主体的，那就是单子。单子这个名字是莱布尼茨从新柏拉图派那里借来的，他们用它表示"**一**"的一种状态，即作为统一体包裹着一个"**多**"的统一体，这个"**多**"以一种"**级数**"的方式发展"**一**"。[②] 更确切地说，这个"**一**"具有一种包裹和展开的潜能，而"**多**"则既与其被包裹时所制作的褶子不可分，又与它被展开时展开的褶子不可分。然而，尽管如此，包裹与展开、蕴涵与解释都还是些特殊的运动，它们应该被包括在一个普遍**统一体**里，而这个统一体使它们统统"**复杂化**"，使所有的"**一**"复

---

① 1704 年 6 月致玛莎姆夫人的信，GPh，第 III 部分，第 357 页："应当将灵魂置于身体之中，那里有它的视点，灵魂现在依据这个视点将宇宙呈现给自己。想要更多的东西并将灵魂封入维数之中，就是想将灵魂想象为与身体一样的东西。"

② 参见普罗克洛斯（Proclus）：《神学基础》（*Eléments de théologie*），奥比耶出版社，第 21、204 节。

杂化。布鲁诺① 将单子系统带进了这个普遍复杂化的层次，世界的**灵魂**让一切变得复杂。新柏拉图学派的流溢说因而让位给了一个广阔的内在区域，虽然超验**上帝**或高级**统一体**的各种权力在表面上依然受到尊重。解释—蕴涵—使复杂化根据"**一与多**"之间关系的变化，形成了褶子的三段式。② 若要追问单子这个名称为什么与莱布尼茨联系在一起，那是因为莱布尼茨以两种方法确立了单子的概念。一方面，弯曲的数学使他得以将倍数的级数假设为无穷收敛级数；另一方面，包含体的形而上学又使他得以将包络线的统一体假设为不可缩减的个体统一体。实际上，只要级数是有限的或不定的，个体就很可能是相对的，会应运融进一个普遍精神或一个能够使所有级数复杂化的世界的灵魂之中。但如果世界是一个无穷级数，并以此身份构建起对于一个只能是个体的观念或概念的合乎逻辑的理解，那么，它便被无数个体化的灵魂包裹，其中每一个灵魂都保持着其视点的不可缩减。这就是那些特殊视点之间的协调或和谐，这种和谐将取代普遍复杂化，并避免泛神论的或内在的危险：这正是莱布尼茨坚持**普遍精神**假说，或毋宁说坚持**普遍精神**实质的原因所在。这一假说可能使复杂化变成一种抽象操作，而个体则可能从中自行沉沦。③ 这一

---

① 布鲁诺（Giordano Bruno，1548—1600）：意大利自然科学家、哲学家、文学家。——译注

② 布鲁诺：《论三种极少和限度》（*De triplici minimo*）。尼古拉·德·库萨（Nicolas de Cues）发展了"复杂"理论，参见莫里斯·德·冈迪亚克（Maurice de Gandillac）：《尼古拉·德·库萨哲学》（*La Philosophie de Nicolas de Cues*），奥比耶出版社。

③ 《对于单一普遍精神学说的考察》（*Considération sur la doctrine d'un esprit universel unique*）（GPh, VI）。因此，尽管表达褶子的词语及概念对莱布尼茨颇具吸引力，但他并没有使用"复杂"（complicatio）一词。

切都仍然模糊不清。因为，如果莱布尼茨将普罗提诺的隐喻推向极致、将单子变成一种关于城市的视点的话，是否应该理解为有那么一种形式与每一个视点都相符合？[①] 比方说一条这样或那样形式的街道？在圆锥曲线中，就不存在椭圆与之相关的视点，不存在抛物线与之相关的另一个视点，也没有圆形与之相关的再一个视点。视点亦即锥顶是个条件，在这个条件下才能捕捉到全部形式变化或第二曲线系列。甚至，只说视点捕获到了每每以其自己的方式表现整个城市的一个透视图、一个剖面图是不够的。因为视点还表现了所有剖面图之间的接合、全部曲率或弯曲的级数。因此，被视点捕捉到的既不是一条确定的街道，亦不是这条街道与其他街道之间的可确定关系，这些都是常量，为视点所捕捉的是从任意一条街到另一条街之间的全部可能的接合的多样性，即作为有秩序的迷宫的城市。弯曲或弯曲的无穷级数就是世界，而整个世界都在一个视点下被包含在灵魂之中。

世界是以无数的点与无数条曲线相切的无穷曲线，是单一可变曲线，是所有级数的收敛级数。但为什么没有一个单一普遍视点？为什么莱布尼茨如此极力地否认"一个普遍精神的学说"呢？为什么存在着多个视点和多个不可缩减的灵魂，为什么存在着无穷性？让我们观察一下十二音列体系[②]，音列尚能允许多种变化，不仅有节奏和旋律的变化，这些变化还有反向或称逆向

————————

① 参见普罗提诺的"我们增加城市，但城市并未为此举奠定基础……"（《九章集》，IV 部，6、2）。

② 也称十二音技法，系奥地利作曲家勋伯格（A. Schoenberg）提出的一种音乐创作手法。——译注

进行的不同，更何况一个无穷级数，即使变量是单一的，无穷级数也与构成它的变分的无限性不可分，因为在任何可能的等级上都必然会捕获到它，那些特定局部层序会依次受到重点关注。因为只有在那里，一种形式、一条街道才能在相对于整个级数而言时重新获得自己的权利：每个作为个体统一体的单子都包含着整个级数，它也因此表现全世界。但是，如果**单子不能更清楚地表达世界的一个小的区域、一个"辖域"、城市的一个自然区、一个有限序列**，它就不能表达整个世界。两个灵魂既不拥有同一秩序、不拥有同一个序列，也不拥有同一清楚的或明亮的区域。我们甚至要说，当灵魂中充满了趋向无穷的褶子，它就会在自己的内部将少量褶子展开，即那些构成其辖域或小区的褶子。[①] 在这里我们还不能看到一个确定的个体性，如果说只存在着个体，这并不是因为个体是在某一秩序上、依据某一区域包含着级数，甚至正相反。因此，我们暂时所能有的只是一个名义上的确定个体。尽管如此，这一确定也足以显示必然存在着无穷的灵魂和无穷的视点，虽然每个灵魂都包含着、每个视点都捕获着永无穷尽的无穷级数。每个视点都在不同的秩序之中、依据不同区域捕获或包含无穷级数。让我们回到两个弯曲焦点的简图看看：实际上，两点中的任何一点都是全部弯曲上的一个视点，但它们互呈相反的秩序（逆向运动），所依据的是反向辖域（两个分支之一）。

然而，为什么必须从世界或级数**出发**？如果不这样，镜子和视点这两个论题就都会失去其全部意义。我们从世界的弯曲来到

---

① 《形而上学论》（*Discours de métaphyqique*），第 15、16 节；《单子论》，第 60、61、83 节（"每个精神都是其辖域的神"）。

了主体的包含体，这怎么可能？难道是因为世界只存在于包含它的主体之中？莱布尼茨早期写给阿尔诺[①]的那些信函详细说明了关于这一问题的两个主要命题之间的调和。一方面，亚当从中犯了罪的世界只存在于罪人亚当（以及所有其他构成这个世界的主体）之中。另一方面，上帝创造的不是罪人亚当，而是亚当从中犯了罪的世界。换句话说，如果世界在主体中，主体也就是**为着世界**的。上帝在创造灵魂之"前"就制造了世界，因为他是为着这个他要将其置于灵魂之中的世界而创造灵魂的。甚至从这个意义上讲，无穷级数定律即"曲率定律"并不在灵魂中，尽管级数是在灵魂中的，尽管弯曲也在其中。也正是在这个意义上，灵魂是一个"产品"、一种"结果"，它出自上帝选择的世界，因为世界在单子之中，每一个单子都包含着世界各个状态的全部级数；还因为单子是为着世界的，没有一个单子清楚地包含着所有单子都自它而出的级数的"理由"，作为单子之间的和谐原则，这个理由存在于单子的外部。[②]这样，我们就以一种扭曲为代价，从世界到了主体，这种扭曲使世界只能现实地存在于主体，同时，也使所有主体都与这个世界相关联，与主体使其现实化的潜在性相关联。当海德格尔努力想超越意向性这个对于主体—世界关系过于经验论的确定性时，他就预感到莱布尼茨没有窗户的单子之说是一条超越之路。他说，既然**此在**（Dasein）任何时候都是开

---

① 阿尔诺（Antoine Arnauld, 1612—1694）：法国神学家、哲学家、数学家。——译注

② 《单子论》，第37节。关于"曲度定律"，参见《对培尔先生在新系统中所发现困难的解释……》GPh，第IV部分，第544页：当然，我们可以说级数定律是被模模糊糊包裹在灵魂之中的；而在这个意义上，被包裹进灵魂的与其说是定律，不如说是"实施定律的能力"。

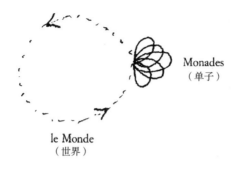

放的，它就不再需要借助窗户拥有一个开口了。但海德格尔又不认可莱布尼茨所提出的密闭或封闭条件，也就是说，他不认可对于一个为着世界的存在、而不是在世界当中的存在的确定性。[1]密闭是为着世界的存在的条件。这个密闭条件有益于无限地打开有限的东西，因为它能"有限地表现无限性"。它给予了世界在每个单子中重新开始的可能性。必须将世界置于主体之中，以使主体成为为着世界的主体。正是这种扭曲构成了世界和灵魂的褶子，也正是这种扭曲使表现拥有了它的本质特点，即灵魂是世界的表达（现实性），这是因为世界是灵魂的被表达（潜在性）。因此，上帝之所以创造具有表达力的灵魂，仅仅是因为他所创造的世界是灵魂在包含它的同时也表达了它的世界，即从弯曲到包含

---

[1]　海德格尔：《现象学之基本问题》（*Les Problèmes fondamentaux de la phénoménologie*），伽利玛出版社，第 361 页（"作为单子，**此在**不需要窗户以便观看存在于外部的东西，并不像莱布尼茨所认为的那样是因为在盒子内部，一切存在的东西都已经是可抵达的，……而是因为单子这个**此在**，依据其自身存在的需要已经在外部了"）。梅洛-庞蒂则对莱布尼茨有着更好的理解，他说："我们的灵魂没有窗户，这意味着 *In der Welt Sein*（已在世界中）……"[《可见的与不可见的》（*Le Visible et l'Invisible*），伽利玛出版社，第 264、276 页]。梅洛-庞蒂在其《知觉现象学》（*Phénoménologie de la perception*）中就已经援用莱布尼茨的"褶子"来反对萨特（Sartre）式空洞了；梅洛-庞蒂的《可见的与不可见的》也旨在解释海德格尔式褶子是可见物与先知之间的一种"交错或缠绕"。

体。最后，为了使潜在的东西得以显现或得以实现，除了灵魂中的这种现实化，还需要其他东西吗？物质中是否也还须有一种实现，以便这种物质的重褶能够使灵魂的褶子得以重叠？虽然我们在前一章已经提请大家相信这一点，但此刻我们仍无法知晓是否如此。

第三章　什么是巴洛克？

单子"并没有可供出入的窗户"，它们既无"孔"也无"门"。[1] 如果不下功夫弄清情况，我们很有可能产生过于抽象的理解。一幅画还要有一个外在的模特，这个模特就是一个窗户。如果说现代化的放映机仍要沿用在黑暗中放映电影的做法，那是因为影片仍然是被拍摄出来的。那么，如果借助由计算产生的无模特的数字图像呢？或者说得更简单点，援用有着无穷弯曲、同样适宜于平面的线条，就像在波洛克[2]和劳申伯格[3]那里能够看到的那种线条，又会怎么样呢？确切地说，在劳申伯格那里，画面可以说已经不再是世界的窗户，而成为一个不透明的信息白板，

---

[1] 《单子论》，第 7 节；1700 年 6 月致索菲公主的信，GPh，第 VII 部分，第 554 页。

[2] 波洛克（Paul Jackson Pollock，1912—1956）：美国抽象表现主义画家。——译注

[3] 劳申伯格（Robert Rauschenberg，1925—2008）：美国波普艺术代表人物。——译注

上面是数字化的线条。[①] 那个嵌满了线条、数字、易变特征(对象域)的表格,即白板,取代了图像—窗户。莱布尼茨不断创建线性和数字白板,并用它们装备单子的内壁。褶子取代了孔洞。而与窗户—乡野这个系统相对应的是城市—信息白板这对概念。[②] 莱布尼茨的单子也许就是一个这样的白板,或者毋宁说是一间完全被可变弯曲线条覆盖的房间或公寓套房。这大概就是《新论》中那间暗房,里面挂着一幅展开的、因那些运动的、活的褶子而不断变化的幕帘。单子的要义就在于**它有一个昏暗的底**,它从那里获取一切,没有任何东西来自外部,也没有任何东西去向外部。

从这个意义上讲,完全没有必要借助过于现代化的情形,除非这些情形有可能让人理解巴洛克究竟是怎么回事。许久以来,就有这样一些地方,在那里,要看的东西都在其内部,如单人囚室、圣器室、地下室、教堂、剧院、阅览室或版画室。巴洛克倾力投入以便将潜能和荣光从中释放出来的正是这些地方。首先,暗室只在其上方有一个小开口,光线由它而入并借助两面镜子将所要勾画的、又不被看到的对象投影在膜片上,而根据膜片的位置,第二面镜子应当是倾斜的。[③] 然后是布满四壁的变换装饰、彩绘天空和各种视觉陷阱[④]:单子所拥有的陈设和物什都只是些视

---

① 列奥·斯坦伯格(Leo Steinberg):《另类标准》(*Other criteria*),纽约,"平板式画面"。

② 关于巴洛克城市以及城市在巴洛克风格中的重要意义,参见刘易斯·芒福德(Lewis Mumford)的《城市发展史》,瑟伊出版社;塞韦罗·萨尔杜伊(Severo Sarduy)的《巴洛克》,瑟伊出版社,"卡拉瓦乔,资产阶级的城市",第61—66页。

③ 参见格拉夫桑德(Willem Jacob's Gravesande)的"暗室的使用",见萨拉·考夫曼(Sarah Kofman):《照相暗箱》,伽利利出版社,第79—97页。

④ 即运用透视使二维画作给人以极度真实的三维空间感,这种技巧在文艺复兴时期已被广泛使用,但"视觉陷阱"之说到了巴洛克时期才出现。——译注

错觉陷阱。总之，理想的建筑就是一个黑色大理石房间，光线只能透过一些小孔泄进屋子，这些小孔有很多弯曲，隐藏得很好，从外部完全看不到它们，但从小孔泄入的光线照耀着纯粹内部的陈设，并赋予其以色彩。（巴洛克精神不正是在这一点上启发了勒·柯布西埃 [1] 的拉图雷特修道院的设计吗?）如果我们不将莱布尼茨的单子以及光线—镜子—视点—内部陈设这个系统与巴洛克建筑联系起来，就不可能弄懂它们。巴洛克建筑中有一些是小教堂和房屋，在这些建筑的内部，地面上的光线来自身处室内的人所看不到的开口。佛罗伦萨弗朗切斯科一世的房间 [2] 是早期巴洛克式建筑，这间密室就没有窗户。单子远不止是粒子，它是一个斗室、一个圣器室、一个既无门亦无窗的房间，那里的一切活动都是内部的。

单子是没有外部的内部自治。但作为相关物，单子却有着独立的正面，即一个没有内部的外部。虽然没有空间，但这个正面可以有门、有窗，且布满孔洞，而每个孔洞只是一个更为微小的物质地点。物质的门和窗只能从外部并向着外部打开或闭合。的确，有机物质已经开始了内在化的进程，但这是一个相对的、永远进行中且不得完成的进程。因此，就有一个褶子从活体经过，但其目的是要对单子的绝对内在性及其物质的无限外在性加以分类，前者为生命的形而上学原则，后者则是现象的物理定

---

[1] 勒·柯布西埃（Le Corbusier, 1887—1965）：法籍功能主义建筑之父，其设计理念在于让生活在拥挤城市的人们有更好的居住条件。拉图雷特修道院由柯布西埃 1953 年设计、1956 年始建，位于法国里昂埃沃小镇。该修道院完整体现了柯布西埃的新建筑特点。——译注

[2] 系佛罗伦萨旧宫内的一个房间，兼作萨弗朗切斯科一世的办公室、实验室、珍宝储藏室及藏身处，完成于 1570—1572 年。——译注

律。两个无限集当中的任何一个都不与另一个相接合："外在性因无限划分而不断延伸并保持打开状态，因而必须摆脱外部并确定一个内部的点的统一体……物质的、自然的、现象的和偶然的域界全部陷入开链的无穷重复之中，从这一点上讲，这个域界就是非形而上学的。而形而上学的域界在遥远的彼世，而且，它终止了重复……单子是无穷分割所永远不可抵达的那个固定点，是它关闭了无穷分裂的空间。"① 能够定义巴洛克建筑的就是这种正面与内里、外部与内部、内部自治与外部独立的分裂，在这种条件下，两项中的每一项都是对另一项的反射。沃尔夫林对此有过独到的论述（"巴洛克风格在我们身上所产生的最强烈效果之一，正是正面激烈的表达与内部宁静的平和之间的对比"），虽然他错误地认为，过度的内部装饰会搅乱这种对比，或者说，绝对内部本身就是平和的。让·鲁塞② 同样是以正面与内部的分裂来定义巴洛克风格的，虽然他也认为装饰带有使内部"光彩夺目"的风险。然而，从视点的角度或者在为内部装饰整理排序的镜子里，无论装饰多么复杂，内部都完美地呈现为客观状态。在内部与外部之间、内里的自生性与外表的规定性之间，还须有一种全新的对应方式，而这一点是前巴洛克建筑所未曾想到的："在圣阿涅斯教堂③ 的内部与其正面之间又有着什么样必然、直接的关系呢？……它的巴洛克式正面与教堂的结构在风格上相去甚远，似乎只是为着表现正面自身"，而紧邻着正面的教堂内部则陷于封

---

① 米歇尔·塞尔，第 II 部分，第 762 页。

② 让·鲁塞（Jean Rousset, 1910—2002）：瑞士文学评论家，主要研究法国文艺复兴后期及巴洛克文学。——译注

③ 即位于罗马纳沃纳广场的巴洛克风格圣阿涅斯天主教堂，始建于 1652 年，1657 年落成。——译注

闭状态，并为那个以唯一的视点看着它的目光展示自己的全部，这个视点就是"歇息着绝对存在者的匣子"。[1]

使新和谐成为可能的，首先是两个层次的差异，二者的不同解决了紧张，或者说分摊了分裂。承担着正面的是下层，它以不断产生孔洞的方式不断延伸自己，并且按照一种重物质的确定重折向内弯曲，同时建构一个用于接纳的或易感性的无限房间。上层则是自闭的、没有外部的纯粹内部，是处于失重状态的、封闭的内在性，上面挂满了自生的褶子，这些褶子只能是一个灵魂或一个精神的褶子，而不是其他。因而，正如沃尔夫林所指出的那样，巴洛克世界是由两个矢量构成的，即向着下方的沉陷和朝着上方的升腾。而莱布尼茨使以下这两种倾向得以共存：一个是寻找其最低平衡限度的沉重系统的倾向，在这个系统里，团块的数目不再可能减少；第二个是上升的倾向，它是一个失重系统的最高憧憬，在这个系统里，灵魂注定要生成为理性的，如同丁托莱托的一幅画作所表现的那样。两个系统中的一个是形而上学的，关乎灵魂，另一个是物质的，关乎身体，但这不妨碍两个矢量共同组成一个同一世界、同一所房屋。两个矢量不仅被一条在一个层次里现实化、在另一层次实现的理想线条所输送，一种高级的对应还在不断地将它们彼此联系起来。房屋的这种建筑方式不是一个艺术的常数，也不是思想的常数。纯粹巴洛克的东西就是两个层次的差异和分布。我们早已在柏拉图传统那里知晓了两个世界的差异。我们也早已知晓世界有着无以计数的层次，根据

---

[1] 让·鲁塞：《法国巴洛克时期文学》（*La Littérature de l'âge baroque en France*），科尔蒂出版社，第 168—171 页及其《内部与外部》（*L'Intérieur et l'Extérieur*）。

就是，在阶梯的每一个台阶都有下降和上升相遇，阶梯则迷失在"一"的崇高中、瓦解于"多"的汪洋里，这便是新柏拉图主义传统的阶梯式宇宙。而只有两个层次的世界是巴洛克给予我们的杰出贡献，这两个层次被褶子分开，褶子又被两个侧面以不同的方式反射。我们将会看到，这个有着两个层次的世界所表现的是宇宙到"世界"的转换。

在被称为巴洛克风格的画家当中，丁托莱托和格列柯①最为杰出、无与伦比。他们二人均具有这种巴洛克式特点。例如，《奥尔加斯伯爵的葬礼》②的画面被一条水平线分为上下两个部分，在下部，是彼此拥挤、相互倚靠的人体；而在上部，灵魂沿着一条纤细的褶皱上升，神圣的单子正等候着它，这些单子中的每一个都有自己的自生性。在丁托莱托的画里亦然，下半部表现苦于自身沉重的身体，踉跄坠落、跌入物质重褶之中的灵魂；与之相反，上半部如一块巨大的磁铁正吸引着坠落的灵魂，让它们跨骑上光芒的黄色褶子以及使身体复苏的火之褶子，并将一种晕眩传递给它们，那是一种"来自上层的晕眩"。这就是《最后的审判》③的两个层次。④

---

①　格列柯（El Greco，1541—1614）：出生于希腊的西班牙文艺复兴时期幻想风格主义画家。——译注

②　格列柯主要作品，作于1586年。见插图6。——译注

③　丁托莱托的重要作品：耶稣将在世界末日作最后审判，善者升天堂，恶者下地狱。——译注

④　雷吉斯·德布雷（Régis Debray）:《边界颂》（Eloges des frontières），伽利玛出版社，"丁托莱托或对生命的惊恐感觉"，第13—57页（德布雷批评萨特在丁托莱托的画里只看到了下层）。让·帕里斯（Jean Paris）:《空间与目光》（L'Espace et le regard），瑟伊出版社：对格列柯画作中"上升空间"的分析，第226—228页（"如同浮沉子，人类就这样平衡着地球引力和神的诱惑"）。

内部与外部的分裂因而与两个层次的差异相关，而这个差异则与一个**褶子**相关，即那个在被灵魂封闭于上层的私密褶子中被现实化、在被物质使其一部分生自另一部分、永远在外部、永远在下层的重褶中被实现的**褶子**。因而，理想的褶子就是双重性（*Zwiefalt*），是既有区分作用，也能自我分化的褶子。当海德格尔援引 *Zwiefalt* 作为差异的区分者时，他首先想要说明的是，差异化并不与一个前未区分物相关，而与一种**差异**相关，这种差异不断地在两个侧面中的一侧被打开，而在另一侧重折，并且只在打开一侧的同时重褶另一侧，始终处于**存在（l'Etre）**的显现与扭曲共存以及存在者（l'étant）的在场与退出共存的状况中。① 褶子的"双重性"必然被其所区分、并在区分它们的同时将一方带入另一方的两个侧面所复制：一是分裂，每个项都以分裂反射另一

---

① 安德烈·斯卡拉（André Scala）的相关思考见其《海德格尔关于褶子的起源》（*La Genèse du pli chez Heidegger*）。褶子概念出现于 1946—1953 年间，尤见海德格尔《演讲与论文集》（*Essais et conférences*）中的"莫伊拉"（Moîra），伽利玛出版社；褶子概念接替了**间隙**或**意外事件**、**突然降临的事情**（Zwischenfall）这些概念。这就是巴门尼德杰出的"希腊"褶子。斯卡拉也提及雷兹勒（Riezler）的评论。早在 1933 年，雷兹勒就在巴门尼德那里发现了一种"存在褶皱"，"一个存在与非存在的一的褶子，二者彼此紧密地拉扯在一起"（faltung）；受雷兹勒的启发，库尔特·戈德斯坦（Kurt Golstein）发现自己对于活体的理解是巴门尼德式的［《有机体结构》（*La structure de l'organisme*），伽利玛出版社，第 325—329 页］。据斯卡拉，褶子的另一个出处则可能是新透视法以及丢勒以"重折骰子"（zwiefalten cubum）提出的投影法问题。参见潘诺夫斯基（Erwin Panofsky）：《阿尔贝·丢勒的生活与艺术》（*La Vie et l'art d'Albert Dürer*），阿赞出版社，第 377 页（"原始的抑或可以说原始拓扑的方法，就是将立体实物展开在一个平面上，使其各个面形成一个紧密贴合的网状，在纸上沿边线将这个网剪下，然后依据各个面邻角的棱边折叠，便可复得到前述实物的三维模型"）。我们在当代绘画中也发现了类似问题。

德勒兹《褶子：莱布尼茨与巴洛克风格》（1988，午夜出版社）中称斯卡拉的《海德格尔关于褶子的起源》一书即将出版。经查未见。——译注

项;二是张力,每个褶子都被张力延展至另一个褶子。

褶子应该也是马拉美 [1] 最重要的概念,它不仅是概念,更是操作,是使马拉美得以成为伟大的巴洛克诗人的操作行为。《埃罗狄亚德》[2] 即是他的一首褶子之诗。世界的褶子就是折扇或"一致的褶子"。时而,打开的折扇会使所有物质微粒即尘埃和雾霭上下浮沉,透过它们,我们发现可见物,就像透过纱幔的网眼,顺着褶皱,在褶子弯折的圆弧处能够看到石头一样,"褶子叠褶子"在显现城市的同时,也揭示城市的缺席或退缩、尘埃团、空洞的社区、幻象的军团和人群。说到底,这属于折扇的感性一侧,扬起使人透过它依然能够看到感性的尘埃是感性本身的义务,感性也揭示了尘埃的空虚。而有时,当折扇的另一侧闭合("那玫瑰色边沿的权杖……这白色的飞翔,被你合拢……"[3]),褶子不再趋向一种雾化状态,它或者超越自己,或者在一个包含体中找到自己的合目的性,"厚墩墩地堆集起来,就有了一个小坟墓,当然,是给灵魂的"。褶子与风不可分离。当折扇给予褶子以风,褶子就不再是透过它我们可以看的物质之褶,而是灵魂之褶,在这个灵魂中可以阅读"思想的黄色褶子",即有着许多页的**书**或单子。就是说,书里包括了所有的褶子,因为它的纸页组合是无限的,但它能将它们密闭包含,并且它的一切行为都是内在的。但这并不是两个世界:报纸的褶子,即尘埃、雾霭或空虚,是一种应时的褶子,它与书应该有着一种全新的对应方式,

---

[1] 马拉美(Stéphane Mallarmée,1842—1898):法国象征派诗人。——译注

[2] 马拉美作于1871年的长诗,另译《希罗狄亚德》《海洛狄亚德》。——译注

[3] 见马拉美为其女儿所作诗歌:《题马拉美小姐的扇子》。——译注

这书即是**事件的褶子**，是能够促成存在的统一体，是促成包含体的多样性，是变得稳固的集合体。

但莱布尼茨的褶子不是折扇的褶子，而是大理石纹理。一方面，存在着所有这些物质的重褶，根据这些重褶，在显微镜下能够看到活体，透过集合体自身所扬起的尘埃之褶，能够看到集合体，即军团和牲畜群，透过黄色和蓝色的尘埃，即空虚或想象这些始终使我们不安、使我们烦恼或使我们茫然的麋集的孔洞，也可以看到绿色。接下来是另一面，灵魂中有了这些褶子，那里的弯曲就生成为包含体（正如马拉美所说，折叠成了堆集）：我们不再看，我们读。莱布尼茨开始使用"读"这个词了，既作为单子在其特权区域的内部行为，也作为上帝在整个单子本身的行为。[1] 我们很清楚，这本书在整体上既是莱布尼茨的梦想，也是马拉美的梦想，只是他们的梦想是从未间断地、逐步地实现的。我们的错误则在于认为他们并未能实现他们之所想，事实是，他们无懈可击地运用文学和应时小品文著成了这部唯一的、经得起任何拆分和组合的单子之**书**。单子是书或阅览室。然而，可见物与可读物，外部与内部，正面与房间，这些都不是两个世界，因为可见物有它的读物（正如报纸之于马拉美），而可读物有着它的剧场（莱布尼茨与马拉美的可读物的阅读剧场是一回事）。可见物与可读物的组合构成巴洛克风格的珍贵"标志"或寓意。我们又一次被打发到了一种新型对应或新型相互表达，即"表达之间"、褶子叠褶子。

---

[1] 《单子论》，第 61 节："能够看到一切的人也能够在每个人那里读到可能产生于任何地方的东西，甚至读到已经产生或将要产生的东西……但一个灵魂却只能在其自身读到明确呈现于灵魂中的东西。"

巴洛克风格与光线和色彩的一种新状态密不可分。首先，我们可以将光亮和黑暗看成 1 和 0，就像世界被一条纤细的水流划分为**幸福的人**和**受惩罚的人**两个层次。[1] 但这两者却不是对立关系。如果身处上层一个既无门也无窗的房间里，就会发现房间太暗，几乎被黑色、被"fuscum subnigrum[2]"完全遮蔽。这正是巴洛克给予我们的东西：丁托莱托和卡拉瓦乔[3] 以红棕色的暗底子替代白垩或石膏做白色画底，他们将最浓重的暗部置于这个底子上，并在上面直接作画，使色彩向着暗部渐弱下去。[4] 绘画的身份变了，物体从远景中凸显出来，色彩从表现物体模糊特性的公共底子上迸发而出，人物形象更多地由其重叠部分，而非其轮廓线所确定。但这也并不与光线对立，相反，这里所遵循的是一种全新的用光法。莱布尼茨在《哲学家信念的声明》中说："光线仿佛在一个黑暗的裂隙里滑动。"是否应当这样理解：光线借助镜子，从一个气窗、一个弯曲或折叠的细长开口进来，白色部分就是由"许多小镜子反射"而成的？由于单子没有缝隙，光就被"封存"得更为严实，当光升至理性的高度，它便在每个单子内闪耀，光依靠所有内部小镜子制作白色。光不仅制造白色，也制造阴影；它所制造的白色与单子被照亮的部分相混合，之后却向

---

① 关于莱布尼茨发明二进制算术，关于他的两个符号 1 和 0、光与暗，关于与"中国伏羲图"的亲近，参见《二进制算术的发明》(*Invention de l'arithmétique binaire*)、《对二进制算术的解释》(*Explication de l'arithmétique binaire*，GM，第 VII 部分)；也见克里斯蒂安娜·弗莱蒙注释本《莱布尼茨，论中国人的自然神学》(*Leibniz, Discours sur la théologie naturelle des Chinois*)，埃尔纳出版社。

② 拉丁语，意即黑暗的背景。——译注

③ 卡拉瓦乔 (Le Caravage，1573—1609)：意大利画家，擅长以强光暗影突出主题。——译注

④ 参见歌德：《论色彩》(*Traité des couleurs*)，特里亚德出版社，第 902—909 节。

着昏暗的底、向着"昏黑"暗淡下去，有东西"以或强或弱但恰到好处的阴影和色彩"自这个昏暗的底部出来。正如在德萨格那里，只需将透视颠倒过来，或者，只须有"发光体，无须眼睛；有不透明体，无须对象；有阴影，无须投影"[①]。沃尔夫林在光线的渐强、渐弱、逐级变化的累进中有所领悟，那就是光（运动亦然）的相对性、清楚与模糊的不可分性以及轮廓的消失，简言之，就是与始终是文艺复兴时期人物的笛卡尔在光的物理学和观念逻辑学双重观点上的对立。清楚不断深入到模糊之中，清楚—模糊充满了单子，它循着一个从两个方向都能及遍的系列，一端是昏暗的底，另一端是被封存的光；当光发亮，就在一预定区域内制造出白色，但白色会逐渐变暗，随着它在整个单子里向昏暗的底不断散发，最终让位于模糊，让位于愈来愈浓重的阴影。在这个系列之外，我们一方面有上帝，他说过，光是与白色—镜子同时被创造的，而另一面，我们又有由无穷孔洞组成的黑暗或绝对的漆黑，这些黑暗就是不再反射所接收光线的无穷孔，即最大限度地由所有这些孔构成的呈海绵状或空洞状的物质。[②] 光的线条，或者说两个层次之褶，是否经由黑暗和它从黑暗中提取的昏暗底部呢？是的，这是极限，条件是：下层只能是一个凹陷中的凹陷，而被水流推动的物质则几乎缩减成为真空。具体物质则在上层，它的孔洞已被一种越来越小的物质所填充，以至于两个层次的褶子更像两种完满褶子的公共极限。

[①] 《促进科学进步的箴言》（*Préceptions pour avancer les sciences*），GPh，第 VII 部分，第 169 页；《新论》，第 II 部分，第 9 章，第 8 节。

[②] 黑暗背景（"fuscum subnigrum"）、色彩、白色和光均在《定义表》（C，第 489 页）中被定义。

德国走上哲学舞台波及到整个德国灵魂,在尼采看来,德国的灵魂与其说"深刻",不如说它更为褶子和重褶所充满。① 如果不指出敞开的正面和封闭的内在性之间彼此独立又双双受制于一种奇特的前定对应,因而关系极度紧张的话,如何可以描绘莱布尼茨其人呢? 这种紧张几近精神分裂症。莱布尼茨在巴洛克风格中前行。"作为德国人,莱布尼茨比康德更富于情趣,他既憨厚、谈吐优雅,又狡黠、会迎合人意,温顺且善于(在基督教和机械论哲学之间)调停,内心充满果敢却隐而不露。表面上,他出于礼貌甚至因此显得猥琐而谦卑⋯⋯莱布尼茨是个危险的好德国人,他需要有一种外表,一种达观的外表,但他又很武断,并且极其神秘莫测。"② 他的宫廷假发即是一种外表、一种特权,这与他不愿对业已建立的观念有任何冲撞、在这样或那样的镜子面前总是巧妙地表述自己这样或那样观点的一贯做法是吻合的。他会根据找上门来那些持相同观点或持不同观点者的才智深浅来确定谈话方式,而他自己的**体系**则高高在上,自行运转,绝不会因为他的屈就而有任何损失。他不仅对这个体系保守秘密,也会"博采众长",以便深化自己,或在房门封闭、窗户砌死的房间里再多造一个褶子,莱布尼茨将自己关进这个房间,然后说:一切事物"在将近完善的时候都是一样的"。

巴洛克风格的最佳创造者、最佳诠释者们都曾对这个概念的可靠性产生过怀疑,他们不由得为这个概念可能会被随意引申而惊恐。于是,必须对**巴洛克风格**加以严格的限制,将它仅局限

① 尼采:《善恶的彼岸》(*Par-delà le bien et le mal*),第 VIII 部分,第 244 节。
② 贝尔特拉姆(Bertram)引自《尼采》(*Nietzsche*),列德出版社,第 233 页。

于一个种类（建筑），或者对其出现的时期和地点的确定越来越趋于严格，抑或干脆彻底否定：巴洛克风格根本不曾存在过。但是，如同怀疑是否真有独角兽和粉红色大象那样怀疑巴洛克风格的存在也实属离奇。因为在独角兽和粉红大象的情况中，概念是给定的，而对于巴洛克风格来说，问题则在于弄清楚是否能够为巴洛克风格创建一个能够（或不能）使其存在的概念。形象不规则的珍珠 ① 是存在的，但如果没有一个概念能够构成巴洛克风格存在的理由本身，则巴洛克风格没有任何理由存在。只需不给巴洛克风格以概念，就足以让它不得存在。如此一来，这就与质疑莱布尼茨是否为杰出的巴洛克哲学家，或者说他是否创立了一个能使巴洛克风格自身得以存在的概念成了一回事。在这一点上，那些将莱布尼茨与巴洛克风格联系在一起的人所使用的概念往往意义过泛。科奈希特及其"对立的巧合"即如此；克里斯蒂娜·布希-格鲁克斯曼 ② 则提出了一个更为有趣味的标准，一种看见与看的辩证法，但这个标准恐怕也同样过于局限，它或许只能用来确定一个光学褶子。③ 在我们看来，巴洛克风格的操作标准或操作概念实际上就是在其全部内涵及其引申意义上的**褶子**，即褶子叠褶子。如果能将巴洛克风格延伸至历史已经给予它的精确

---

① "不规则的珍珠"即葡萄牙文 barroco、西班牙文 barrueco 一词的意义，"巴洛克"系该词的音译。故有此说。——译注

② 克里斯蒂娜·布希-格鲁克斯曼（Christine Buci-Glucksmann，生平不详）：法国女哲学家。——译注

③ 赫伯特·科奈希特（Herbert Knecht）：《莱布尼茨逻辑学：论巴洛克唯理论》（*La Logique chez Leibniz, Essai sur le rationalisme baroque*），人类时代出版社；克里斯蒂安·布希-格鲁克斯曼：《疯狂的视觉：论巴洛克审美》（*La Folie du voir, De l'esthétique baroque*），伽利略出版社（作者发展了拉康和梅洛-庞蒂建立的巴洛克风格概念）。

极限之外，对于我们而言，所遵循的似乎依然是这个标准，而且，当米修[①]写出《在褶子中生活》，或者，当布莱[②]借鉴马拉美创作出《褶子叠褶子》[③]，或当昂塔依[④]将折叠变作一种创作方法时，正是这个标准使我们得以识别他们的风格。相反，如果追溯以往，比如说在乌切洛[⑤]那里，我们又该以什么理由去辨别巴洛克风格呢？正因为不满足于描绘蓝色和玫瑰色的马，不满足于将光线之矛射向天空中所有的点，乌切洛一再反复地画"马佐奇(*mazocchi*)，那是一种佛罗伦萨头饰，其结构是将一块布搭于一个木圈上，戴在头上时，布褶即垂落于面部周围"；但他的做法并不为其同时代人所理解，因为"在他看来，**最大限度发展**一切事物的潜能和褶帽的奇异级数，远比伟大的多纳泰罗[⑥]那些壮美的大理石雕像更具表现力"[⑦]。所以，应当有一条巴洛克式线条精确地沿褶子而行，它能够将建筑师、画家、音乐家、诗人和哲学家统统联系起来。当然，有人会反驳说，如果这样，褶子的概念就又会流于过泛。然而，单就造型艺术而言，又有哪一个时代、

---

① 米修（Henri Michaux, 1899—1984）：法国诗人。——译注

② 布莱（Pierre Boulez, 1925—2016）：法国作曲家、指挥家、音乐理论家，先锋派最重要代表人物。另译布列兹、布莱兹、布雷等。——译注

③ 即布莱1960年根据马拉美的诗歌为女高音和管弦乐队创作的套曲《褶子叠褶子——马拉美的肖像》。该曲是布莱篇幅最大、成就最突出的作品。曲名另译《重重褶皱》《层层褶皱》《层层展现》等。——译注

④ 昂塔依（Simon Hantaï, 1922—2008）：匈牙利裔法国超现实主义画家。——译注

⑤ 乌切洛（Paolo Uccello, 1397—1475）：意大利文艺复兴初期战争画家。——译注

⑥ 多纳泰罗（Donatello, 1386—1466）：意大利文艺复兴初期雕塑家。——译注

⑦ 马塞尔·施沃布（Marcel Schwob）：《虚构人生》(*Vies imaginaires*)，丛书10—18，第229—231页。

哪一种风格未将褶子作为绘画或雕塑的特点呢？而且，这一特点并不仅限于绘画和雕塑中的服饰，还广泛表现在这些作品中的身体、岩石、水流、土地和线条上。巴尔特鲁萨提斯 [①] 通常则以分裂来定义褶子，但那是一种以分裂的两个项中的一个向另一个折回的分裂。巴尔特鲁萨提斯正是在这个意义上以具象艺术和几何学的分裂—折回来定义罗曼式褶子的。[②] 我们难道不能以空与盈的分裂—折回来定义东方的褶子？一切其他褶子也都应该通过对比分析获得确定。乌切洛的褶子其实并不是巴洛克风格的，因为它们尚被羁留在坚固、多边形、不可弯曲、非常含糊的几何结构中。若想把握**巴洛克风格**和褶子的运作同一性，就必须指出褶子在其他情况下是受限制的，而在**巴洛克风格**中，它则经历了一场无限制的解放，且这种解放的条件也是可确定的。褶子仿佛离开了织物、花岗岩和云朵这些载体，进入了一场无休止的竞赛，就像格列柯的《橄榄园中的基督》（藏于国立画廊），尤其在其《基督洗礼》中，人物的腿肚子和膝盖呈反褶，膝盖是腿肚子的反向。这种反褶使腿有了一种无穷的波状起伏。而在画面中部，云的裥褶使反褶转化为一把对开的折扇……这些正是严格意义上的巴洛克特点，它们应该能够反映巴洛克风格的极端特性以及将这种特性延展至其已知极限之外，但又不是任意广延的可能性。这就是巴洛克对于一般艺术的贡献和莱布尼茨主义对于哲学的贡献。

1. **褶子**：巴洛克风格创造出了无穷的作品或操作方法。问题不在于如何使一个褶子完成，而在于如何使它得以延续，如何

---

① 巴尔特鲁萨提斯（Jurgis Baltrusaitis, 1903-1988）：以法语写作的立陶宛艺术史学家、艺术批评家。——译注

② 巴尔特鲁萨提斯：《成形、变形》（*Formation, déformation*），弗拉马里翁出版社，第 IX 章。

使它穿越最高极限,如何将它载向无限。因为褶子不仅关涉所有物质,使它们按照不同的比例、速度以及矢量(山川、河流、纸张、织物、活体组织、大脑)变成表现材料,褶子也确定**形式**并使之显现、将其变成一种表现**形式**,即 *Gestaltung*①、遗传因素或无穷转折线、唯一变量曲线。

2. 内部和外部:无穷褶子将物质与灵魂、正面与封闭的房子、外部与内部分离开,或者说从它们中间穿过。因为转折线是一种不断自我分化的潜在性,它一方面在灵魂中被现实化,另一方面又在物质中被实现,两者各有自己的一侧。这就是巴洛克风格的特征:一个是永远在外部的外部,另一个是永远在内部的内部。一个是无穷"感受性",另一个是无穷"自生性",即感受的外部正面和行为的内部房间。直至今天,巴洛克式建筑仍在不断地将两个要素相对照,即承载体和饰面(时而是格罗皮乌斯②,时而又是劳斯③)。④ 二者的调和不会是直接的,但却必然是和谐的,并能启发出新的和谐,因为是同一个被表现物,即线条,这个线条借助记忆或内心世界在灵魂内侧面的上升中得以表现,也在由原因到原因的物质部分的外在创制中得以表现。然而,被表现物恰恰不存在于其表现以外。

3. 上与下:分裂的完美协调或称张力的解决由两个层次的布局而得以实现,因为两个层次属于同一个唯一的世界(宇宙线)。物

---

① 德语,意即:造型、形态。——译注

② 格罗皮乌斯(Walter Gropius,1883—1969):德裔美国建筑学家、城市建筑家、理论家。——译注

③ 劳斯(Adolf Loos,1870—1933):奥地利建筑学家、现代建筑先驱。——译注

④ 贝尔纳·卡什:《领土陈设》(*L'Ameublement du territoire*)[参见第16页注3。——译注]。

质—正面趋向下行，而灵魂—房间则趋于上升。无穷褶子因而从上下两个层次间穿过。但在被区分的同时，褶子延伸出两个侧面，也就是说一个褶子分化成了多个褶子，其中一部分深入内部，另一部分漫溢出外部，并且，这两部分褶子呈现为彼此连接的上和下，即以外在性为条件的物质重褶和以密闭为条件的灵魂中的褶子、分化的重褶和内侧的褶子。巴洛克风格是杰出的非形象艺术，可以是在地面上的、紧贴地面的或画笔下的，它囊括了全部材料的肌理（伟大的现代巴洛克画家，从保罗·克利到弗特里耶①、杜比菲②、贝当古③……）。但非形象却并不是对形式的否定，它只是假设形式被折叠了，并且只能作为"精神风景"存在于灵魂或大脑中，高高在上。因此，非形象也包括所有非物质褶子。物质是基础，而被折叠的形式则是风格。我们从物质来到了风格，从土、土地来到了居所和沙龙，从**肌理学**（Texturologie）来到了**逻各斯学**（Logologie）。这便是杜比菲的两个等级、两个层次，他发现这两者之间有着甚至可能达到难以分辨的和谐程度，这是否就是一种肌理，或者是一种灵魂的、思想的褶子呢？④ 表现其肌理的物质成为材料，就像表现其褶子的形式变成为力。正是材料—力这一对东西在**巴洛克风格**中代

----

① 弗特里耶（Jean Fautrier, 1898—1964）：法国非形象抒情画家，作品强调材料效果。——译注

② 杜比菲（Jean Dubuffet, 1901—1985）：法国画家、雕塑家。——译注

③ 贝当古（Pierre Bettencourt, 1917—2006）：法国画家、作家、出版商。——译注

④ 关于物质和非物质的"两个范畴"，见让·杜比菲：《说明书及所有后续文稿》（*Prospectus et tous écrits suivants*），伽利玛出版社，第 II 部分，第 79—81 页；还可查阅《让·杜比菲作品目录》（*Catalogue des travaux de Jean Dubuffet*）："风景化了的桌台，精神风景"以及"居所、法尔巴拉、小园圃、夏季沙龙"（逻各斯学的小室是单子的真正内部）。

替了物质和形式（原始力即是灵魂的原始力）。

4. 开褶：展开褶子肯定不是褶子的反义词，亦不是褶子的消解，而是褶子行为的连续或外延，是褶子得以显现的条件。但当褶子不再被表现而变成为"方法"，成为操作，成为行为，展开褶子也就成为以这种方式被准确表达的行为的结果。昂塔依（Hantaï）最初表现的是管状的和麇集的褶子，但很快他便转向表现折叠布料或纸张。于是形成了两个极端，一端是其"习作"系列，另一端是他的"格子"① 系列。有时，其画面的一部分被不规律折叠，然后在张开的褶子外侧设色，利用拉伸、摊开或展开褶子的方法造成色块和空白区域的交替，并让不同区域的色调有细微变化。有时则将实物的内侧面投影在一个沿棱边有规律折叠的平面上，这时，褶子就有了一个支点，它被固定并封闭在每个相交处，然后展开褶子，使其内部的空白散开。② 有时，昂塔依让色彩在物质的重褶中振动，时而又让光线在一种非物质表面的褶子里振动。然而，到底是什么东西使得巴洛克式线条只在昂塔依那里成了一种可能性？这是因为昂塔依不断地对抗另一种可能性，那就是**东方**的线条。画与非画不是被区分为形式和背景，而被区分为相互转化的盈与空。昂塔依正是这样将褶子眼留为空白，只画其侧边（**东方线条**）；但有时，他也在同一个地方制作一些连续的折叠，这样，空白就无法继续存在

---

① Tabulas，另有音译"塔布拉"，指昂塔依 1973—1982 年以褶子为主要创作方法的系列作品。——译注

② 关于昂塔依及其折叠方法，参见普雷奈（Marcelin Pleynet）：《光线的同一性》（*Identité de la lumière*），马赛 Arca 目录；另见福尔卡德（Dominique Fourcade）：《画一笔即是思想》（*Un coup de pinceau c'est la pensée*），蓬皮杜文化中心目录；伊夫·米修（Yves Michaud）：《昂塔依的形而上学》（*Métaphysique de Hantaï*），威尼斯目录；热娜维埃芙·博纳夫瓦（Geneviève Bonnefoi）：《昂塔依》（*Hantaï*），鲍里欧出版社。

（巴洛克式饱满线条）。挑战东方也许正是深刻地属于巴洛克风格所要做的事情。这也是莱布尼茨及其二进制算术曾经的冒险所在：他认为中国式的盈与空就是 1 和 0；然而，巴洛克式的莱布尼茨是不相信空的，在他看来，空总是被一种重折的物质所填充，十进制连同**自然**本身均将褶子隐藏在了看上去是空的东西里，而二进制算术则是将这些褶子叠加了起来。对于**巴洛克风格**和莱布尼茨而言，褶子总是完满的。①

5. 肌理：莱布尼茨的物理学包括两个主要章节，一个关涉与物质相关的能动的力，即所谓派生力；另一个是被动的力或材料的抗力，即肌理②。肌理的最佳状态可能在其极限，即在其断裂或撕裂之前，此刻，延伸已不再是褶子的对立，而是如贝尔纳·卡什所指出的那样，巴洛克式图形表现纯粹状态下的褶子（较之延伸，更可能是滞后效应）。在这里，褶子又一次排斥了缝隙和孔洞，不属于同一种绘画视觉。通常，一种材料的肌理是由材料的折叠方式构成的，因为相对于材料在实际上互为区分的异质部分，材料肌理的确定更取决于使这些部分凭借特殊褶子而变得不可分的方式。**风格主义**的概念即由此产生，它与巴洛克风格有着操作上的关联。莱布尼茨借"纸页或紧身衣"所要说的正是这一点。一切事物都按照自己的方式折叠，绳子和棍子是这样，根据光线呈凹凸分布的色彩也是这样。声音亦如此，声音由于"颤动的部分更短也更紧张"而愈发尖细。肌理因此不取决于部分本

---

① 莱布尼茨指望以二进制算术在数的级数中发现周期性，即可能被**自然**隐藏于"其重褶之中"的周期性，就像对素数那样（《新论》，第 IV 部分，第 17 章，第 13 节）。

② 关于肌理，见 1715 年 8 月致德·鲍斯的信。莱布尼茨物理学对材料强度问题抱有持久的兴趣。

身，而取决于确定其"黏附性"的层面，因为对象的新地位即对象域与每逢转折、每逢重折必然会扩大的不同层面是不可分的。对于物质所能接受的褶子而言，物质变成了表现物质。在这方面，物质褶或肌理褶应该与若干个因素相关。首先是光，明—暗即褶子得以获取光的方式，其本身也是随时间和光的亮度变化的（当代特罗莫尔[①]和尼克尔·格蕾诺[②]的研究）。另一个因素是深度，褶子如何确认其自身可叠置、但却"微不足道的深度"呢？纸质褶的深度可以通过测量确定，即便是最小的深度，就像我们在看巴洛克式信架[③]时所能有的视错觉一样：被折了角的明信片会在墙壁下方投射出一个深度。同理，叠置的布料也会有其柔软的深度，这一点曾一直启发着画家的灵感，今天，埃尔加·海因岑[④]又使它具有了一种新的力量，折叠成条状的布料遮盖着整个画面，身体成了缺失。在坠落、上升中，波浪和太阳这一次遵循的是一种来自伊斯兰的线条。再就是材料，一种材料在伸展过程或滞后效应中会变得坚硬，因此它现在有能力在其自身表现另一材料的褶子，就像在雷侬西亚[⑤]的木雕作品中那样，黎巴嫩雪松

---

① 特罗莫尔（Riwan Tromeur, 1946—　）：法国艺术家，作品涉及油画、摄影、雕塑、装置等多种形式。——译注

② 尼克尔·格蕾诺（Nicole Grenot, 生平不详）：法国艺术家，褶子是其部分作品的主题。——译注

③ 放置信件的装置。——译注

④ 埃尔加·海因岑（Helga 或 Elga Heinzen, 1933—　）：瑞士摄影师、画家，生活工作在巴黎，其作品致力于表现各类褶子。——译注

⑤ 雷侬西亚（Christian Renonciat, 1947—　）：法国雕塑家。——译注

变成了塑料片，或者，巴拉那 ① 的松树成了"棉花和羽毛"。最后一个因素，是材料的所有这些肌理向着一个更高点伸展的方式，这个点即是精神之点，它包裹着形式，让形式处于被包裹状态，并独自保守着位于下层的物质褶的秘密。既然这些物质褶不能被组成部分所解释，而且，如"攒动的蚁群"般无休止迁移的弯曲是某种精神的东西在物质上的投影，即杜比菲所说的思想秩序的幻影，那么，上述位于底层的物质之褶又来自哪里呢？雕塑家让克洛–莫塞 ② 通过另一种方式找到了一条类似的道路，他的作品从被无穷重折、打结捆扎的物质白菜叶、无穷伸展的被单，到形而上学的豌豆，这些精神睡眠者或单子的大脑使"睡意的褶子"之说具有了完满的意义。③ 物质的派生力，不论主动还是被动，都与原始力相关，这种原始力即是灵魂之力。总是两个层次，且两个层次永远是和谐的，永远处于和谐化状态中。

6. **范例**：材料的选定是研究褶子模式的必由之路。是选择**东方褶子**所暗示的那种纸褶，还是选择似乎统治着西方的织物褶？全部问题就在于褶子的材料组成（肌理）不应该掩盖形式元素或表现形式。在这方面，希腊褶子是不能令人满意的，虽然希腊褶子完全有理由自信其在最高领域，即在政治权威和思想力量方面的价值。柏拉图用以表达交错的范例是"织造"，这个范例止步于肌理，且不能得出褶子的形式元素。因为，正如他在《政治篇》和《蒂迈欧篇》里所指出的那样，希腊褶子是以假设互为混淆的

---

① Palana，巴西一州名。——译注

② 让克洛–莫塞（Georges Jeanclos-Mossé, 1933—1997）：法国雕塑家。——译注

③ 让克洛–莫塞：《雕塑与素描》（*Sculptures et dessins*），奥尔良文化之家。

两个项拥有同一个公共尺度为前提的，因此，它以构成圆来产生作用，而圆的实现与比例的重复相对应。因此，在柏拉图那里，形式也被折叠，但我们依然不能触及褶子形式的元素。形式元素只能以无穷的方式，在不可估量和过度的情况下，在可变曲率取代圆时才会显现。[①] 而这正是巴洛克褶子的情况，它的身份与思想的力量和政治的权威相符合。范例变成了"风格主义的"，它要进行一场褶子的形式演绎。从这个意义上讲，精神病科医生克莱朗博[②]对于来自伊斯兰的褶子的兴趣以及他那些非同寻常、几近埃尔加·海因岑作品的、堪称真正绘画的被强暴女性的照片，在今天看来，却没有一丁点儿变态的意味。无论人们曾经如何评说这些照片，它们也不及马拉美的披肩和他想要领导一份时尚杂志的愿望那么过分。如果说克莱朗博身上确有谵妄，那也是他在嗜乙醚者的微弱幻觉中所发现的褶子导致的。因此，使物质与最为多样的域界实现交叠正是形式演绎的义务。形式的演绎将从中完成以下区分：单纯的和组合的**褶子**；各种**折边**（打结和缝线是褶子的附属物）；有支点的**裥褶**。[③] 接下来才是材料的**肌理**，最后是**附聚物**或**团聚体**（毛毡是压合而成的，不再是编织）。我们将会看到这种形式的演绎是多么严格的巴洛克风格或莱布尼茨风格。

---

①　关于"公共尺度"的在场与不在，见《论自由》（F，第 178 页）。

②　克莱朗博（Gaëtan Gatian de Clérembault，1872—1934）：法国医生，主要研究色情狂。——译注

③　参见帕佩蒂（Yolande Papetti）、瓦里耶（Valier）、弗雷曼维尔（Bernard de Fréminville）和蒂瑟隆（Serge Tisseron）：《G. G. 德·克莱朗博，一位神经精神病医生对织物的酷爱》（*La Passion des étoffes chez un neuropsychiatre, G. G. de Clérambault*），索林出版社。该著内附照片和两篇关于裥褶的讲座稿（第 49—57 页）。我们或许可以认为这些拥有极其丰富褶子的照片是克莱朗博摆拍的。然而，殖民时期广为流行的明信片也显示了这种褶子体系，明信片选用了摩洛哥妇女的种种服饰，甚至面孔，那是一种**伊斯兰式巴洛克风格**。

第二部分

包　含

第四章　充足理由

"任何事物都有其理由"……这种说法虽平庸却足以暗示原则令人感叹的特性及原则与叫喊的同一性，尤其是**理由**的叫喊。任何事物，即是所发生的一切，无论发生的是什么。所发生的一切都有其理由！[①] 我们懂得，一个原因并不是所声称的理由。原因是所发生事情的秩序，或是为了改变事物的状态，或是为了创制或毁灭事物。而原则则宣称，一事物所发生的一切，包括所有因果关系，都会有一个理由。如果我们将发生于一事物的东西称作事件，无论是该事物承受这个事件，还是该事物促成这个事件，我们都要说，充足理由就是将事件作为其谓词之一而包含的东西，即事物的概念或观念，莱布尼茨称之为"谓词或事件"[②]。先前从弯曲到包含所经由的路程即由此而来。弯曲，就是到达线或点的事件。而包含则是谓项，它将弯曲置于线或点的概念当

---

① 1686 年 7 月 14 日致阿尔诺的信。
② 《形而上学论》，第 14 节。

中，也就是说，置于这个被称作形而上学的**另一个点**之中。从弯曲到包含如同从事物的事件到概念的谓词，或者如同从"看"到"读"：我们在事物上看到的东西，在其概念或观念上则是读到的。概念就像一种签名，一种终结。充足理由是包含，也就是说，是事件和谓词的同一性。对于充足理由的陈述是这样的："一切事物皆有概念！"其形而上学的表达式是："任何谓项都在事物的本质里拥有依据"；而它的逻辑表达则是："任何谓词都在主词中"，而主词或事物的本质即是事物的观念或概念。众所周知，巴洛克风格的特点就是"concetto[①]"，但有个条件，即巴洛克的concetto是与古典概念相对立的。同样广为人知的是，莱布尼茨给予了概念一个新的解读，他以这种解读改造了哲学；应当说，这种新的解读亦即莱布尼茨式 concetto 正在于这一点。要说对概念的这种新理解与笛卡尔所始创的"古典"解读相悖，没有任何一部著作比莱布尼茨与笛卡尔主义者德·沃尔德[②]的通信更好地揭示了这一点。首先，概念不是一个简单的逻辑存在，而是一个形而上学的存在；它不是概论或普遍性，而是一个个体；它不由属性所规定，而由谓词—事件所规定。

然而，任何包含都果真如此吗？正是在这里，我们遇到了两种主要包含的区别或称两种包含的分析问题。所谓分析即是这样一种操作：在一个被当作主词的观念中发现一个谓词，或者，在一个被当作谓词的事件中发现一个主词。莱布尼茨似曾说过，在必然命题或本质真理（"2 加 2 等于 4"）的情况下，谓词**被明确**包含在观念中，而对于那些偶然存在（"亚当犯罪"、凯撒横渡卢

---

① 意大利语，意即：概念、观念。——译注

② 德·沃尔德（De Volder, 1643—1709）：荷兰自然哲学家。——译注

比孔河 ①），包含只能是**暗含的或潜在的**。② 甚至还应该明白，正如莱布尼茨不时暗示的那样，分析在有些情况下是有限的，而在另一种情况下又是无定限的。但是，我们不仅尚不知每种情况下的概念或主词究竟由什么构成，而且，如果我们把"明示的"视为有限的，而将"暗含或潜在的"视为无限的话，我们则可能冒双重误解的风险。令人吃惊的是，有人认为对于本质的分析是有限的，原因是本质与上帝本身的无限性是不可分的。对于存在的分析也与世界的无限性不可分，它与任何其他无限的东西一样也是现实的，因为，如果世界上存在着不确定的东西，上帝也不会屈从于它，而要看分析的结果。但情况并非如此。③ 总之，较之不能将明示的事物等同为有限的，我们更不能将莱布尼茨所援用的潜在事物认同为非现实的不确定事物。如果我们注意到莱布尼茨在其重要著作中已不再将暗含或潜在物视为存在的包含所独有的特性，而将其当作本质包含的一种类型的话，事情就更加困难了，因为，根据明示的包含（"2 加 2 等于 4"）和潜在的包含（"任何与 12 相关的数也与 6 相关"）而被划分的是必然命题。④

---

① 意大利北部河流。公元前 49 年，凯撒横渡卢比孔河与罗马庞培决战。——译注

② 参见《形而上学论》，第 8、13 节。

③ 《论自由》(F，第 180—181 页)："上帝自己不一定看到解决的结果，**结果尚未出现**，但他却能看到作为谓词包裹于主词中的各个项的连接，因为上帝本来就能看到级数中的每个事物。"

④ 参见《论自由》（第 183 页）；另见《论理由原则》(*Sur le Principe de raison*)，C，第 11 页，《必然真理和偶然真理》(*Vérités nécessaires et vérités contingentes*)，C，第 17—18 页，或见残篇（Fragment）X：(GPh，第 VII 部分，第 300 页)。这些著作援用了类比算术的例子，并使用了一些同义词（"隐藏 latebat"或"隐蔽 tecte"，当然还有"潜在 virtualiter"）。所以，库蒂拉说得有道理："必然真理都是相同的，一些是明示意义的相同……另一些是潜在的、暗含意义的相同。"《莱布尼茨逻辑学》(*Logique de Leibniz*)，奥尔姆斯出版社，第 206 页。

甚至似乎本质命题承担着全部分析，无论是明示的还是暗含的，而存在命题却得以最大限度地避开了分析。

首要的任务应该是定义本质。但我们不可能在不懂得什么是定义的情况下完成这项工作，因此，我们需要从那些虽然完全不知其前提为何、但已经是可定义的本质出发。一个定义至少要借助另外两个项（两个定义者或理由）来假设一个项（已定义项）的同一性。定义有可能被已定义项代替，正是这种代替构成了**交互包含**。举个例子，我要用 2 加 1 定义 3，以下这几个方面需要注意：首先，所关涉的是实在的或遗传的定义，这种定义能够显示被定义项的可能性，就是说，我们不用 1、1 再加一个 1，亦不用 8-5 定义 3，而用 3 所包含的素数和包含着 3 的素数来定义 3。其次，这样的定义绝不借助属和种差来完成，而且，它们既不寻求对某一概念的理解和广延，亦不寻求其抽象性和普遍性，因为这一切应该都是相关于名义定义的。再次，论证可以被定义为一种定义链，也就是说定义为一连串的交互包含，我们正是这样论证"2 加 2 等于 4"的。[①] 最后一点，我们预感到先成会是一个复杂的观念，也就是被亚里士多德称作先与后的东西，尽管这里并不存在时间上的先后秩序，就是说，定义者或理由应该先于被定义项，因为定义者所定义的是被定义项的可能性，但所依靠的仅仅是"潜能"而非"行为"，因为后者正相反，它是以被定义项的先成（l'antécédente）为前提的。交互包含及全部时间关系的缺席恰恰源于此。

这样，如果我们从定义到定义去追溯这个非时间的定义链，

---

① 《新论》，第 IV 部分，第 7 章，第 10 节。

自然会碰到一些不可定义的东西，就是说会碰到一些定义者，它们是最后的理由，不能再被定义。为什么不能无限地进行下去呢？自从我们定位于实在的定义，这个问题就已失去其全部意义，因为未定义项可能只提供，而且很可能已提供过名义定义。如果我们一开始就知道一个实在定义是什么，就应该先从不可定义项着手。但我们需经过名义定义这个中间项以抵达不可定义项，而且，我们是在先与后的秩序中才发现占据着绝对第一位置的不可定义项，它们就是"单纯原始观念"。从定义到定义（论证），只能从那些进入最初定义中的不可定义项出发。这些不可定义项显然不像定义那样是交互包含，而是**自动包含**：它们是处于纯粹状态的同一物，其中每一项都被自身所包含，并且只包含自身，每一项都只与其自身等同。莱布尼茨将同一性引向了无穷：**同一物**是一种无穷的自动设定（auto-position），不具备这一点，同一性就可能永远处于假设状态（如果 A 存在，则 A 是 A……）。

这个同一性标志足以表明莱布尼茨已经将一些原理变成了一个专用的、在事实上就是巴洛克式的概念。奥尔特嘉·Y. 加塞特 ① 就此做了一系列细致入微的评注。一方面，莱布尼茨喜欢原则，他应该是唯一一位不断创造原则的哲学家，他喜欢甚至醉心于创造原则，挥舞原则好比挥动武器；但另一方面，他又把玩原则，增加它们的表达式，变化它们的关系，不断想要"证明"它们，以至于似乎因为过于喜爱原则而显得对它们不够尊重了。②

---

① 奥尔特嘉·Y. 加塞特（Ortega Y. Gasset, 1883—1955）：西班牙哲学家、作家。——译注

② 奥尔特嘉·Y. 加塞特：《演绎理论的发展——莱布尼茨的原则观念》（*L'Evolution de la théorie déductive. L'idée de principe chez Leibniz*），伽利玛出版社，第 10—12 页。

这是因为莱布尼茨的原则不是空洞普遍的形式，更不是使原则成为存在的 hypotases① 或流溢说，而是对存在的类别的确定。如果说原则在我们看来像是叫喊，那是因为每个原则都标志着某个存在类别的存在，是这些存在自己在叫喊，并以此叫喊使自己被承认。从这个意义上讲，我们不相信同一律原则会不让我们感受到任何东西，即使它并不要我们深入理解这种感受。同一律原则，或毋宁如莱布尼茨所称的矛盾原则，让我们认识了一类存在，即**同一物**，这是一种完全的存在。同一律原则或矛盾原则只是**同一物**的叫喊，不可能是它们的抽象。这是一个信号。同一物在其自身是不可定义的，对我们来说，它们还可能是不可知的；它们同样也有一个标准，矛盾原则使我们能够认识或领会这个标准。

任何能够自认为无穷，并能以其自身直接上升，而不是被一个原因提升至无限的形式都与其自身是同一的，即"能够感受到最高等级的自然"。这就是标准。比如，我们能将一个速度、一个数或者一种色彩认同为无限吗？反之，思想则好像是一种可无限提升的形式，甚至广延亦是。**但有条件：这些形式不能是整体，亦不能有部分**；它们是"绝对存在""第一可能""绝对单纯的原始观念"，是 A、B、C……② 因为每一个形式都自我包含且只包含自己，它不是一个整体，亦没有部分，所以，绝对不与另

---

① 即实体、实质，系普罗提诺用语。——译注
② 关于这一标准或这个向着无限上升的考验、关于"既非整体亦非部分"的条件，参见《新论》，第 II 部分，第 17 章，第 2—16 节，以及《对于知识、真理和理念的思考》(*Méditations sur la connaissance, la vérité et les idées*)。这两部著作均承认绝对广延（extensio absoluta）是无穷原始形式，但这是在极其特殊的意义上而言的，因为它既不涉及相对空间，亦不关乎纯粹莱布尼茨式广延，即进入整体与部分关系的广延，所涉及的是广阔**无限**，这个广阔无限是"与空间有关联的绝对存在者的理念"。

一个形式有任何关系。这是些纯粹的"不一致"，是不同的绝对存在，它们不可能彼此矛盾，因为不存在可能被此证明、却被彼怀疑的因素。它们处于"无关系"状态，布朗肖[①]如是说。这也正是矛盾原则所要表达的意思，它告诉我们，两个不同的同一物不可能彼此矛盾，它们很好地构成了一个种类，我们可以将它们称为上帝的"属性"。实际上，正是在这里，我们发现了斯宾诺莎与莱布尼茨的唯一共有的论点，也发现了他们要求有一个反证来作为上帝存在的本体论证明的一致做法，这个反证在笛卡尔看来却是免去为妙的东西：一个无限完美的**存在**必然会存在，在得出这个结论之前，应当说明这个**存在**是可能的（真实的定义）且不导致矛盾。不过，确切地说，这是因为所有绝对形式都没有能力否认它们可能属于同一个**存在**，即能者（le pouvant），绝对形式实际上属于这个能者。作为形式，它们之间的真正区别是形式上的，这种区别不会在每一个形式可能归属的存在之间造成任何本体论上的差异，因为所有形式都属于一个唯一的、同一个**存在**，这个存在在本体论上就是一，在形式上则呈现为多样。[②]我们从这里已经看到，实在的区别并不导致可分离性。正如康德

---

① 布朗肖（Maurice Blanchot, 1907—2003）：法国小说家、文学评论家、哲学家。——译注

② 关于必然"和谐并存"的绝对简单形式互为矛盾的不可能性，参见 1678 年致伊丽莎白公主的信；尤见《有一个无限完美的存在》（*Qu'il existe un Etre infiniment parfait*）（GPh，第 VII 部分，第 261—262 页）。在这部著作中，莱布尼茨证实他曾将这种论证告诉过斯宾诺莎。有人对此有所怀疑，因为这个论证也是《伦理学》（*L'Ethique*）的前 10 个命题，这是因为，属性除了可以称自己属于一个唯一的、同一个**存在**外，别无任何共同之处……何况斯宾诺莎和莱布尼茨有着同一个来源，邓斯·斯各脱（Jean Duns Scot）指出不同形式的**本质**组成了一个唯一的、同一个**存在**［参见吉尔松（Gilson）：《让·邓斯·斯各脱》，弗兰出版社，第 243—254 页："本质在形式上的不同无碍于无穷本体论的完美统一体。"］

所说，本体论的证据贯穿整个可能性和一个必然存在的个体性，即：$\frac{\infty}{1}$。**同一物**是存在的一个类别，但**这是一个只有一个成员的类别**。在这里，我们再次遇到先成规则，因为绝对形式是作为上帝的可能性的第一要素而先于上帝的，尽管上帝以"in re"[①]和"in actu"[②]先于这些要素。

我们如何得以从同一物过渡到**可定义物**？同一物是绝对单纯原始观念，A、B、……它们形而上地"组成"了一个唯一的**存在**，AB……但请不要将形而上的组成与逻辑的派生混为一谈。**可定义物**就是些派生观念，如果它们在可定义物的秩序中被排在前列，则它们可能是单纯的，但可定义物总是以至少两个原始观念作为前提，这两个观念以一种关系、以"关系链"的形式，或借助一个其本身或是单纯的或是复合（比如 A 在 B 中）的粒子中介来定义可定义物。从**同一物**到**可定义物**、从原始观念到派生观念的是**组合**，它同时还区分出了等级：I 级包括原始观念或不可定义的**同一物**；II 级包括被两个处于单纯关系下的原始观念所定义的单纯派生观念；III 级包括由三个原始观念或由一个单纯原始观念和一个单纯派生观念所定义的组合派生观念，而各观念之间是组合关系[③]……假设一个借助类比才具有意义的例子：即使我们不能从绝对原始观念出发来推演我们的思想，我们总能够认可一个范畴的相对原始观念（原始观念不产生范畴，而以范畴为前提）；这样，素数便是算术的原始数，这是因为，由于每个素

---

① 拉丁语，意即：就……而言。——译注

② 拉丁语，意即：在实际上。——译注

③ 《关于观念与真理分析的一般性探讨》(*Recherches générales sur l'analyse des notions et vérités*)，C，第 358—359 页。关于作为量值的定义者之间关系的"关系链"，参见《论普遍性的方法》，C，第 101 页。

数只能被它自己或被一个统一体所分，因而每一个素数就是一个自动包含现象。或者，以几何学难以定义的公理（比如"点""空间""中间体"……）构成 I 级，再由它派生出每次都由两个原始观念组合而成的 II 级和 III 级（线是两个**点**的**中介空间**）。[1] 也许上帝本身就绝对能够保证**同一物**过渡为**可定义物**，因为上帝是由所有绝对原始形式构成的，但他同时又是第一个和最后一个**可定义物**，其他可定义物皆由他派生。但这并不能解决整个组合所承受的困难。库蒂拉[2] 很好地揭示了这一点：在第 II 级就已经出现的由冠词、介词、动词和格所表现的关系该如何解释？我们以往总是从处于无关系状态的绝对形式出发的，而现在，不仅对我们的理智而言，对于上帝的理智亦然，突然出现了关系或"微粒"。那么，这种关系是如何突然出自无关系呢？

　　当然，上帝的理智中有着很多区域。可以说，关系突然出现的区域已不再与上帝本身有关，而与创造的可能性有关。这至少是一种迹象，即使无须知道关系在哪里突然出现，也要搞明白它们是如何突然出现的。其实，巴洛克式思维已经指出了区别多重无限秩序的重要性。首先，如果绝对形式构成的上帝是既排斥整体也排斥部分的自我无限，创造的理念则经由原因与第二个无限相关。**正是这个经由原因的无限构成了整体和部分**，且再没有更大的整体，也没有更小的部分。这已不再是一个集，而是一个既没有最后项亦没有极限的级数。这个级数也不再完全被同一律原

---

　　① 参见莱布尼茨青年时期的著作《论组合术》(*Sur l'art combinatoire*) 以及库蒂拉的评论：《莱布尼茨逻辑学》，第 560 页。我们简化了线条的例子，它实际上属于第 IV 级。

　　② 库蒂拉 (Louis Couturat, 1868—1914)：法国逻辑学家、数学家、哲学家。——译注

则支配，而由标志着一个新的存在类别的相似原则或位似原则所支配。这就是所有我们有可能称之为**外延**或**外延性**的东西，它不仅包括狭义上的广度，还包括时间、数和无限可分离物质，即所有那些"partes extra partes[①]"，它们以此身份服从于相似原则。而级数中的每个项都既为其前项形成一个整体，又为其后续项形成一个部分，它被两个或多个单一项所规定，而这些单一项在这个新功能作用下获得了一种可确定关系，因此不再充当**部分**的角色，而变成**必要条件**、理由或构成因素。这样，在数的级数中，每一个既是整体又是部分的数都由进入这种关系的素数所定义：4是2的一倍，是8的一半，它由3加1定义。或者，在算术三角形中，每条作为数列的线条都是前一线条的倍数，但为2的幂所定义，这个幂将必要条件与其自身置于多重关系中（必要条件之间也相互关联）。只须弄懂整体与部分（以及相似性）尚不是关系，而是一种派生无限的原则性（principielle[②]）表达式，一种能够为任何可能的关系所理解的物质。那么，其自身并无关系的原始项在成为必要条件或成为派生物的定义者，也就是说，成为这种物质的构成因素的同时，即**获得了关系**。只要原始项是无关系的、单一自动包含的，它们就是上帝的属性，是一个绝对无限的**存在**的谓词。然而，一旦我们开始重视由这个**存在**派生而出的二级无限，谓词便不再是属性，而变成关系，从而进入无穷定义所有整体和部分的关系之中，并且，依据双重先成，谓词自身也与被定义项处于交互包含状态。我们已经进入了"充足理由"，因为处于相互关联中的定义者每每就是被定义者的理由。如果必须

---

① 拉丁语，意即：互为外在的部分。——译注

② 该词由法国思想家罗兰·巴特（Roland Barthes）所创造。——译注

定义这种关系，可以说，它就是无关联者与整体—部分的物质的统一体。如果说我们过去往往认为，在莱布尼茨眼里，关系表现为一种不可缩减的困难，是因为混淆了谓词和属性，而这种混淆只在绝对单一观念完全排斥任何关系的情况下才是合理的，一旦进入被派生物层次，在谓词—关系与确定主词交互包含（4 是 3 加 1 的交互包含）中，**谓词＝关系**，混淆就不再合理了，甚至当主词成为没有部分的单子，而谓词继续是《单子论》中所说的"感受与关系"时亦如此。

但是，过去还有一种第三等级的无限。那是些始终没有最终项、却呈现为**收敛的、趋向于一个极限的级数**①，但不再涉及外延，而关乎意向或强度；也不再涉及关系，而关乎法则；不再涉及**组合**，而关乎**字符**（Caractéristiques②）；不再涉及物质，而关乎物质中某种填满了外延的"实在"物（当然，这是一种"可能的"实在）。物质中的实在物即事物，它有其内在特性，这些内在特性每每要在向着一个极限收敛的量值级数内得以确定。这些极限之间的关系是一种新类型 $(\frac{dy}{dx})$ 并构成一种法则。赫尔曼·韦尔③说，一个**自然的**法则必然是一个微分方程。莱布尼茨最具独创性的概念之一"必要条件"已不再表示定义者，它拥有了最严格意义上的独立含义，现在它表示的是条件、极限以及这些极限之间的微分比。不再有整体，也不再有部分，但每

---

① 斯宾诺莎在其《信函 XII》(*Lettre XII*) 中也区别了三种无限，一种在其自身，另一种由其原因而来，第三种包含在极限中。莱布尼茨就此称赞斯宾诺莎，尽管他本人对极限与无限的关系另有他想。见 GPh，第 I 部分，第 137 页。

② 语出莱布尼茨的《普遍语言》(*Caractéristique universelle*)，普遍语言就是用一种语言表达最复杂的数学、科学和形而上学的概念。——译注

③ 赫尔曼·韦尔（Hermann Weyl, 1885—1955）：德国数学家。——译注

种特性都有了一个等级。声音的内在特性有着一种狭义上的强度、高度、延续和音色；颜色有色调、饱和度和深浅变化；而常被莱布尼茨援引的黄金则既有颜色，也有重量，可延展，还可抵抗坩埚冶炼和镪水腐蚀。物质中的实在物不仅是广延的，它也具有"不可渗透性、惰性、冲动性和附着力"这些特性。被称作一物体的**纹理**的东西，正是该物体内在特性的总和，是这些特性的变化范围及其极限之间的关系。黄金的纹理即如此。①如果**必要条件**能够这样与**可定义物**相区别（尽管可定义物能够给出定义），我们所面对的便是第三类包含，但这种包含不是交互的，而是**单侧**的。正是在这里，充足理由变成了原则。任何实在物都是一个主词，其谓词则是处于序列中的一个特性，谓词整体就是这些序列的极限之间的关系（应避免将极限与主词混淆）。

我们既要从一个认识对象的角度指出这个新域界的不可约性，也应当从认识本身指出这个域界在两个方向上的过渡角色。一方面，必要条件实际上并非第一无限的假定直觉本质，也不是定义或论证中的第二无限的定理性本质，而是符合第三无限的或然本质。莱布尼茨数学不断将问题变成不可约减的迫切恳求，并将这个恳求与定义链连接起来，没有它，定义彼此就可能无法连接：如果说存在着数学字母的替换现象，是因为问题的提出在先，然后才提出了定理。②从这个意义上讲，公理所关涉的就是问题，完美避开了论证。如果说**字符**有别于**组合**，是因为它是一

---

① 关于黄金的纹理或字符的连接，见《新论》，第 II 部分，第 31 章，第 1 节；第 III 部分，第 3 章，第 19 节。

② 《新论》，第 IV 部分，第 2 章，第 7 节：关于问题的归类。

个对问题或极限的真实算法。必要条件和公理都是条件，尽管它们不同于将条件作为共相的康德式经验的条件，而是在这样或那样情况下回答一个问题的条件，这些情况都与级数中变量的值有关。现在出现的情况是，我们与必要条件联系在一起，几乎被固定于必要条件了，甚至我们已经达到的定义者，比如算术式或几何式定义者，也只能借助类比才有可能产生作用，事实上，这些定义者都是一假设域界的内在特性（我们所要寻求的收敛级数的素数即如此）。定理，即作为定义链的论证，可以借助三段论的形式，而我们采用的是"省略三段论"，省略三段论只对三段论有价值，它通过"内部去除"、省略以及或然节略而起作用。① 总之，如果**组合**实现了它梦寐以求的某些东西，那也只能是通过**字符**实现的。另一方面，它涉及认识本身，而不再是距其最近的认识对象。实际上，我们能够从外部并通过不断试验而达到认识事物的内部特征，也认识它们之间尚停留在单纯经验论连续状态的关系，就像在动物身上所发生的那样。不过，根据情况，我们也有可能抵达纹理，就是说，抵达这些特征的真正接合，抵达它们各自级数的极限间的内在关系（比率），在此，我们有着一种理性的认识，正是这种理性认识解释了内部特征已对定义发生作用、极限计算对论证发生了作用、省略三段论对三段论的完整式发生了作用。② 莱布尼茨对于使公理重返必然真理以及他对论证秩序的关注即源于此（如果说公理凭借自己是必要条

---

① 《新论》，第 I 部分，第 1 章，第 4、19 节。关于省略三段论，参见亚里士多德《前分析篇》，II，27（"如果说只陈述一个前提，是因为只获得了一个特征……"）。

② 是否达到特征的接合（黄金的情况）：《新论》，第 III 部分，第 4 章，第 16 节；第 III 部分，第 11 章，第 22—24 节；第 IV 部分，第 6 章，第 8—10 节。

件而避开了论证，则它们由于涉及整体和部分的形式，就更应当被论证）。因而，时而使我们朝着动物的认识堕落，时而又使我们向着理性的、决定性的和论证的认识上升，这正是特征的义务。

这样，我们就有了三种包含：自动包含、交互包含和定位于极限的单向包含。与三种包含相对应的是：**绝对单一体**，即**同一物**或彼此无关系的无限形式；**相对单一体**，即**可定义者**，它们进入了整体和部分的无穷级数，而它们的定义者则进入了关系；**有限单一体**，即**必要条件**或趋向极限的收敛级数以及它们的极限间的关系，即**字母、组合、字符**之间的关系。让我们回到巴洛克织物的模式。我们会说，认识及被其所认识的东西均被折叠，而莱布尼茨说，三段论或定义的连接是一种"织物"，但也"存在着无穷组合而成的其他织物"，这些织物如同我们常用的省略三段论一样也被折叠。① 甚至最纯粹的三段论织物也已经依据思维的速度被折叠了。理念正是这样被折叠在灵魂之中，想要随时将它们展开是不可能的，就像被折叠在自然中的事物一样。而马勒伯朗士恰在这里犯了错误。他认为，我们在上帝身上看到的是完全被展开了褶子的**理念**。然而，即使在上帝那里，观念也是覆盖在无限理智之上的褶子。**绝对形式、同一物**则是单一的和分离的褶子，**可定义物**是经组合的褶子，而**必要条件**及其极限则可以说是更为复杂的折边（它们也促成了纹理的介入）。至于那些必然包含着一个视点或支点的单子，它们不会与褶裥没有相似之处。

---

① 《新论》，第 IV 部分，第 17 章，第 4 节（"织物"理论）。

我们现在来看第四种观念，即个体观念或单子，它们不再是可能的事物，而是可能的存在体（实体）。这样，完整的一览表就应该是：同一性、广延性、强度、个体性；**形式、大小、事物、实体**。其中形式、大小、事物、实体均尚是简单观念，且是个体简单观念，但是，这种说法是就什么意义而言呢？无论如何，可以肯定的是，这样一个被当作主词的观念，其谓词还会构成一个趋向某一极限的无限收敛级数。因此，个体自然地拥有一种现实无限的内包，它"包裹着无限"[1]。就倒数是颠倒了分子和分母的数而论，比如，2 或 $\frac{2}{1}$ 的倒数是 $\frac{1}{2}$，个体观念即单子就是上帝的倒数。上帝的表达式是 $\frac{\infty}{1}$，那么，它的倒数单子就是 $\frac{1}{\infty}$。至此，问题便在于搞清楚，单子、个体中的无限收敛级数是否与内涵的级数是同类型的，或者说，是否关涉另一种情况、另一类包含，即第四类。的确，我们能够也应该将个体实体表现为已经具备必要条件和内部特征，莱布尼茨甚至也是这样利用亚里士多德的，他将形式和物质、能动力量和被动力量统统变成实体的必要条件。在事物与实体之间、事物与存在体之间还是存在着巨大差异的。首要差异就是事物有着多个内在特征，x、y …… 因而它参与到了多个级数之中，其中每一个级数都趋向其极限，而事物的中级数之比或连接是一种 $\frac{dy}{dx}$ 型微分比。有人会说，我们对事物的感知是一种"同义叠用"[2]，或者说，在事物中，"我们对同一主体不只有一个观念"，比如，我们可以说黄金很重，又可以说黄

---

[1] 《新论》，第 III 部分，第 3 章，第 6 节。

[2] 一种修辞方法，指有目的地重复使用同义词语，也就是意思相同或相近的不同的词或词组的重叠使用。同义叠用不同于修辞上的反复，后者指同一个词或词组的重复使用。——译注

金是可延展的。[①] 但对于个体就不是这样了。我们已经看到，世界是一个唯一的、无穷的无穷收敛级数，它被每个单子完整地表现，尽管单子只能清楚地表现级数的一个部分。但是，能够在另一个单子的清楚部分里**延伸的**正是一个单子的清楚区域，而且，同一个单子中，能够在模糊区域里无限延伸的也是清楚部分，因为每个单子都表现整个世界。我身上的一阵突然剧痛不过是产生这种疼痛的一个级数的延伸，即使我之前并未感觉到它，而且，它现在还在我的疼痛级数中延伸。**收敛级数之间存在着彼此向着对方的延伸或延续**，这甚至也是"可共存性"的条件，以便每一次再构成一个唯一的、同一个无穷的无穷收敛级数，**世界**将所有级数都变成了唯一的变量曲线。这样，微分比就有了一个新意义，因为它能表现一个级数在另一个级数中的分析性延伸，而不再是收敛级数的统一体，这些收敛级数无不在它们彼此之间发散。也可以说是无限改变了意义，它有了第四种意义，这第四种意义仍然是现实的：无限不再被自我定义，不被它的原因、亦不被一个级数的"极限"定义，而由一种将极限分类或将级数转换在一个"集"（即世界的现实无限的集或超穷数）中的秩序定律或连续律所定义。由于每一个单子都表现全世界，一个主体就不再可能只有一个唯一的观念，而主体—单子也就只能被它们表现世界的内部方式所区别：充足理由原则变成不可分辨事物原则，不存在两个相似的主体，也不存在相似的个体。

还有第二类差异，这种差异对于单子似乎确实没什么益处。事物的纹理当然包含着级数定律，事物的特征及极限间的微分比

---

① 《新论》，第 III 部分，第 4 章，第 16 节。

也在其中。而单子在将某一秩序中的同一世界包含进自己褶子的同时，也包含着无穷级数，但它不是那个唯一级数定律。不同秩序上的微分比与一个位于单子外部的所有秩序的集相关。正是在这个意义上，我们说世界在单子之中，单子是为着世界的：上帝本身只根据个体观念所表现的世界来设计个体观念，并且只通过世界的一种算法来选择个体观念。所有级数都彼此向对方延伸，定律或理由仿佛被推进了超限的集，推进了无穷的无穷级数集，推进了世界，推进了极限或极限间的关系中，最终推到了上帝那里，是上帝设计并选择了世界。宇宙学对于上帝存在的证明即源于此。这个证明过程就是从级数到集，再由集到上帝。[①] 全部级数当然都在单子之中，但不包括级数的理由。单子只接收级数理由的特殊影响，或者，只接收能够部分实施这种影响的个体权威，因为极限仍然是**外在的**，它只能出现在单子与单子之间的一种**前定**和谐中。但单子从中汲取到的也许是一种力，而非无能为力：理由的外在性只是级数彼此在对方延伸的积极可能性的结果，这里的级数不仅有与每个单子的清楚表现相符合的有限级数，也有与每个单子的秩序或视点相符合的无穷级数。这是因为每个单子虽然都包含着全世界，但却不能包含为所有单子所共有的级数的理由。这样，我们便来到了第四种包含面前。单子对世界的包含

---

① 参见《论事物的终极根源》（*L'Origine radicale des choses*）开头部分；《单子论》，第 36—37 节："充足理由或终极理由应该外在于偶然事件的这个部分的连续或**级数中**，但这个部分应该是无限的。"《单子论》很好地论述了灵魂和单子，它们既包含终极理由，也包括世界的状态。级数的理由外在于级数，在这种情况下，我们认为，懂得这一点是必要的，这也是我们不能理解米歇尔·塞尔为数不多的几个方面之一（I，第 262 页）。莱布尼茨经常引用的一个论据是：一个"隐藏着原罪的级数"不可能在单子中拥有理由。

是单侧的，但又**不固定于一地**；包含不再仅限于极限，因为极限在单子之外。一共有四种包含，如同有四种无限，即原始形式的无限集（=上帝）、无极限的无限级数、有内在极限的无限级数以及有外在极限的无限级数，这些无限又带来了一个无限集（=**世界**）。

至此，我们有可能消除一开始的含糊不清了。首先，莱布尼茨为什么要将本质真理阐述为可以由有限分析评判的东西，这种分析能将本质真理带回**同一物**，而存在的真理则可能自行与无限分析相关，且"不会缩减为同一真理"？但这两种假设都是错误的。无论本质是直觉的、定理的还是或然的，它们都始终处于一个无限之中。**同一物**本身是直觉的本质，从这个意义上讲，也就是无限形式。而在本质的域界里则相反，**我们的确可以随时停下来**，将一个定义当作最高级的同一物来使用，或者将一个**必要条件**当作定义来使用，或者使用一个**极限**，将它当作被抵达的极限。相反，在存在的域界里，我们却不能停顿下来，因为级数是可延伸的，并且应该被延伸，因为包含的位置不可确定。其次，那种认为存在分析是潜在的、只有本质分析可能是现实的说法也不尽准确。任何分析都是无穷的，而且，在分析中也只存在无穷的实在。存在命题中的包含是潜在的，这种说法只表示，如果整个世界不在存在物之中，就没有任何东西包含在存在物内；世界只现实地存在于包含着它的存在物中。"潜在"二字在这里再次表现了现实包含具有不可确定位置的特征。先成总是双重的：世界是潜在的第一，而单子是现实的第一。由此我们得以知晓，"潜在"一词同样适合某些本质命题，即那些涉及**必要条件**的命题，这一次，它所表现的是包含的单侧特征。我们回到《论自由》就会看到，潜在的包含是基于一个非交互命题的："任何三位双二进制都是三位二进制"。莱布尼茨明确指出，包含是潜在的，因为它能够被提取，还因为谓词只能在"受制于某个力量"时才能被包含在主词中。[①] 由此可以看出，算术的例子虽简单明了，却不贴切。正如本文在下文将要证明的那样，贴切的例子是无理数，因为无理数是一个应当被求出的根；微分比的例子也很贴切，因为微分比与不属于同一力量的数量有关。正是在这个意义上，莱布尼茨将两种非交互包含的情况即无理数和存在物组合在了一起。对事物的分析实际上就是将谓词确定为必要条件，而这种确定是依据内在极限理念、通过求根甚至通过减小量值而得以实现的。而对存在的分析则是将谓词确定为世界，实现这个确定需借助力量级数的延伸、依据外在极限理念。我们总是一再遇到一种不确定，但它却是客观存在，即褶子是否一方面从本质与存在之间，或者从上帝诸本质及由此产生的东西之间经过，另一方面又从事物的本质与存在之间经过呢？

谓词绝不是属性，但无限形式或第一实质的情况例外；而且，即使在这种情况下，谓词也至多是上帝的观念的可能性条件，是制约一切可能的关系的非关系。因为，在所有其他情况下，谓词都只能是关系或事件。关系本身就是不同类别的事件，数学上的问题早在古代就已为涉及图形的事件所定义。事件也是不同类别的关系，是与存在和时间相关的关系。[②] 作为主词被包

---

① 《论自由》："论证就是解决各个项，其他什么都不是……以求得出一种方程式，也就是谓词与主词在交互命题中的重合；但是，**在其他情况下**，这至少是求解一种包含，以使潜在于命题中、包含在某种权力中的东西变得明确而一目了然。"

② 与阿尔诺的通信，"对阿尔诺先生 1686 年 5 月 13 日来信的意见"："个体观念**有可能**包含属于事实的或与事物的存在和时间相关的东西。"

含在观念中的始终是由一个动词所标记的事件，或是由一个介词所标记的关系。比如：我写，我去德国，我渡卢比孔河……（而且，如果事物能说话，比如黄金，它就可能说：我能抵抗坩埚冶炼和镪水腐蚀）。奇怪的是，居然有人认为是单侧包含将命题缩减为归因判断。恰恰相反，归因正是阿尔诺借以**反对**莱布尼茨、批判包含、拯救笛卡尔的实体概念的东西（我会思想，我是一种有思维能力的东西……）。属性表现品质并指出本质，因而，莱布尼茨拒绝用品质将谓词和主词定义为本质，即使"sub ratione possibilitatis①"。主词由其统一体所定义，而谓词则作为动词表示动作和情感。莱布尼茨十分熟悉主词—系词—属性这个归因模式：我是作者②，我是旅人③……但是，这个被阿尔诺十分看重的"普遍语法"模式却导致了一个丝毫无助于包含的断言概念和一种区分理论。④ **莱布尼茨式包含是建立在主词—动词—补语这一图式基础上的，这个图式自古就与归因模式相左**：这是一种巴洛克式语法，其谓词首先是关系和事件，而非属性。莱布尼茨使用属性模式是从属和种的古典逻辑的观点出发的，所根据的是名义要求。⑤ 他利用属性并不是为了确定包含。谓项不是一个归因。谓词是"旅行的实施"，是行为，是运动，是变化，而非能够旅

---

① 拉丁语，意即：有可能。——译注

② 此处原文为 écrivant，该词形系法语动词"写"的现在分词，用作名词时指特定文章的写作者，有别于文学作家 écrivain。——译注

③ 此处原文为 voyageant，该词形系法语动词"旅行"的现在分词，用作名词时指在旅行途中的人，不同于旅行者 voyageur。——译注

④ 阿尔诺与尼科尔（Pierre Nicole）：《逻辑学，或思维艺术》（*La Logique, ou l'art de penser*），弗拉马利翁出版社，第 II 部分，第 2 章。

⑤ 见库蒂拉引用的著作《莱布尼茨逻辑学》，奥尔姆斯出版社，第 70 页。

行的状态。^① 谓词，**即是命题本身**。如同我不能将"我旅行"约减为"我是旅人"一样，我也不可以将"我思想"变成"我会思维"，因为思维不是一个恒定不变的属性，而是一个谓词，是从一个思想向另一个思想的不断过渡。

谓词必须是动词，而动词又不得约减为系词或述词。这甚至就是莱布尼茨式事件概念的基础。最早认为应当将事件升级到概念地位的是斯多葛派，他们既不将事件当作属性，亦不以其作为天赋，而是把事件变成命题的一个主词的无形谓词（不是"树是绿的"，而是"树木翠绿……"）。他们由此得出结论：命题陈述的是事物的一种"存在方式"，一种"外表"，它超越了亚里士多德式的本质—偶性交替。他们用"由此而必然产生"代替了动词"是"，即用方式代替了本质。^② 接下来，莱布尼茨使事件的第二大逻辑得以产生：世界本身即是事件，并且，作为无形（= 潜在）的谓词，世界应当被包含在每一个主词中作为底部，每个主词都从中将与其视点（外表）相一致的风格提取出来。世界即是谓项本身，风格是特殊谓词，而主词，就是那个从一个谓词过渡到另一个谓词、从世界的一个外表到另一种外表的东西。**底部—风格**

---

① 1686 年 7 月致阿尔诺的信：包含表现为"在主词的我和实施旅行的谓词之间的"直接连接。

② 关于早期斯多葛派的事件概念，布雷耶（Emile Bréhier）的著作是必读的，《古代斯多葛派论无身体》(*La Théorie des incorporels dans l'ancien stoïcisme*)，弗兰出版社，第 I、II 章。关于用"由此而必然产生"代替"是"，参见布罗夏尔（Victor Brochard）：《古代哲学与现代哲学研究》(*Etudes de philosophie ancienne et de philosophie moderne*)，阿尔坎出版社，第 226—227 页。我们在莱布尼茨那里也发现了这种替代。

这对概念取代了形式或本质，这正是莱布尼茨哲学的标志所在。[①]
斯多葛派和莱布尼茨创造了一种**风格主义**，它与时而是亚里士多
德的，时而又是笛卡尔的本质主义互为对立。作为巴洛克风格构
成部分的风格主义继承了斯多葛派的风格主义，并将其延展到了
宇宙空间。接下来出现的就是怀特海的第三大事件逻辑。

更令人感到奇怪的是，罗素竟然说，莱布尼茨在思考关系问
题时应该感受到了巨大的困难！从某种意义上可以说，莱布尼茨
只做了这件事，即思考关系，罗素也承认这一点。仅有的困难在
于，从句子中得出能够显示谓词是一种内在关系的那个或那些固
有命题并不总是容易的事。有时句子中并没有给定谓词，有时没
有给定主语，有时则主谓两项都没有。当我说"这儿有三个人"
时，句子的实质主语就是一个唯一能够被定性为人的**广延 3**，而
且，这个定性是由三个部分决定的；而谓词则是 3+1 个（人），
即内在关系。如果我说"水在 100 ℃时沸腾"，主语显然是一个
事物，即水，而谓词是一条蒸发曲线，这条曲线在一个三相点与
合成曲线及上升曲线构成关系。而当我说"皮埃尔比保罗个子
低"、"保罗比皮埃尔个子高"，此时的主词当然是**实体**，但这两
种情况下的关系却不在两个主词之间，真正的关系是，有着高高
身材的主词皮埃尔有一个"保罗的代理者"作为其谓项，或者是
主词保罗有一个"皮埃尔的代理者"作为其谓项，这个关系或
者说这个谓词始终是内部的。而身高本身则与先前的情况相关，

①《新论》，第 IV 部分，第 17 章，第 16 节："完美的风格和等级是无限变化
的，但底部在任何地方都是一样的，这于我是一条基本原则，并且支配着我的
全部哲学……如果说这种哲学在实际上是最简单的，那它的风格也是最丰富
的……"

即：时而是外延—主词，时而是事物（身体）的谓词。总之，在莱布尼茨那里，概念有着一个经由整体—部分、事物和实体，经由外延、内含和个体的完整经历，这个经历使概念自身变成符合每个等级的主词。这正是与作为理性存在的概念这个传统观念的分道扬镳：概念不再是本质，或者不再是其对象的逻辑可能性，而是相关主词的形而上现实。我们说一切关系都是内部的，正是因为谓词不是属性（正如在逻辑概念中那样）。

莱布尼茨的实体理论可以对此加以确认。甚至可以说，莱布尼茨的实体理论正是为着这个确认而产生的。有两种名义特征，对于这两个特征，从亚里士多德到笛卡尔，几乎所有人都持赞同的态度：一方面是实体，它是具体的、确定的、个体的，也就是亚里士多德所说的**这个**和笛卡尔所说的**这块**石头所表达的意义；另一方面，实体是固有的或包含的主词，这是就亚里士多德将偶性定义为"出现在实体中的东西"以及笛卡尔所说实体是一种"其中明确而完美地存在着我们所设想的东西的东西"的意义而言的。① 然而，一旦我们寻求实体的实在定义，这两个特征似乎会为了本质，或者为了基本的、必然的和普遍的属性而在概念上被废除。因而，在亚里士多德看来，属性不是作为偶性存在于主词中，而是被主词确认，这样，就可以把它看成第二实体；而在笛卡尔那里，本质属性与实体被混为一谈，致使个体有了只能以一般属性形式存在的趋势。归因和借助归因对实体的定义非但不能对个体性和包含加以确认，反而成为对它们的质疑。

在笛卡尔看来，实体的第一个标准就是单纯，是单纯观念，

---

① 正因为此，莱布尼茨有时会简要地将谓词的固有性描绘为符合普遍观点（"ut aiunt"），尤其符合亚里士多德的观点。

亦即其成分只能被理性的抽象或理性的区分所区分的东西（广延和身体，思想和精神即如是）。实体是单纯的，因为它只能被抽象概念将它与其属性区别开来。不过，莱布尼茨却称单纯是个伪逻辑标准，因为有很多单纯观念并不是实体，至少有三个。只是在后来谈及单子时，他才将其视作单纯观念，那是在莱布尼茨认为危险已被排除，且其关于两类实体问题的研究取得了进展的时候。两类实体中的一类被称为单纯实体，只因为另一类是组合实体。然而，莱布尼茨在其著作中自始至终都更多地使用**存在的统一体**作为形而上学的标准，而非概念的单纯性。阿尔诺因此指出，莱布尼茨所采用的方法颇不寻常，他摒弃了用本质属性定义实体的做法，而这个属性有可能将实体与"存在的模态或方式"对立起来，也就是说与运动或变化对立起来。对此，莱布尼茨的回应不无讥讽之意：他领教过两位对他来说只能算是"一般哲学家"的人，他们均看重统一体的等级。此二人就是观点互为对立的亚里士多德和笛卡尔。而莱布尼茨恰恰认为实体应当**具有一个内在于运动的统一体，或者是一个能动的变化统一体**，这个统一体将单纯的广延排斥在实体的行列之外。① 如果将运动定义为"运动物体在不同地点的连续存在"，所能看到的就只能是已经发生的运动，而非运动在其发生过程中与之相关的内在统一体。正在发生的运动同时与两个统一

---

① 参见阿尔诺 1687 年 3 月 4 日的信及莱布尼茨 4 月 30 日致阿尔诺的信。安德烈·罗比内（André Robinet）指出，直到 1696 年，莱布尼茨都一直避免提到"单纯实体"[《分离式建筑，莱布尼茨著作中的系统自动机及先验理想性》（*Architectonique disjonctive, automates systémiques et idéalité transcendantale dans l'œuvre de Leibniz*），弗兰出版社，第 355 页]；安娜·贝科（Anne Becco）的研究：《论莱布尼茨的单纯》（*Du simple selon Leibniz*），弗兰出版社。

体相关，一个是此刻的统一体，这是在运动的下一状态"由于一个自然力的作用"而可能出自"目前状态本身"的意义上而言的；而就运动的整个持续时间（实体的物理标准）而言，它又与一个内部统一体相关。进一步讲，质变与一个能动的统一体相关，这个统一体可使一个状态瞬间通过，并保证其完整过渡（心理标准，感知和欲求）。① 因而，实体象征着作为事件的运动和作为谓词变化的双重自生性。如果说实体的真正逻辑标准是包含，那是因为谓项不是归因，是因为实体不是一个属性的主词，而是一个内在于一个事件的统一体，一种变化的能动统一体。

除了**单纯**，笛卡尔还提出了另一个实体标准，即**完满**，这个标准与实在的区分相关，而实在的区分与理性的区分一样，只涉及概念：完满不是全部（全部应包括所有属于事物的东西），而是在事实上不同的东西，也就是说，是能够被其自己"思考"，并能对属于其他事物的东西加以否定的东西。正是在这个意义上，笛卡尔认为，能够思维的事物和广延的事物二者都是完满的，或者说它们各自都在事实上是不同的，因而是可分离的。然而，也正是在这里，莱布尼茨却指出笛卡尔对这个概念的研究有欠深入。他认为，两个事物可以被设想为事实上是不同的，却不是可分离的，只要它们具备共同的必要条件。笛卡尔没有看到，即使是单纯存在，即使是个体实体，它们也都拥有必要条件，虽然必要条件有可能只存在于它们所表现的共同世界之中，或者只在它们向着其收敛的内部特征（形式—物质，行为—潜

---

① 《论自然本身》(*De la nature en elle-même*)，第 13 节：关于局部运动和质变。

能、能动统一体—限制）中。我们已经看到，在事实上不同的东西不一定是被分离的，也不一定是可分离的，而不可分离的东西却可能在事实上是不同的。[①] 说到底，正如斯多葛派曾说的那样，没有任何东西是可分离或被分离的，但一切事物都有此谋求，其中即包括具备必要条件的实体。称一个实体只有一个属性是错误的，因为实体有无穷种样态；而几个实体不具有共同属性的说法也是错误的，因为实体所具有的必要条件又为它们构建了一个标准（认识论标准）。[②] 这样，实体的标准就有五种：形而上学标准，即存在的统一体；逻辑标准，即谓词在主词中的包含；物理学标准，即内在于运动的统一体；心理学标准，即能动变化统一体；认识论标准，即不可分离的必要条件。这些标准排除了实体由一本质属性所定义，或谓项与归因相混淆的情况。

本质主义使笛卡尔成了古典主义者，而莱布尼茨的思想看上去则具有明显的风格主义特点。古典主义需要给实体一个可靠而持久的属性，而风格主义则是流动的，风格的自生性从中替代了属性作为本质的特性。一条正在进食的狗突然挨了一棍，或者正在吃奶的幼年凯撒突然被黄蜂蜇到，我们能说那狗或凯撒灵魂中的疼痛是自生的吗？但也显然不是灵魂被棍击或被蜂蜇。必须重建级数，而不是局限于某些抽象的东西。棍子的运动不是与击打的动作同时开始的：一个人手执着棍子从狗的背后朝它走去，接

---

① "如果可分离性是实在的区分的延续"，致马勒伯朗士的信，GPh，第I部分，第325—326页。

② 与笛卡尔的属性相反，见与德·沃尔德的通信（GPh, II），尤见1703年6月20日的信函。

下来，他举起棍子，准备最终将棍子打在狗身上。这个复杂的运动过程有着一个内部统一体，这与狗的灵魂中所发生的复杂变化有着一个能动的统一体完全一样，疼痛不是继欢愉突然而来的，而是早已由成千上万的细微感知所酝酿。带着敌意而来的人的脚步声、他的体味儿以及那抬起的棍子的依稀气息，等等，总之，完全是一种不易察觉的"不安"感，疼痛即将从这种不安中"sua sponte[①]"发生，仿佛有一种自然之力将疼痛出现以前的一系列变化聚合为疼痛了。[②] 如果说莱布尼茨如此重视动物的灵魂问题，那是因为他已经能够从中谨慎预判出动物的普遍性不安，这种不安在努力捕获那个可能将其愉悦转换为痛苦、将其追逐转变为逃遁、将其静态转换为运动的东西的难以被感知的迹象。灵魂**给予了自己**一种痛苦，这痛苦将一系列微弱知觉带进了灵魂的意识，而灵魂几乎没有注意到它们，因为，这些微弱知觉起初是隐藏于灵魂底部的。灵魂的底部，晦暗的底部，这个"黑暗的背景"纠缠着莱布尼茨，因为，所有实体或灵魂都"从其自身的底部汲取一切"。这正是风格主义的第二面，没有这一面，它的第一面就可能空无一物。第一面是风格的自生性，它与属性的本质特征相对立。第二面就是无所不在的昏暗底部，它与形式的清晰相对立，没有这一面，风格则可能无处产生。实体风格主义的完整表达式就是"依仗着完美的自生性，一切都由其自身的底部为其自己而产生"[③]。

---

① 拉丁语，意即：自发地。——译注

② 《对于培尔在新系统中所发现困难的解释……》(GPh, 第 IV 部分, 第 532、546—547 页)。

③ 《对新系统的补充说明……》(*Addition à l'explication du système nouveau ...*) GPh, 第 IV 部分, 第 586 页。

存在的类别	谓 词	主 词	包 含	无 限	原 则
同一物（绝对单纯）	形式或属性	上帝	自动包含	自为无限	矛盾原则
可定义物（相对单纯）	关系（定义物之间）	广延或大小（整体与部分）	交互包含	由于原因的无限	相似原则
可调节物（限制性单纯）	必要条件（其关系或定律）	内含或事物（有等级或趋向极限的东西）	单侧、可确定位置的包含	有内部极限的无穷级数	充足理由原则
个体（呈一元的单纯）	事件或风格（与存在相关）	存在物或实体	单侧、不可确定位置的包含	有外部极限的无穷级数	不可分辨事物原则

是什么东西使奥尔特嘉·Y.加塞特对原则产生了一种原则游戏的印象？答案就是，这里的大多数术语都会发生词义转移，或者毋宁说，当我们将术语固定在表格中，它们便在那里被展开，在展开的同时，它们也统治了一个区域。但它们已经以被折叠的形式存在于一个先于它们的东西中，它们还将被重折于它们的后项之中继续存在。**充足理由**便是这样：它为着自己而出现在事物当中，在那里，一些内部特性彼此连接，以便给予事物以理由。但接下来，难以分辨事物原则就只能是在个体层次上对**理由**的解释，以至于看上去像是对于充足理由的一种简单附属。而在以前，充足理由一直在可定义事物当中充当定义者之间的关系，因此，它本来就在相似原则的框架内或区域内发挥作用。更有甚者，矛盾原则本身也已表现了同一物所特有的理由，且不满足于与充足理由形成一种两者择一的情状，相反，它要统领那个非矛盾从中**足以**作为理由（能在无矛盾情况下无限提升的东西）的区

域。矛盾原则在这个意义上成了充足理由的一种情况。[①] 但充足
理由不也同样是非矛盾的一种情况吗？实体与事物、可调节物与
可定义物亦然。还有，我们目前所观察的原则也只是很少一部
分，且不说原则还有着过渡和转化的情况，而充足理由是非矛盾
的逆命题，正如库蒂拉所认为的那样。[②] 不可分辨事物原则同样
也与充足理由呈反向，根据就是，有人将充足理由原则表述为
"经由事物的概念"，而将不可分辨事物原则表述为"经由概念的
一个单一事物"（此处的事物＝个体）。这里有一个只能在莱布尼
茨哲学中才可见到的独一无二的特点，即对于原则的极端嗜好。
这种嗜好非但远不利于原则的分隔，还会使存在、事物及概念在
所有活动隔层下发生转移。在这种不同寻常的、旨在创造原则的
哲学领域里，原则似乎更多地呈现为两个极端，因为，所有原则
在发生重折时都趋向于一个极端，相反，当它们在区分其区域、
自我展开时，则趋向于另一极端。这两个极端即是：**一切都永远
是同一事物，只有一个唯一的、同一个底部；一切都因等级而相
互区分，一切都因风格而不同**……这就是一切原则的两个原则。
因为，从未有过一种哲学能够如此深刻地确认一个唯一的同一世
界以及这个世界的无穷差异或多样化。

---

①《单子论》即由此而来，第36节："充足理由也一定在偶然真理之中……"
这就意味着充足理由已经对必然真理产生过影响。也见《神正论》，"关于邪恶
起源之书的评注"，第14节。

② 库蒂拉：《莱布尼茨逻辑学》，第215页："同一律表明任何同一性命题都是
真实的，相反，理由原则表明任何真实的命题都是分析的，也就是说，都潜在
地是同一的。"

第五章　不可共存性、个体性、自由

　　亚当犯了罪，其反命题亚当无罪不是不可能，或者说不是自我矛盾的（正如"2加2不是4"不是不可能、亦非自我矛盾一样）。这便是存在命题的特性所在。但必须明白问题在哪里：在两个对立面即有罪亚当和无罪亚当之间，必然有着矛盾关系。反之，则须有全然不同的另一种关系参与其中，以解释无罪亚当的命题不是自我矛盾的。这另一种关系不在两个亚当之间，而在无罪亚当和亚当从中犯了罪的世界之间。当然，随着亚当从中犯了罪的世界被包含进亚当，我们有可能重新陷入一种矛盾之中，而这个世界也被包含进无穷其他单子之中。正是在这个意义上，在无罪亚当和亚当从中犯了罪的世界之间应该有着一种原始的排斥关系。无罪亚当可能包含另一世界。在这两个世界当中，除了矛盾关系，还存在着另一种关系（虽然在组成两个世界、成对出现的主体之间存在着局部矛盾），这是一个 vice-diction①，不足以成为矛盾。持

---

　　① 该词系莱布尼茨所造，表示难以察觉的微小矛盾。——译注

上帝是在无穷可能的世界中间做选择这一观点的人相当普遍，在马勒伯朗士那里尤能看到这个观点。莱布尼茨的独到之处在于援用可能的世界之间最为新颖的关系。莱布尼茨将这种新关系命名为**不可共存性**，并称这是隐于上帝理智之中的一大奥秘。[①] 我们陷入了这样的境地，即只能按照莱布尼茨规定的条件去寻求解决其问题的办法。我们无法知道上帝的理由是什么，也不知道上帝在任何情况下如何实施这些理由，但我们可以说明上帝是有理由的，并且可以说明上帝的理由原则是怎样的。

我们已经看到，世界就是一种收敛级数的无限性，其中一些级数可以围绕着奇异点向另一些级数延展。因此，每个个体，即每个个体单子都表现着同一世界的全貌，尽管单子只能清楚地表现这个世界的一个部分、一个级数，甚或一个有限局部。由此可知，**当所获得的级数在奇点的邻域里发散时**，另一个世界就出现了。我们将（1）构成一个世界的收敛的、可延伸的级数的集；（2）表现同一世界的单子的集（罪人亚当、凯撒大帝、救世主基督……）统称作可共存物。而将（1）发散的、从此属于两个可能的世界的级数；

----

① 残篇《二十四个命题》(*Vingt-quatre propositions*), GPh, 第 VII 部分，第 289—291 页及残篇《绝对第一真理……》(*Les vérités absolument premières ...*), 第 195 页。库蒂拉（《莱布尼茨逻辑学》，第 219 页）和盖鲁（《莱布尼茨动力学和形而上学》，第 170 页）认为，不可共存性包含着一种否定或一种对立，莱布尼茨未能在类似单子这样的正面概念中辨认出它们，以至于他宣称不可共存性的根源不可知。但在我们看来，莱布尼茨的不可共存似乎就是一种全新的关系，这种关系不可能约减为任何形式的矛盾。它是一种差异，而非否定。因此，我们在这里只能基于级数是发散的还是收敛的给出一种诠释：这个不可共存能够成为"莱布尼茨式的"是有幸的。然而，为什么莱布尼茨要说其根源不可知呢？一方面是因为在 17 世纪，级数理论尚未很好地为人们所了解；再一方面，也是更为普遍的现象，即我们对于不可共存的单子只能假设其级数是分散的，却未得知其原因。

（2）其中每一个都表现一个有别于另一个的世界的单子（凯撒大帝和无罪亚当）统称作可共存物。而能够确定不可共存性或微弱矛盾关系的正是级数可能的发散性。正是这样，在提出存在着无穷可能的世界时，莱布尼茨绝不再引入二元性，因为二元性很可能会把我们的相对世界变成一个更大程度上的绝对世界的映像，莱布尼茨将我们的相对世界变成了一个唯一存在的、又能催生其他可能世界的世界，因为相形之下，它是"最好的"的世界。上帝在无穷可能的、但彼此不可共存的世界中进行选择，且选择了最好的，或者说选择了那个拥有最多可能的实在世界。**好**是两个世界的标准，**最好**则是那个唯一的相对世界的标准。最好原则又一次将原则问题提了出来，因为该原则是充足理由在世界上的第一次应用。

单子是有其先成的，尽管一个世界并不存在于表现它的单子之外。但上帝并不是冒着使亚当犯罪的风险，或者说上帝并非在意识到亚当有犯罪的风险的情况下首先创造亚当的；上帝所创造的是亚当从中犯罪的世界，并将这个世界也包含进了表现它的所有个体之中（塞克斯都强暴吕克莱斯[1]，凯撒横渡卢比孔河……）。从这个世界出发如同从一系列曲线或一系列事件出发：这是一种**奇点的**纯粹**发送**。这里举三个奇点的例子：是第一个人；生活在一个乐园中；拥有一个从其自身肋骨而出的女人。接下来是第四个奇点：犯罪。正是这样一些奇点—事件与"平凡的"或"合乎规矩的"东西（此处二者的差异无足重要）关联着，一个奇点被

---

① 吕克莱斯（Lucrèce，前509年）：传说中罗马"王政时代"的第七位亦即最后一位王、"傲慢的塔尔坎"的侄子塔尔坎·克拉坦之妻。据传，塔尔坎王的儿子塞克斯都强奸了吕克莱斯，吕遂自杀。这一事件导致了革命的发生，罗马君主制就此被推翻。——译注

大堆平凡的或合乎规矩的东西所包围。而且，如果能使一条升格为奇异点的曲线无所不达，则可以说，一切都是非凡的或奇异的。但也可以说一切都是平凡的，因为一个奇点不过是不同向量下两个平凡的点的重合（一个正方形的点 B 是线 AB 的最终点 a 与线 BC 的最初点 c 的重合）。① 根据莱布尼茨哲学的两个极端，**一切**都是合乎规矩的！一切又都是奇异的！在一个给定的等级上，我们总能将彼此联系在一起的奇异的和平凡或合乎规矩的东西区别开。

　　让我们回到我们的四个奇异点上来。假设在两个方向上具有共同价值的合乎规矩的线条上，我们总能将一个奇异点延伸到其他奇异点的邻域内。但第五个奇异点又出现了，那就是抵制诱惑。这不仅是因为这个奇异点与第四个奇异点，即与"犯罪"相悖，以至于必须在两者之间做出选择，还因为从第五个奇异点到其他三个奇异点的延长线不是收敛线条，也就是说，它们**不经由共同价值**：既不是同一个乐园，不是同一个 priméité②，也不是同一种单性生殖，其中存在着分叉，至少我们可以假设有分叉存在，因为理性让我们忽略了分叉。我们也只需要知道有一个分叉，有了它就足可以说：这就是无罪亚当因其被假设为与这个世界不可共存的东西，因为它始终包含着一个与这个世界的诸奇点呈分叉状的奇点。

---

　　①《新论》，第 II 部分，第 1 章，第 18 节："非凡的东西应当是由平凡的部分组成的。"

　　② 系美国符号学家、哲学家、逻辑学家皮尔斯（Charles Sanders Peirce）的符号学理论术语的法文翻译，意即："一级存在"（英语：firstness）。其理论的基础是皮尔斯自己提出的三个"普遍范畴"，即一级存在、二级存在和三级存在。所谓一级存在指的是自我独立的存在，皮尔斯又称之为"感觉状态"。——译注

　　许多伟大的思想家都认为，在世界起源之时就有一种算法，甚至是一种神的游戏。但一切都取决于游戏的性质，取决于游戏可能的规则，取决于过于人类化的，以至于我们能够重建的游戏模式。我们似乎感到，在莱布尼茨眼里，这首先是一种受制于收敛和发散的无穷级数算法。莱布尼茨在《神正论》的最后对此做了大量的巴洛克式描述。这是一部完全合乎巴洛克式记叙文一般标准的著作，即叙事之间彼此契合、叙述者—叙事的关系不断变化。①《神正论》实际上是一篇哲学对话，其中一段说的是塞克斯都·塔尔坎向阿波罗②咨询占卜，然后是塞克斯都拜见朱比特③，见面时狄奥多尔④在场。但后者却将会见变成了他与朱比特的会谈，朱比特又将谈话对象变成了帕拉斯⑤，直至狄奥多尔做了一场华丽的梦，但这场梦却又抢在了这次会谈之前。那是一场建筑之梦：一座巨大的金字塔有着一个尖顶，却没有基底。金字塔由无穷套房构成，其中每一个套房就是一个世界。有一个尖顶，是因为在所有世界中有着一个最好的世界；而金字塔没有基底则是因为套房消隐于雾霭之中，也因为没有一个可以被叫作最坏世界的最后的世界。在每个套房里都有一个额头上写有一个数字的塞

---

　　①《神正论》，第413—417节。参见热拉尔·热奈特（Gérard Genette）提出的标准，见其《辞格 II》(*Figure II*)，瑟伊出版社，第195页及以下各页。可以看出《神正论》何以能够作为巴洛克记叙文的典例。

　　② 阿波罗（Apollon）：古希腊神话中的光明、音乐、诗和医药之神，宙斯之子。——译注

　　③ 朱比特（Jupiter）：古罗马神话中的众神之王，对应古希腊神话中的宙斯。——译注

　　④ 狄奥多尔（Théodore）：《神正论》中提到的犹太教大祭司。上帝与塞克斯都对话时，狄奥多尔在座，他将他们的对话转告给了朱比特。——译注

　　⑤ 帕拉斯（Pallas）：希腊神话人物特里同的女儿，被雅典娜无意中杀死。雅典娜遂改名帕拉斯或帕拉斯·雅典娜，以为纪念。——译注

克斯都，他正在表演自己的一个生活片段，抑或是其整个一生，"就像正在上演一场戏"，旁边放着一部打开的书，那书又大又厚。塞克斯都额头上的数字似乎与书的页码有关，打开的一页讲述的正是这个塞克斯都的部分生活细节……而书的其他部分应该是讲塞克斯都所属于的那个世界的其他事件。这正是被读到与被看到的东西的巴洛克式共存。在其他套房里，则是其他塞克斯都和其他书。从朱比特那里出来后，时而是一个塞克斯都去往科林斯①，并在那里变成一名显贵；时而又是另一个塞克斯都去了色雷斯②并成为国王，塞克斯都并未如在第一个套房里那样返回罗马、亦未强暴吕克莱斯。所有这些奇点均互相向着对方散发，而每一个奇点只在其他奇点具有不同值的情况下才能向着第一个奇点（神殿的出口）收敛。所有这些塞克斯都都有可能存在，但他们也都是那些不可共存世界的组成部分。

我们将分叉称作点，就像神殿的出口，级数就在这个点的邻域里发散。莱布尼茨的信奉者博尔赫斯③援引过一位中国哲学家兼建筑学家 Ts'ui Pen④ 的例子，后者是"交叉小径的花园"的设

① 科林斯（Corinthe）：古希腊奴隶制城邦，位于波罗奔尼撒半岛东部。——译注

② 色雷斯（Thrace）：古代巴尔干半岛东南部，爱琴海至多瑙河之间地区名。——译注

③ 博尔赫斯（Jorge Luis Borges，1899—1986）：阿根廷诗人、小说家。——译注

④ 博尔赫斯带有科幻色彩的小说《交叉小径的花园》中的人物，其姓名的汉语翻译有"崔朋""彭冣"等。在小说中，此人想写一部人物众多的小说，又想建一座迷宫。研究者称，创作小说与构建迷宫其实是一回事，错综复杂的小说本身就是一座迷宫，一座时间的迷宫。《交叉小径的花园》1944 年首次在阿根廷出版。该著汉译本有浙江文艺出版社 2002 年的《小径分叉的花园》和上海译文出版社 2015 年的《交叉小径的花园》，译者均为王永年。——译注

计者。那是一座巴洛克式迷宫，有着收敛或发散的无穷级数，构成了一个时间网络，这个网络拥有一切可能性。"比如，方 ① 掌握着一个秘密。有一个陌生人来敲他的门，方即决定杀死这个人。故事当然可以有多种可能的结局：方可能杀了闯入者，闯入者也可能杀了方；两人都可能幸免于死，也可能双双命归黄泉，等等。而在 Ts'ui Pen 的作品中，所有结局都发生了，每一个结果又都是其他分叉的起点。" ② 另一位莱布尼茨的信奉者、伟大的通俗小说家莫里斯·勒布朗 ③ 讲过一个叫巴勒塔扎尔 ④ 的故事，这是一位"日常哲学教授"，对他来说，一切都是平凡的，一切始终都是合乎规矩的……但他是个孤儿，正拼命寻找父亲。他有三个可以依据的特点：他自己的指纹、刺在他胸前的三个字母 MTP 以及一位预言者曾经给予他的启示：他的父亲没有头颅。在被勒死的库希—旺多姆伯爵的一份文件中，巴勒塔扎尔是其继承人，那份资料中有指纹，也有关于刺字的描述。但巴勒塔扎尔被一伙马斯特罗皮耶（Mastropieds—MTP）人劫持，并被他们的前任头目作为儿子收留，而这位头目后来被送上了断头台。一位英国人将巴勒塔扎尔拐走，又把他转交给一位帕夏 ⑤，但这位帕夏不久也被斩首，而他失踪的儿子穆斯塔法（Mustapha—MTP）居然与巴勒塔扎尔有着同样的指纹。一位诗人拯救了巴勒塔扎尔，而诗人

---

① 《交叉小径的花园》的人物。此处根据德勒兹原文的"Fang"音译为"方"。——译注

② 博尔赫斯：《虚构集》（*Fictions*），伽利玛出版社，"交叉小径的花园"。

③ 莫里斯·勒布朗（Maurice Leblanc，1864—1941）：法国小说家。——译注

④ 勒布朗小说《巴勒塔扎尔荒谬的一生》（*La vie extravagante de Balthazar*）的主人公。——译注

⑤ 帕夏（Pacha）：奥斯曼帝国时期的省总督；旧时土耳其人对某些显赫人物的誉称。——译注

的纹章竟是马内·泰塞尔·法雷斯（**Mane Thecel Phares—MTP**），他愿意收留巴勒塔扎尔，但他自己却因在一次精神病发作时杀了一个流浪汉而丢了脑袋。对于这件事最后的解释是：流浪汉不久前办了一所富家子弟寄宿学校，收了四个孩子，再加上他自己的孩子。但一场水灾后，他搞不清五个孩子中唯一活下来的是谁家的孩子。他因此酗酒、丧失了理智。他将这个孩子的指纹特征和纹在孩子身上的刺字样寄给另外四位父亲，想要说服他们这个唯一活下来的孩子是他自己的儿子。[①] 充满了分岔的故事就这样相互掺和着，这些故事同时呈发散级数状，在一些不可共存的世界中展开。巴勒塔扎尔不可能是同一个世界上所有这些父亲的儿子，这是一种多重诓诈。

我们终于明白博尔赫斯为什么宁愿向那位中国哲学家而不是向莱布尼茨求助。这是因为，与莫里斯·勒布朗完全一样，博尔赫斯也希望上帝能使所有不可共存的世界同时存在，而不要只在它们当中选择一个、选择那个最好的。这或许完全有可能，因为不可共存性是有别于不可能性的一种原始关系，或是一种矛盾。但有些矛盾会是局部的，比如罪人亚当和无罪亚当之间的矛盾。但重要的是，阻挠上帝让一切可能存在的，即使是不可共存的事物得以存在的，有可能是因为这是一个说谎的上帝，一个骗人的上帝，一个弄虚作假的上帝。莫里斯·勒布朗笔下的流浪汉正是这样一个人。莱布尼茨对笛卡尔给出的上帝不是骗子的证据非常怀疑，他从不可共存性的角度提出了一个新的论据：上帝在玩游戏，但他（与博尔赫斯和勒布朗的无规则游戏相反）为游戏制定

---

① 莫里斯·勒布朗：《巴勒塔扎尔荒谬的一生》，袖珍书出版社。

了规则。所谓规则就是：如果可能的世界与上帝所选择的世界不可共存，这些可能的世界就无法存在。在莱布尼茨看来，唯有如《阿丝特蕾》[①]那样的小说能够将这些不可共存事物的理念给予我们。[②]

从这里可以推演出个体和个体观念的定义。我们早已看到，每个单子都在表现世界（不可定位的包含），但却只能以它的视点清楚地表现一个部分区域或**辖域**（可定位的街区）。或许这个被照亮的区域经由每个个体的身体。但在这里，个体的定义只是名义上的，因为我们尚不清楚是什么构成了这个区域或构成了与身体的关系。现在，我们可以说，一个个体首先是在一定数量的部分奇点周围自我构成的，这些奇点将是个体的"原始谓词"，这样，对于亚当而言，就是前面已经考察过的那四个谓词了。[③] 这就是个体的实在定义，即：**一定数量的前个体收敛奇点的集中、聚集和重合**（或者说，一些奇点能够重合为同一个点，正如彼此分离的三角形的不同顶点能够在一座金字塔的公共顶点重合）。这就像是单子的一个核。根据盖鲁的假说，在每个

---

① 《阿丝特蕾》(*Astrée*)：法国作家奥诺雷·杜尔菲（Honoré d'Urfé）的长篇田园体小说，共五大卷六十册，历时 20 年才发表完。小说描写牧羊男女悲欢离合的艳情故事。——译注

② 1714 年 12 月致布尔盖的信（Lettre à Bourguet）（GPh，第 III 部分，第 572 页）。

③ 1686 年 5 月 13 日与阿尔诺的通信，"对于阿尔诺先生来信的意见"。"原始谓词"显然不是为亚当所专用的，每一个个体都有其自己的原始谓词。而对于每一个个体，原始谓词的数目是有限的吗？非也，因为我们总能够让两个奇异点之间的奇异点不断增加。这个问题并不重要，要紧的是两个个体不具有同一原始谓词。至于我们随后将要涉及的主题，即"模糊的亚当"、不可共存世界所共有的亚当、被理解为"在普遍理性之下"（sub ratione generalitatis）的原始谓词，也见该著。

单子的中心并不存在一个"单纯观念"，这种仅满足于关注一条观念链的两个极端的做法可能与莱布尼茨的方法正好背道而驰。[①]在每个单子的中心都存在着奇点，它们往往是个体观念的必要条件。每个个体只能清楚地表现世界的一部分，这种说法来自实在的定义，因为个体所清楚表现的区域是由它的构成奇点规定的。每个个体都表现全世界，此说出自实在的定义，还因为每个个体的构成奇点都在事实上能从任何方向一直延伸到其他个体的奇点中，只要对应级数趋向于同一目标，以便每个个体都能将一个可共存世界整体包含，同时将其他不可共存世界与该世界排斥开来（在不可共存世界里，级数应该是发散的）。正因为此，莱布尼茨坚持说，上帝不是创造一个跨骑在多个不可共存世界之间的"模糊亚当"或称一个流浪汉亚当，而是"在可能的理性之下"（sub ratione possible），有多少个世界，就创造多少个不同的亚当，而每个亚当都包含着他所属的那个世界的全部（这样一个世界的所有其他可共存单子也在包含这个世界的同时属于这个世界）。总之，每个可能的单子都由一定数量的前个体奇点所规定，它因此与所有其奇点与该单子自身的奇点呈收敛的单子是可共存的，而与那些奇点中含有发散性或不扩展性的单子是不可共存的。

但是，为什么要把亚当这个名字冠于所有这些处于不可共存世界中的发散个体的头上呢？这是因为，奇点随时都有可能在其扩展过程中被隔离、被摘除、被分割。这样，亚当从中犯罪的

---

① 关于这一假说，参见盖鲁："莱布尼茨的实体结构"（La constitution de la substance chez Leibniz），《形而上学与伦理学杂志》（ *Revue de métaphysique et de morale* ），1947。

乐园不是那个他从中可以不犯罪的乐园这件事就无足重要了，奇点变得不确定了，它只是**一个**乐园而已，而原始谓词亦不再被固封于这样或那样的世界之中，而只被视为"处在普遍理性之下"，同时，其主体也成了**一个**一般意义上的亚当，**一个**塞克斯都……但是，我们却不能由此得结论说，个体性是出自这些一般谓词的，哪怕对于这些谓词的诠释和说明越来越多。个体性并不遵从分化规则从一个属到越来越小的种，而是在将个体与这个或那个世界关联起来的收敛或扩展规则下，从奇点到奇点。

个体的差异不是种差，而个体亦不是最后的或终极的种。①然而，莱布尼茨也曾说过，个体就像一个"species infima②"，但这只不过是个体的一个名义定义罢了，而且，莱布尼茨如是说也有着明确目的，即是为了与所有反对个体、反对概念的人决裂。对于他们当中那些**唯名论者**来说，个体应该是唯一的存在，而概念只能是些受到严格限制的字眼；对于另一些人，即那些**普遍主义者**，他们认为概念有能力无限地自我规定下去，而个体仅与偶然的或超概念的规定性有关。但对于莱布尼茨，二者是兼顾的，一方面，个体是独立存在的，另一方面，其存在凭借的是概念的力量，即单子或灵魂。因此，这种概念的力量（变成主体）不在于无限地规定一个属，而在于聚集、扩展奇点。这些奇点不是普遍性，而是事件，是事件的点滴。如果世界相对于表现它的个体

---

① 《新论》，第Ⅱ部分，第1章，第2节；《对培尔先生在新系统中所发现困难的解释》（GPh，第Ⅳ部分，第566页）。在其他著作中，莱布尼茨拉近了个体与最后的种之间的距离。但他明确指出，比较虽对于数学的种有价值，但对物理的种则不然。参见《形而上学论》，第9节；致阿尔诺的信，GPh，第Ⅱ部分，第131页。

② 拉丁语，意即：最低级形式。——译注

来说是潜在的第一，奇点就是前个体的（上帝所创造的不是有罪者亚当，而是亚当从中犯罪的世界……）。**从这个意义上讲，个体即是前个体奇点的现实化**，它不含带任何预先规定性，甚至应当说正相反，而且，还应当看到，规定性自身正是以个体为前提的。

在莱布尼茨所区分的两种情况中的确如此，即数学的种和物理的种。在第一种情况中，"使两个事物完全没有任何相似之处的最小差异，就使它们有了种的区别"，两个数学存在之间的任何个体差异都必然是种差，因为这种差异只能以定义者之间关系的形式从数学的角度被说明（椭圆形、轴比即如此）。也正是在这个意义上，形而上学的个体可以被视作与一个"最低级的种"相似，这种比较也仅在数学上具有意义。从数学角度讲，种差是使个体化的，这是因为个体差异已经是种的，有多少种就有多少个体。一座雕像，无论是铁质的还是石膏的，其材料都不可能构成两个数学个体。在数学上，构建规范的是个体性；不过，有形物或有机体就不是这样了。[①] 在这里，正如我们已经看到的那样，不同特征构成了一些级数，依据这些级数，种不断变化、彼此分化，与此同时，事物或身体也在不停变化。级数丝毫不强求接受进化论，但它显示规范与身体变化之间的关系。这种与多种类别的特性相互混淆的多重规范恰恰**意味着身体或事物的个体性是来自其他地方的**。实际上，那个个体的、使可变身体个体化的东西，只能是与之不可分的灵魂。[②] 对于事物亦然，无处不在于其中的就是实体的全部形式。由此看来，规范应该是以来自别处的

---

① 关于两个种的差异，见《新论》，第 III 部分，第 6 章，第 14 节。
② 《新论》，第 II 部分，第 27 章，第 4—5 节。

个体性为前提的，较之种和属，这个个体性应该排在第一位。

试图在不可分辨事物原则和连续律之间找到一丁点对立都是徒劳之举。连续律就是一种规范的定律，它在以下三个主要领域内产生作用：整体与部分的数学领域、身体特征或种类的自然领域和奇点的宇宙学领域（因为一个奇点会按照一定的秩序一直扩展至另一奇点邻域）。而不可分辨事物原则是个体性原则，根据这个原则，不存在两个彼此相似的个体仅在数量、空间或时间上被外部所区别。首先，灵魂是个体的，因为它控制一定数量的奇点，这些奇点不同于另一灵魂的奇点，虽然所有奇点都是可扩展的。其次，灵魂或者说所有灵魂都会使呈现于其种的连续性中的物质身体个体化。第三，如果说纯粹数学意义上的种本身是使个体化的，那是因为同一个种的两个外形在数学上是唯一的和同一个个体，它与同一个"灵魂或隐德莱希 ①"相关联，即使在实际上它们互不相同。不可分辨事物原则造成了一些隔阂，但这些隔阂并不是连续性中的空隙或断层，相反，正是这些隔阂使连续体得以分化，并且所采用的方法就是不留空隙，也就是说是"最佳"方式（无理数即如此）。要使不可分辨事物与连续性对立，就必须遵循不可分辨事物原则和连续律两者的极简表达法。我们说，两个个体间的差异应当是内部的和不可约减的（=1），而依据连续性，这个差异也应该能自行消散并趋向于0。然而，连续性却完全不可能在其三重意义中的任何一个意义上使差异消散，只有各相关项的任何可确定值，为了保证其内部比率才会自行消散，

---

① 法语为 Entéléchie，源自拉丁语 entelecheia，亚里士多德用语，意即：完全实现。——译注

因为这个比率恰是差异。[①] 差异不再是多边形与圆形的不同，而是多边形各个边的纯粹易变性；差异不再是运动与静止的不同，而是纯粹的速度易变性；差异不再是外在的，也不再是感性的（那样差异就会自行消散），而变成为内在的、心智的或概念的，符合不可分辨事物原则。若想得到连续律的最普遍表达式，或许只能在我们尚不知晓的理念中找到它，我们不可能知晓**感性在哪里结束，心智又从何处开始**，因为不存在两个世界尚是一个全新的说法。[②] 当这两个要求达成一致，连续性甚至还会向着灵魂回流。原因是，如果每一个个体都以其原始奇点与另一个体相区别，这些原始奇点就同样会扩展至其他个体的原始奇点中去，并且遵循着一种时空秩序，即：使一个个体的"辖域"在邻近或后继的个体辖域中延续，直至无限。这些辖域是专属于每个单子的区域，比较它们的广延和强度，就能够区别出单子或灵魂的种在呈连续状的"单子的无穷等级"中应该属于植物、动物、人类还是天使。[③]

---

① 《以普通代数算法证明微积分算法》（GPh, IV, 第 104 页）：当两长度消散且其比率趋于 $\frac{0}{0}$ 时，该两个长度之差或比率仍然能够以一个点继续存在。

② 《新论》，第 IV 部分，第 16 章，第 12 节："很难讲感性或理性是从何处起始的。"康德试图说不可分辨事物与连续性是互为调和的，因为这种调和可能意味着现象与事物本身的混淆。因而，正是两个世界的不同（即康德使之得以复兴的不同）导致了矛盾的产生；实际上，在康德看来，我们是知道感性在何处完结、心智在哪里开始的。可以说，不可分辨事物原则和连续律是对立的，但须在康德式体系之中。在那些假设有矛盾存在的理论家的著作中，这一点是显而易见的：盖鲁（见《从理性秩序看笛卡尔》，奥比耶出版社，第 I 部分，第 284 页），甚至费罗南科（Alexis Philonenko）都引用了典范和实际存在这两个在莱布尼茨那里是作为两个世界的概念（"连续律与不可分别事物原则"，载《形而上学与道德杂志》，*Revue de métaphysique et de morale*，1967）。在莱布尼茨看来，不存在两个世界，分割绝不是空隙或中断。

③ 《自然与神恩的原则》，第 4 节。

世界的游戏有多种式样：它可以传播奇点；可以将无穷级数从一个奇点伸展至另一个；它还创制收敛及发散规则，根据这些规则，上述可能的级数即可组成无穷集，且每一个集都是可共存的，但两个集彼此则不可共存；世界的游戏还将每个世界的奇点以这样或那样的方式在表现这个世界的单子核或个体中进行分配。因而，上帝不仅是在所有世界中选择最好的世界，也就是说，选择最富于可能的真实的可共存集，而且也选择奇点在可能的个体中的最佳分配（对于同一世界，我们也可以构想奇点的其他分配方式和个体的其他界定方式）。这样，在一个可共存的建筑集里，就有了世界的共存规则；而在这个集的所有个体中，在上层，也有了世界现实化的规则。最后，我们还会看到，在下层，在专属于这个集的物质中，还有着实现世界的规则。莱布尼茨就此提出，有三个标准介入游戏，其一涉及建筑的便利性，其二涉及内部"房间的优雅和数量"，其三是彼此成一体的场地、材料，甚至外部正面应方便舒适。[1] 这是一个庞大的建筑结构游戏或以碎石铺路的游戏，如何填充一个空间，才能做到所留的空隙尽可能小、所拥有的样式又尽可能多呢？空间—时间不是一块有可能（最好是）为已选定的世界所填充的先存白板或汇集地，正相反，作为不可分间距的秩序，从一个奇点到另一奇点、从一个个体到另一个体的空间—时间，以及依据间距连续扩展的广延，均属于每一个世界。存在于世界之中的就是空间、时间和广延，每每如此，没有相反的情况。这场游戏不仅使作为配件的游戏者内在化，也使供游戏使用的白板和白板的材料内在化了。

---

[1] 《论事物的终极根源》。

尼采和马拉美也为我们揭示了一个**思想—世界**，这个世界掷出了一个骰子。但在他们二位看来，这个世界是无原则的，它已经失去了所有的原则，正因为此，掷骰子就成了能够确认**偶然性**、能够预料到任何风险的潜力，但这个世界尤其不是一个原则，而是一切原则的不在，因此，它就要使出自偶然和以原则限制偶然，以便避开偶然的东西不在或化为乌有："世界是不在的匿名域界，事物在那里显现，又在那里转而消失……显现是一个面具，它的背后空无一人，除了乌有绝对再没有任何其他东西"，说**乌有**远比说没有某种东西更准确。[①] 在没有上帝、没有人类自身的情况下，无原则的思想已经成为游戏新手的一个危险任务，这个新手废黜了游戏**老手**，并使不可共存的东西进入同一个分崩离析的世界（白板崩塌了……）。然而，在世界失去其原则之前那段漫长的"虚无主义"历史过程中，究竟发生了什么？在距我们最近的年代，应当发生过人类**理性**的沦丧，那是原则最后的避难所，康德式避难所，这座避难所最终毁于"神经症"。但在此之前，还应当有过一段精神病的插曲，那就是整个神学**理性**的危机和沦丧。巴洛克风格正是在那一刻取得了自己的地位。有那么一个时期，神学处处遭受打击，而世界还在不断收集攻击神学的"罪证"，面对暴力、贫穷以及很快就要发生地震，等等，有什么办法可以拯救神学的理想呢？巴洛克的解决办法是这样的：增加原则的数量，以便随时可以从巴洛克的袖筒里抽出一个原则来，直接改变其使用；不再要求某一可转赠物必须符合某一高明的规则，但强调某一隐藏原则须符合某个给定对象，也就是说，原则应符合每一个

---

① 欧根·芬克（Eugen Fink）：《作为世界象征的游戏》（*Le Jeu comme symbole du monde*），午夜出版社，第 238—239 页。

具体的"令人困惑的情况"。要使原则的使用具有反思性，如果需要，还应该创制原则：这就是从**法律**向着普遍**法律原则**的转换。[①]
这是概念与奇点的结合。这是莱布尼茨式的革命，莱布尼茨是最亲近杰出的风格主义英雄普洛斯佩罗[②]的人，"神秘的普洛斯佩罗，魔术师和唯理论者、谙知生活奥密的行家、街头艺人、幸福的分发者，他自己却迷失在富丽堂皇的孤独之中"[③]。的确，只说莱布尼茨认为游戏受制于**最好世界**的原则，是因为上帝选择了可能的世界中最好的世界，这肯定是不够的。因为最好的世界只是个结果，甚至可以说，作为结果，最好的世界也是直接从**善**的败落而来的（从**善**中拯救能够被拯救者……）。莱布尼茨游戏的真正特征以及使游戏与掷骰子呈对立的，首先是规则的激增：之所以玩游戏，是由于规则过多，而非由于缺乏规则，而游戏正是规则本身的游戏，是创制规则的游戏。其次，莱布尼茨式游戏也是一场益智游戏，是国际象棋或国际跳棋，在这些游戏中，技巧（而非偶然）取代了古老的智慧和谨慎。第三，莱布尼茨游戏是一种填空游戏，它去除了空，不再给缺席以任何余地，这正是颠倒了的单人跳棋游戏[④]：即"将一个孔填上，再从上面跳过"，而不是跳入一个空位，亦非拿掉从空位上跳过的棋子，直到空位被填满。最后，莱布尼茨的游戏是一场**非交之战**，与毁灭性战争比较起来，

---

① 参见加斯顿·格鲁阿（Gaston Grua）：《莱布尼茨的普遍法律原则和神正论》（Jurisprudence universelle et théodicée selon Leibniz），法国大学出版社。

② 普洛斯佩罗（Prospéro）：莎士比亚戏剧《暴风雨》中的英雄。——译注

③ 蒂鲍尔·克拉尼察（Tibor Klaniczay）："从社会学看风格主义和巴洛克风格的产生"，见《文艺复兴，风格主义，巴洛克风格》（*Rennaissance, Maniérisme, Baroque*），弗兰出版社，第221页。作者阐述了导致文艺复兴衰亡的巨大危机以及面对这场危机的两种态度：风格主义和巴洛克风格。

④ 原文为solitaire，该词也指单人纸牌游戏。——译注

他的游戏更接近游击战；较之国际象棋和国际跳棋，它又更接近**围棋**；游戏不是为了征服敌方、使之不存在，而是将其包围起来，使其不能发挥作用、不可共存，并迫使其发散。① 这便是世界失去其原则之前的巴洛克风格。这是一个辉煌的时期，人们尚保留着**某种东西**，不至于一无所有，人们用以应对世界苦难的是一种原则的过度、原则的自负，那是一种原则所固有的自负。

莱布尼茨的乐观是多么的离奇！② 我再说一遍，所缺乏的并非苦难，而最好的世界只能在柏拉图式的**善**的废墟上绽开花朵。如果说这个世界能够存在，并不是因为它是最好的，恰恰相反，它之所以是最好的，是因为它存在着，因为它是那个存在着的世界。此时的哲学家还不是那个即将与经验论为伍的**调查者**，更不是那个将要与康德为伍的**法官**（**理性法庭**）。他是一个**律师**，是上帝的辩护律师，他为上帝的**事业**辩护，莱布尼茨所创造的"神正论"一词就是证据。③ 当然，为面对苦难的上帝的辩护一度曾

---

① 参见 1716 年 1 月致雷蒙的信（GPh，第 III 部分，第 668—669 页），在这封信里，莱布尼茨先后因国际跳棋和国际象棋这类位置游戏而否认偶然性、因颠倒的单人跳棋游戏而否认空、因一种非交战式中国游戏或一种罗马强盗游戏而否认战斗模式。关于非交之战作为现代战略范例，参见居·布罗索莱（Guy Brossollet）的《论非交之战》（*Essai sur la non-bataille*），贝林出版社：作者依仗萨克斯元帅（maréchal de Saxe）的名义提出了一些非常莱布尼茨式的方案（"以轻型、大量但独立的基本单位为基础的灵活型战斗"，第 113 页）。

② 乔治·弗里德曼（Georges Friedmann）[《莱布尼茨与斯宾诺莎》（*Leibniz et Spinoza*），伽利玛出版社，第 218 页] 主张将莱布尼茨哲学作为对于普遍不安的思考，**最好的世界**并不是"信任上帝的标志，恰恰相反，莱布尼茨本人似乎对上帝也是持怀疑态度的"。

③ 雅克·布伦施威格（Jacques Brunschwig）提出了辩护人这一论题：根据专论《上帝的正义为他的事业辩护》……"上帝的案件，**令人不知所措的案件之一**，年轻博士的论文即为此而写……"对于《神正论》，可以从"谨慎（上帝公正论）和大胆（对上帝的辩护的辩护或诉讼）两个意义上理解"（《神正论》序言，加尼埃尔-弗拉马利翁出版社）。

是哲学的老生常谈。但**巴洛克**是一个很长的危机时期，在这个时期，一般的安慰已不再有意义。世界发生了崩塌，那正是律师要重建的世界，而且必须是一个完全同一的世界，但要在另一个场地重建，并且，这个世界须与一些全新的、能够为其辩护的原则有关联（普遍法律原则即由此而来）。应对如此巨大的危机，辩护必然是激烈的：世界不仅在其全部、也在局部或者在其一切情况中都应当是最好的。① 这纯粹是一种精神分裂症式的重建，因为上帝的辩护者所召唤的是**以其内部改变即所谓"自体成形"式改变来重建世界的角色**。这就是莱布尼茨的单子或**自我**，这些自动装置中的每一个都从自己的底部抽取全世界，并把与外部或与他者的关系当作自身弹簧力和规定自生性的延展。应当将单子设想为舞蹈单子，且其舞蹈应当是巴洛克式的，而舞者则是自动装置，因为这完全是一种对于"距离的伤感"②，正如两个单子之间不可分割的距离（空间）；两个单子的相遇成了它们各自自生性的炫耀或发展，因为正是相遇维持着这个距离；行动与反应让位给了分布在距离两侧的一系列势态（风格主义）。③

乐观主义原则或**最好的世界的**原则拯救了上帝的自由：是世

①《奥秘解说》（*Essai anagogique*），GPh，第 VII 部分，第 272 页："宇宙的最小部分是以最完善的秩序校准的，否则，整体就可能不是整体。"

② 语出尼采：《偶像的黄昏》（*Crépuscule des idoles*）。——译注

③ "风格主义"是精神分裂症的最动人的特征之一，沃尔夫冈·布兰肯伯格（Wolfgang Blankenburg）[《精神分裂症的舞蹈治疗》（*Tanz in der Therapie Schizophrener*），见《精神心理》杂志，1969 年] 和伊芙琳·茨尼塞尔（Evelyne Sznycer）["巴洛克式转售权"，见纳夫拉狄尔（Leo Navratil）：《精神分裂症与艺术》（*Schizophrénie et art*），联合出版社] 以两种不同的方式将精神分裂症与巴洛克舞蹈、阿勒曼德舞、孔雀舞、小步舞、库兰特舞等作了比较。茨尼塞尔使人想起弗洛伊德关于重建世界和精神分裂症患者内心转化的论著，她指出了所谓"吹毛求疵"的后备功能。

界的游戏和上帝的游戏保障了这个自由。在其他可能的世界里，有一个不犯罪的亚当，一个不强暴吕克莱斯的塞克斯都。想让凯撒不渡过卢比孔河不是不可能，只是与所选择的世界即那个最好的世界不可共存。这样，凯撒渡过卢比孔河也就不是绝对必然了，而是相对的肯定，是相对我们的世界而言的肯定。但是，人类的自由却没有得到拯救，它对这个存在的世界应该是有用的。如果亚当的确在这个存在的世界中犯了罪，他就可能不在另一个世界里犯罪，这对人类来说是不够的。莱布尼茨对我们的处罚似乎比斯宾诺莎来得更为严厉。在斯宾诺莎那里，至少还有一个可能解放的过程。而对于莱布尼茨，一切自一开始就是关闭的、处于密闭状态的。莱布尼茨那些向我们承诺人类自由的大多数著作都转向到上帝一个人的自由那里去了。诚然，不可共存性使莱布尼茨有可能解决未来偶然事件这一古老问题（明天会有一场海战吗?），而不致陷入斯多葛派的疑难之中。[①] 但不可共存性却丝毫不能保证所谓有意志的事件的特征，或者说，不能保证那个想要有一场海战的人的自由，或是不希望发生海战的人的自由。一个其"个体概念永远包含着发生在其身的事情"的人，怎么可能有自由意志呢？自由怎么能与一个精神分裂症自动机的内部的、完整的和前定的规定性混为一谈了呢？

我们又回到了主词对谓词的包含上来。也许，如果谓词是一个属性，我们就难以看出有谁能够拯救主词的自由。然而，谓词

---

① 关于事件逻辑不可或缺的未来偶然这个古老问题，参见舒尔（Pierre-Maxime Schuhl）：《主论证与可能的事物》（ *Le Dominateur et les possibles* ），法国大学出版社；维耶曼（Jules Vuillemin）：《必然性或偶然性》（ *Nécessité et contingence* ），午夜出版社。基本命题之一是，不可能的事物不会出自可能的事物，但莱布尼茨会认为，不可共存的事物源自可能存在的事物。

是事件，并作为感知的变化出现在主词之中：当我们能够确定一个动机是感知变化的理由，则事件就是有意志的。至少在一长一短两篇文章中，莱布尼茨史无前例地创立了伟大的动机现象学。① 他在文章中流露出了两个梦想。一个梦想是使动机**客观化**，就像天平上的砝码，平衡摆需要抉择，在同等条件下，应该向哪一端倾斜。另一个梦想则是将动机一分为二，因为必须有无穷的主观动机在客观化的动机中进行选择，选择还应能"随心所欲"。但实际上，灵魂的动机是它自己创造的，其动机永远都是主观的。我们必须从所有微小的意向出发，这些微小意向时时刻刻都在使我们的灵魂在成千上万"微小弹簧力"—不安的作用下向各个方向折叠。平衡摆的这种"Unruhe②"模式取代了天平。当灵魂不受大宗微弱诱惑的影响，而拥有这样或那样能使其在某一方向、从某一方面完全折叠的幅度时，其行动就是自愿的。举个例子，我在犹豫：是继续写作呢，还是去夜总会？这不是两个彼此分离的"目标"，而是两个定向，其中每一个都能引出一系列可能的甚或带有幻觉的感知。（夜总会不仅有喝的，还有酒吧的气味和嘈杂声；继续工作不仅是写作，还有翻动纸页的声音和四周的静谧……）而且，如果我们回过头来再次审度动机，它们就已经不是刚才的模样了，以天平砝码的方式，它们或者有所前进或者有所退后，依据平衡摆的摆幅，天平也已发生了变化。出于自愿的行为就是自由的行为，因为自由的行为是表现持续状态中某一时刻的全部灵魂的行为，是表现我（le moi）的行为。亚当是自由

---

① 与克拉克（Samuel Clarke）的通信，莱布尼茨的第 5 封信，第 14—15 节；《新论》，第 II 部分，第 20、21 页。

② Unruhe，德语，意即：不安、动荡、喧闹。——译注

地犯罪吗? 这就是说,在这一刻,他的灵魂有了一个轻易就被苹果的气味儿和夏娃的诱惑所充满的幅度。可能还有另一个幅度,那应该是防范上帝的幅度。完全是一个"懒惰"与否的问题。

从弯曲到包含,我们看到了弯曲是如何自然地被包含在灵魂中的。所谓倾向,就是灵魂中的褶子,是被包含的弯曲。莱布尼茨的表达式即由此而来:灵魂是有倾向的,但它不必一定如此。[①]动机甚至不是一种内部规定性,而是一种倾向。这不是过去的结果,而是对现在的表现。应当注意莱布尼茨是如何始终以现在表示包含的:我在写作,我在旅行[②]…… 如果说包含在过去和将来都无限地延展,那是因为包含首先关涉的是活的现在,它每每主宰着过去和未来的分配;是因为我的个体观念包含着我此时此刻之所为,包含着我正在做的事情;是因为我的个体观念也包含着全部促使我做这些事情的东西,包含着所有将要自此而出,直至无穷的东西。[③] 这个现在的特权确切地相关于单子的固有功能:如果不赋予谓词以动词的意义,也就是说,不赋予其一个正在发生的运动的统一体,单子就不能包含谓词。固有是自由的条件,而非羁绊。莱布尼茨援引完善或完成的行为(隐德莱希)时,所涉及的不是一个行为,即包含可能要求将其视作过去的、且其可能与一本质相关的行为。密封、封闭的条件则有着完全不同的另一种意义,即:**完善、完成的行为就是从包含着它的灵魂里得到**

---

① 《形而上学论》,第 30 节。

② 此处法语原文 "j'écris, je voyage" 两句中的动词均为直陈式现在时,根据上文,该时态表示动作正在发生。——译注

③ 《单子论》,第 36 节:"有着无穷现在和过去的形象和运动,它们都是我**现在写作**的动力因,我的灵魂中有无穷现在和过去的微弱倾向和意向,这些则属于目的因。"

了专属于一个正在发生的运动的统一体的行为。在这方面，柏格森与莱布尼茨的观点非常接近。在莱布尼茨那里，我们始终能够看到这样的表达：现在孕育着未来、承担着过去。[①] 这不是决定论，甚至不是内部决定论，而是构成自由本身的一种内在性。这是因为，从根本上讲，活的现在是易变的，无论在广延上还是在强度上盖如是。活的现在每时每刻都混迹于特权区域或单子的辖域、单子所清楚表现的区域。因而，正是活的现在构成了灵魂在某一瞬间的幅度。无论活的现在的广延和强度程度如何，它都不会导致同一行动，亦不将其统一体赋予同一运动。如果亚当的灵魂在那一刻拥有另一个幅度、能够构成另一个运动统一体的话，他本来是可以不犯罪的。行为是自由的，因为它以现在时表现整个灵魂。

再没有什么能比阴沉而绝妙的惩罚理论更能表明这一点了。即使在这种情况下，犹大或贝尔泽比特[②]被处罚也不是为过去的行为付出代价，让他付出代价的是他对上帝的仇恨，因为这种仇恨构成了其灵魂现实的幅度并以现在时占据着他。他不是**因为**一个过去的行为而**被**惩罚，而是**被**一个他不时更新的现在的行为，即对上帝的仇恨而受到惩罚。他在这种仇恨中发现了一种可怕的愉悦，因而不断去重复它，以便达到"罪上加罪"的目的。犹大并不是因为背叛了上帝而被惩罚，而是因为，他背叛了上帝

[①] 《新论》序言："由于这些微弱知觉，现在孕育着未来、承载着过去。"关于正在发生的运动，见《论自然本身》，第13节："身体不仅是那个在其运动的此刻占据着一个与其自身平等的东西，它还包含着一种能够改变位置的努力或推力，以便使下一个状态自己借助一种自然之力从现在摆脱出去。"

[②] 贝尔泽比特（Belzébuthe），《新约》中的地狱之王，即众魔之王。另有巴力西卜、别西卜等汉译。——译注

因而更加仇恨上帝，并且最终因恨而死。[①] 对于一个灵魂，这是绝对最小值的幅度了，因为他的清楚区域只能包含进一个谓词，即"仇恨上帝"。这是犹大所存有的唯一一点微光，一丝极其惨淡的微光，一种"**理性**的狂怒"。如果灵魂能够再多占有一点幅度，如果它现在中止仇恨，对它的惩罚就有可能立即中止，但这样的话，就应当是另一个灵魂了，它将成就的是另一个运动的统一体。正如莱布尼茨所说，受惩罚者并不是永远被惩罚，他只是"应该永远下地狱"，甘愿时刻被惩罚。[②] 因此，被惩罚者是自由的，且是现实地自由，与真福者一样。惩罚他们的是他们现实的狭隘的心灵和幅度的不足。这是些怀有复仇或愤恨之情的人，正如尼采后来所描绘的那样，他们并不像是受了过去的影响，更像是，他们每天每时都在刮划出的现实的和现在的划痕都无法将过去的影响掩盖掉。或许，从更广泛的背景上看，这种惩罚观点深刻地属于巴洛克风格，因为是它为现在设计了死亡，就像一个正在发生的动作，我们虽没有期待它，却"伴随"着它。[③]

　　亚当当时可以不犯罪，被罚的人也可以自我解放，只须灵魂在当时或后来获得另一个幅度、另一个褶子、另一种倾向就够

---

　　① 据圣经故事，犹大为了30个银币将耶稣出卖给罗马人，致使耶稣被钉上十字架，后犹大因悔恨自缢身亡。——译注

　　②《神正论》，第269—272节，尤见贝拉瓦尔（Yvon Belaval）：《哲学家信仰的声明》（*Profession de foi du philosophe*，弗兰出版社），莱布尼茨在这里将惩罚与正在发生的动作作了比较："正如被运动的东西绝不会在某一地点继续存在，它总是趋向另一地点，同样，他们不被惩罚，就无法终止自己永远是可恶的，或者，无法终止甘愿一再被惩罚，如果他们愿意这样的话"（第85、95、101页，文中有一首贝尔泽比特的妙曲，歌的形式为拉丁诗）。

　　③ 参见让·鲁塞在《法国巴洛克时期文学》中所引用的戈维多（Francisco de Quevedo）的著作，柯尔蒂出版社，第116—117页。鲁塞谈到了"运动中死亡"。

了。有人会说，灵魂不可能做到这一点，除非在另一个世界（与我们的世界不可共存的另一个世界）。但是，准确地说，灵魂之所以做不到，恰恰意味着做到这些它就将成为另一个灵魂，因为无论灵魂做什么，都会做到尽善尽美，这也正是灵魂的自由所在。灵魂没有被规定做这些。人们还会说，灵魂至少被规定为它之所是，而且，它在每一时刻的幅度的大小都明示于身，并且是在上帝预料之中的。但这些又能改变什么呢？上帝预料到了亚当的懒惰和受处罚者的狭隘，但这并不能阻止懒惰和狭隘成为某种自由行为的动机，而非某一规定性的结果。上帝预先规定了一个灵魂幅度的全部等级，但这并不妨碍每个等级的幅度在某一时刻是一个完整的灵魂。另一个等级里包含另一个灵魂和另一个世界，这并不妨碍此一等级在此一世界里使某一个这样的灵魂的自由得以实现。自动机是自由的，不是因为它被内部规定，而是因为它每每构成它所创造的事件的动机。自动机是有程序安排的，但有意识行为的"精神自动机"是由动机安排的，正如机械动作的"物质自动机"是由规定性安排的。所以，如果说所有事物都包含在上帝的理智之中的话，它们也是以它们之所是被包含的，"自由的还是自由的，盲目的、机械的也依然是机械的"①。

我们惊讶于莱布尼茨的研究主题与柏格森论题的相似：他们对于动机梦想有着同样的批评，对于灵魂的弯曲有着相同的理解，对于固有和包含作为自由行为条件有着一致的要求，两人甚至都将自由行为描绘为自我的表现者（"自由的决定正来源于全部灵魂，而且，由于行为所附属的动态级数更多地与本我趋于一

---

① 1704年9月致雅克洛（Jaquelot）的信，GPh，第VI部分，第559页。

致，行为势必更加自由")。[1] 但当柏格森援引第二个问题，不再涉及正在发生的行为，而涉及"将来或过去的行动"，涉及那个认得"所有前件"的高级智慧是否绝对必然地能够预言行为时，莱布尼茨的观点何以不再与柏格森一致了？在莱布尼茨看来，这是上帝这位"读者"的情形，他能在每个人身上读出"正在处处发生的事，甚至已经发生或将要发生的事"，他能从过去读出未来，因为他能"将所有显然只随时间展开的重褶打开"。[2] 在这里，现在似乎失去了它的特权，而决定论则作为预定论被重新引入。但就什么意义而言呢？是因为上帝事先预知一切吗？或毋宁说，难道不是因为**上帝**存在于时时处处吗？实际上，第一种假设是极其模糊的：或者，上帝只知道与前件有关的一切，这样，我们就得返回到"他能预言或预见行为吗"这个问题上；或者，上帝绝对知晓一切，那我们就得回到第二个假设了。不过，说上帝无时无处不在，就是在严格意义上说他经由单子的所有状态，无论那些状态多么微小，这样，上帝就能与单子在行动发生的一刻"毫无间隙地"重合在一起。[3]"读"不在于从对前一状态的想法得出对后继状态的看法，而在于把握住后继状态自身"以一种自然之力"从前一状态脱离出来时所要依靠的努力或趋势。上帝之读就是上帝真实地来到单子（有点类似怀特海所说的"**自然**来到"某一地点）。再说，每个单子除了是上帝的到来，其他什么也不是，因为每个单子都有一个视点，而这个视点是上帝读或看

①　柏格森：《论意识的直接材料》(*Essai sur les données immédiates de la conscience*)，法国大学出版社（百年纪念版），第105—120页；第117页可见柏格森推荐的两幅曲线图。

②　《单子论》，第61节；《自然与神恩的原则》，第13节。

③　参见柏格森，第123—126页及第二幅曲线图。

的"结果"，这个结果经由单子并与单子重合。① 单子是自由的，因为它的行动是经由它并在它身上发生的事情的结果。说上帝由其先见决定已经来过这里的说法没有任何意义，因为永恒性的意义并不在于超越多于后退，而在于既与符合时间顺序的每一次到来重合，也与组成世界的所有活的现在重合。

在包含系统中，受威胁的并非自由，更可能是道德。因为，如果自由行为是表现实施这一行为那一刻的全部灵魂的行为的话，那么趋于最好的世界的倾向又成了什么呢？它本应该给予世界的每个部分或单子以活力，如同它为了世界或单子的集而给予上帝的选择以活力那样。但无论如何，没有人比莱布尼茨更关心道德问题了，而且是非常具体的道德问题。一个理性灵魂的幅度就是它所清楚表现的区域，就是它的活的现在。不过，这个幅度应当是统计学的，受制于较大的变差，因为同一灵魂并不具有同一幅度，比如儿童、成人或老人，身体健康者或患有疾病者，等等，甚至幅度在某一特定时刻的极限也是不同的。每个人的道德构成是这样的：每每试图延展其清楚表现区域，试图增大其幅度，以便创造一种自由行为，这个自由行为能够在种种条件下最大限度地表现可能的东西。这便是人们所说的进步，莱布尼茨的全部道德就是一种进步的道德。举例说，当我去夜总会，我是否正确选择了幅度最大的一面、我的区域能够伸展到最远的一面，我能否稍等片刻，在这段时间或许会发现我有可能更为倾向的另一个可及的地方、另一个方向呢？亚当之罪难道不是因为那个过于急躁、过于懒惰、没有将其辖域伊甸园探索彻底的灵魂所导致

----

① 《形而上学论》，第 14 节。

的吗？延展其清楚区域、最大限度地延长上帝的经过时间、使所有能够集中起来的奇点现实化，甚至赢得新的奇点，这也许才是一个灵魂的进步，正是由于这一点，我们也才能够说，灵魂与上帝相似。当然，这不仅仅是一个赢得广延的事情，也要赢得幅度、强度，还要提升力量、增大体积、赢得荣誉。

　　然而，灵魂的这种进步或称膨胀的可能性似乎与世界进步的总量相冲突，因为总量是由与可共存单子对应的所有区域的收敛所决定的。[①] 如果没有时间，也就是说，如果所有实存的单子都同时为将它们变成理性单子的上升所召唤，这倒有可能是真的。但情况却并非如此，因为那些注定要被理性化的灵魂都在世界上等待着它们的时刻，它们起初只是亚当精子中的一些有感觉能力的、处于半睡眠状态的灵魂，仅持有一个注明了它们未来上升时刻的"密封证书"，这个证书就像一份出生证。这份出生证是在黑暗的单子中闪耀的一缕光芒。相反，当我们死亡，我们便在自身无穷地自我折叠，重新变回动物的或感觉的灵魂，直到身体的复活将第二次、也是最高程度的上升传达给我们。而且，当我们的灵魂重新变得有感觉能力、并经过一段较长的时间后，它就获得了一份新的密封证书，但这次却是一份死亡证书，是灵魂死亡之前最后的理性思想。确切地说，被惩罚者正是那些其最后的思想就是仇恨上帝的人，因为，当他们的灵魂将一切呕出，能清楚留下的就只有这种仇恨或狂怒了，也就是最高程度的可能的仇恨或最小幅度的理性。复活还会将受罚者带回这种他们借以创建自

---

　　① 参见 1715 年 8 月 5 日致布尔盖的信。莱布尼茨在信中用作为"一切可能的结果中最完善的"世界的"结果"来定义进步的量，虽然没有任何状态是最完善的。

己新的现在的思想。① 在进步问题上应该重视的正是这个时间顺序，那完全是一种灵魂的戏剧艺术，它使灵魂上升、坠落、再上升。

的确，在任何情况下，世界仅以折叠在表现它的单子中的状态而存在，并且仅在虚拟地作为所有单子的公共视域，或作为单子所包含的级数的外部定律时才展开自己。然而，从更狭义和内在意义上讲，当一个单子被召唤而"存活"，更或者，当它被理性召唤，我们就可以说，它在其自身展开了世界的这个与其被包含、被照亮的区域相对应的区域，因为它被召唤"展开它的所有感知"，这正是它的使命所在。不过，在这同一时刻，还有无穷的单子未被召唤，仍处于折叠状态；另有无穷的单子此时已经坠入或正在坠入黑暗之中，并在其自身重新折叠；更有无穷单子已被罚入地狱，并被固于一个唯一的、它们再也不可能打开的褶子上。正是借助单子的这三种退化，一个灵魂—单子才可能在其理性生命过程中去扩大、深化它所展开的区域，并将这个区域带向更高程度的演变、发展、区分及反省，这是意识的无穷进步，它超越了我们刚才谈到的统计变差。有人曾说，一个灵魂的这种进步必然伤及其他灵魂。事实并非如此，除了那些受惩罚者，其他灵魂可以成就同样的进步。受伤害的只能是被惩罚者，但他们也能以各种方式保护自己。对于他们，最糟糕的惩罚也许就是牺牲自己来成全其他灵魂的进步，这种成全并不在于他们做了消极的

---

① 关于受到召唤的感觉灵魂将生成为理性灵魂的"对未来具有影响的密封证书"，参见《上帝的公正为他的事业辩护》，第82节。关于死后回归感觉状态并等待复活，见《对单一普遍精神学说的看法》，第12—14节；关于受惩罚者最后的思想和复活，见《哲学家信仰的声明》，第37、93页。

榜样，而是他们因放弃了其自身的光明而于无意识中为世界增添了积极进步的量。从这个意义上讲，无论被惩罚者是否愿意，他们都从未如此属于过一切可能世界中的最好世界。莱布尼茨的乐观主义就建立在将被惩罚者作为一切可能世界中最好的世界的保证这个基础之上：他们**释放着无限量的可能的进步**，也正是这种释放导致了他们的狂怒的激增。他们让一个世界有了进步的可能。听不见震荡着下层的贝尔泽布特的仇恨呐喊，就无从想象一切世界中的最好世界。巴洛克式屋子的两个层次，即受惩罚者的底层和幸运者的上层是按照丁托莱托的《最后的审判》的方式构建的。这里亦然，进步的总量不是由上帝规定的，既不是事先也不是事后规定好的，而是永恒地通过意识的全面提升和下地狱者的全面减少的无穷级数的计算所规定。①

---

① 米歇尔·塞尔（《莱布尼茨系统》，第 I 部分，第 233—286 页）详细分析了莱布尼茨的进步方案及其数学、物理蕴涵，尤见莱布尼茨致布尔盖的书信。我们认为，受惩罚者对于这些方案具有不可或缺的物质作用（有点类似"精灵"的作用）。

第六章 什么是事件？

如柏拉图学派的信奉者所说，怀特海是该学派创立者的继承者或继业者。但这是一个带点隐秘色彩的学派。**什么是事件**的问题伴随着怀特海第三度噪响起来。[①] 他再次对归因模式提出彻底的批评，重演原则大游戏，再度增加范畴的数量，重提一般概念与个案的调和以及从概念到主体的转换：多么自负啊！姑且可以说，怀特海哲学就是最后的伟大英美哲学，紧随其后，维特根斯坦 [②] 的门生就抛出了他们那些模糊不清的东西、他们的自负和他

---

① 参见以下三部怀特海的主要著作：《自然的概念》（*The Concept of Nature*，剑桥大学出版社），该著主要涉及事件的前两个成分，外延和强度；关于其第三个成分"摄握"，见《过程与实在》（*Process and Reality*，自由出版社）和《观念的冒险》（*Adventures of Ideas*，自由出版社）。关于怀特海的整个哲学思想，见瓦尔（Jean Wahl）：《走向具体》（*Vers le concret*，弗兰出版社）、赛斯林（Félix Cesselin）：《怀特海的有机哲学》（*La Philosophie organique de Whitehead*，法国大学出版社）及迪蒙塞尔（Jean-Claude Dumoncel）：《怀特海或激流般的宇宙》（*Whitehead ou le cosmos torrential*，"哲学档案"，1984 年 12 月及 1985 年 1 月）。

② 维特根斯坦（Wittgenstein，1889—1951）：奥地利哲学家，"分析哲学"创始人。——译注

们的恐惧。一个事件,不只是"一个人被轧死"。伟大的金字塔是一个事件,金字塔持续的时间 1 小时、30 分钟、5 分钟……**自然的**经过或上帝的经过,上帝的视角,都是事件。那么,当一切是事件,一个事件的条件又是什么? 事件产生于混沌,产生于大量混沌之中,因此,需要有一个过滤分筛机介入。

混沌并不存在,这是一个抽象概念,因为混沌与一个能够将某种东西(必须是某种东西,而不是乌有)从它那里过滤出来的分筛机不可分离。混沌也可能是一个纯粹的"多"(Many)、纯粹的语言多样性,而那个某种东西则是一个"一"(One),它不足以是一个统一体,或者毋宁说,它是表示一任意奇点的不定冠词 ①。而 Many 何以变成 One 呢? 这就需要有一个类似弹性薄膜的大分筛机的介入,这个分筛机还须是无形的,就像电磁场或者像《蒂迈欧篇》里的载体,以便将那个某种东西从混沌中析出,**即使这个某种东西与混沌的差异微乎其微**。从这个意义上讲,莱布尼茨已经能够为我们提供很多种近似于混沌的东西。根据宇宙学的近似概念,混沌可能是一切可能的事物的集,也就是说,混沌可能是全部个体本质,从每一种本质都为着自己而力求存在的意义上来看,有可能如此;但分筛机却只允许可共存的东西通过,只允许共存得最好的可共存物通过;而依据物理学的近似,混沌则应该是无底的黑暗,但分筛机可以从它那里筛出阴暗的底子即"黑暗背景",这个黑暗背景虽与黑暗几乎没有差别,但却包含着所有色彩。因此,分筛机就像构成**自然的**、能够被无穷配备的机器。从心理学观点来看,混沌又可能是一种普遍茫然,即一切可

---

① 法语表示人或事物的名词一般要由冠词引导,不定冠词主要用以引导表示泛指意义或指代意义不明确的名词。——译注

能的知觉的集，并且这些知觉都是极微小的或无穷小的；但分筛机仍然能从这些微小知觉里分离出能够融入符合要求的知觉中的微分知觉。[1] 如果说混沌并不存在，是因为它只是倒置的大分筛机，分筛机无穷地构成整体和部分的级数，在我们看来，这些级数就是混沌（随机序列），是因为我们没有能力跟踪它们，或者因为我们不可能人人都有自己的分筛机。[2] 就连孔洞也不是混沌，而是一个其组成部分也是些孔洞的级数，这些孔洞为越来越微小的物质所填充，而每一个孔洞又在其后继者那里延展。

怀特海与莱布尼茨所持的观点一样，他们都认为事件的首要成分或条件就是广延。当一个组成部分以整体的身份将其后继者作为自己的部分向其扩展，即有广延发生。这种整体—部分的连接形成了一个既无最终项、亦无界限的无穷级数（如果略去我们的感觉极限不计的话）。事件是一种有着无数谐波或因数的振动，比如声波、光波，甚或像在越来越短的时间里越来越小的一部分空间。因为空间和时间不是极限，而是所有级数的抽象坐

---

[1] 米歇尔·塞尔分析了莱布尼茨分筛机或"过筛"的操作，第 I 部分，第 107—127 页："应该有两种低等意识，一种是最深层的，其结构可以是一个任意集，通常是纯粹的多样或可能性，偶尔间杂以符号；第二种是最浅层的，它为这个多样的共存模式所覆盖，其结构可以说已经是完整的数学、算数学、几何学和微积分学……"（第 111 页）。塞尔指出了这种方法与笛卡尔方法的深刻对立，因为，从我们的感觉直到距混沌最近一个滤网之间，存在着无数个叠加的滤网或分筛机。滤网模式正是《关于知识、真理和理念的思考》（*Méditations sur la connaisance, la vérité et les idées*）的重点所在。

[2] 1714 年 3 月致布尔盖的信（GPh，第 III 部分，第 565 页）："当我坚持说不存在混沌时，我并不是想说我们的地球或其他实体从未处于一种外部混乱的状态……而是想说，拥有足以感觉事物微小部分的敏感器官的人会发现一切都是有机的……因为，既然现实的再分化是无穷的，任何造物也就不可能在同一时刻深入到每个物质的最小部分里去。"

标，这些坐标本身是呈广延的：分、秒、十分之一秒……由此，我们可以观察到事件的第二个成分，即广延级数具有某些内在特性（比如声音的高度、强度、音色，颜色的色调、明暗度、饱和度），这些特性以其自己的名义进入新的无穷级数，新的无穷级数是向着极限收敛的，因为极限间的关系构成了一种连接。物质或填充空间和时间的东西呈现出这样的特征，它们根据所融入的不同材料确定其结构。这已不再是广延，而是如我们已经看到过的内涵、强度和等级；已经不再是"宁可是某种东西而非乌有"，而变成"宁可是乌有而非某种东西"。也不再是不定冠词，而是指示代词 ①。值得注意的是，怀特海建立在数学和物理学基础上的分析似乎与莱布尼茨的分析毫无关联，虽然两种分析是互为重合的。

接下来是事件的第三个成分，那就是个体。这正是怀特海与莱布尼茨最直接的冲突所在。在怀特海看来，个体是创造性，是一个**全新事物**的形成。它不仅不再是不定的，亦不再是指示的，而成为人称的。如果我们将拥有部分、且其自身就是一个部分，并具有内在特性的东西称作因素的话，我们说，个体就是一种诸因素的"共生"（concrescence），它是有别于连接或接合的另一种东西，是一种**攫握**（préhension），即：一个因素是已知的，是另一个能够攫握它的因素的"datum②"。攫握是个体统一体。任何事物都要攫握其前者及其共生者，并逐步攫握一个世界。眼睛攫握光，生物攫握水、土、碳和盐类。金字塔在那一刻攫握了波拿

---

① 法语词类的一种，用以代替表示人或事物的名词或句子，具有确指意义。——译注

② 拉丁语，意即：数据。——译注

巴的士兵（整整 40 个世纪在凝视着你！①）。反之亦然。我们可以说，"回声、反射、踪迹、棱镜形变、透视、界限、褶子"均以某种方式是预感精神生命的摄握。② 摄握矢量是从世界到主体，从被摄握的数据到摄握者（"超体"）；因此，一个摄握中的全部数据就是摄握的**公开**因素，而主体则是私密或**私人**的成分，它表现摄握的直接性、个体性和新颖性。③ 而数据，即被摄握者本身，就是一个先存的或共存的摄握，因而，任何摄握都是摄握的摄握，事件则是"摄握的 nexus④"。每一个新的摄握都会生成为一个数据，变为公共的，但这是针对将其客观化的其他摄握而言的；事件不可分离地是一个摄握的客观化和另一个摄握的主观化，它既是公共的，又是私人的；既是潜在的，又是现实的；它参与另一事件的生成，又是其自身生成的主体。在事件中始终有着某种精神的东西。

除了摄握者和被摄握者，摄握还表现出另外三个特征。首先，主观形式是数据在主体中被表达的方式，或者说是主体能动地摄握数据的方式。（情感、评价、计划、意识……）这正是数据被折叠在主体中的形式，即"感觉"（feeling）或方式，至少当摄握是积极的时候如此。消极摄握也是存在的，因为主体将某些数据从其共生中排斥出去了，这样，它就只能被这种排斥的主观形式所填充。其次，主观目的保证了一个数据向另一个处于摄握

---

① 最早的金字塔建于公元前 2800 年左右，拿破仑当政于 1804—1815 年间，二者相距 40 多个世纪。——译注

② 迪蒙塞尔，1985，第 573 页。

③《过程与实在》常常援引"公共—私人"这对概念。二者的区别最早出自《形而上学论》，第 14 节。我们将会看到这个主题的重要意义。

④ 拉丁语，意即：链接、连接，一般表示多个成分的聚集。——译注

中的数据的过渡，或一个攫握向另一个处于生成中的攫握的过渡，主观目的还将过去置在了蕴含着未来的现在之中。最后的结局就是满足，即**自得之乐**（self-enjoyment），它显示的是主体如何自我充满，那是当攫握以其自己的数据自我填充时，主体也达到了一种越来越丰富的隐秘生命状态。这是一个圣经的观念，也是新柏拉图派的观念，英国经验论给予了这个观念最高的评价（尤其是萨缪尔·巴特勒 ①）。花草一边歌唱着上帝的光荣，一边密切关注并紧收它由之而生的要素，并在这种攫握中体验自身生成的自得之**乐**，花草借以充实自己的还是其自身。

　　攫握的这些特征也属于莱布尼茨的单子。首先，感知是攫握主体的数据，这并不是说攫握主体可能要承受某种被动影响，而是由于攫握主体能使某一潜在可能性现实化，或者按照其自生性使其客观化，因此，感知就是单子依据其自身视点的能动表现。②但单子有着多种能动表现形式，这是单子的风格，这些表现形式取决于单子的感知是感觉的、情感的还是概念的。③ 在这个意义上，作为生成的组成部分，欲求就是从一种感知向另一感知的过渡。其次，如果所有感知均不具有与一种"真正的、完全的愉悦"融合为一体的倾向，则这种生成不能完成。这种愉悦就是当单子表现世界时能够自我填充的**满足感**，它还是一种音乐般的**快乐**，即收缩振动、完全无意识地计算其谐波、并从中汲取一种力量，这种力量总能使它走得更远，以便创制某种新的东西。④ 自

---

　　① 萨缪尔·巴特勒（Samuel Butler, 1835—1902）：英国反传统讽刺小说家。——译注

　　② 1709 年 4 月致德·鲍斯的信："感知是灵魂特有的行动。"

　　③ 1687 年 9 月致阿尔诺的信，GPh，第 II 部分，第 112 页。

　　④ 《自然与神恩的原则》，第 17 节。

从莱布尼茨起就已经存在的哲学问题，后来依然不断困扰着怀特海和柏格森，这个问题不是如何可以达到永恒，而是在什么条件下，客观世界才能允许一个主观新产物即一种创造得以产生？所有世界中那个最好的世界没有其他意义，它的意义不在于是一个最不可憎或最不丑陋的世界，而是指其**整体**能使一个新产物成为可能的**世界**，而这个新产物就是**"私人"主观性的真实量子的释放，**而其代价是受惩罚者的减少。所有世界中最好的世界不是那个能够再造永恒的世界，而是新事物能够从中产生的世界，是具有创新能力和创造能力的世界，这就是哲学的目的论转换。[①]

永恒客体并不少。在怀特海看来，永恒客体甚至就是事件的第四个即最后一个成分：前三个是广延、强度、个体或攫握能力，最后一个就是永恒客体，我们或者称它"浸入"(ingression)。实际上，所有广延都在不停地移动，同时不断获得也不断失去其部分，失去的部分是被运动带走的；而一切事物也都在不断变化；就连攫握能力都在不断地出入于可变共存物。事件是流(flux)。是什么东西让我们开始说这是同一条河、这是同一个事物或同一个机缘……？是伟大的金字塔…… 事件流必须表现出持久性，这种持久性还必须被攫握掌握。伟大的金字塔意味着两个东西，一是**自然**或事件流**的**经过，它每时每刻都在失去和获得分子；二是永恒客体，它在任何时候都保持着同一状态。[②] 而所有攫握都永远是现实的（一个攫握只有在相关于另一个现实的攫握

---

① 《哲学家信仰的公开声明》最深入地分析了主观"满足"以及"新事物"与整体的调和（第87—89页）。

② 怀特海《自然的概念》，第77页："昨天和今天由自然生命在伟大的金字塔中构成的事件可以分为两个部分，即昨日的伟大金字塔和今天的伟大金字塔。而也被称作伟大金字塔的认知客体，昨天的和今天的则是同一个客体。"

时才是潜在的），永恒客体却是纯粹的、在事件流中被实现的**可能性**，但同时又是纯粹的、在摄握中被现实化的**潜在性**。因此，一个摄握如果捕获不到永恒客体（严格概念意义上的**感觉**），也就不能捕获其他摄握。永恒客体浸入了事件。它们有时是定义摄握共存**质性**的一种色彩、一种声音；有时是规定广度的**形状**，比如金字塔；有时又是能够清楚显示一种物质的**东西**，比如黄金、大理石。客体的永恒性并不与创造性相悖。由于与其所进入的现实化或实现的过程不可分离，永恒客体只能在使其实现的流的极限中，或者在使其现实化的摄握极限中才具有持久性。一个永恒客体因此有可能不再显现，正如新的事物、新的色调、新的形象最终能够找到它们自己的位置那样。

在莱布尼茨那里，情形也没什么不同。因为，如果说单子或单纯实体总是现实的，它们就不仅如同天赋观念所证明的那样与在其自身使其现实化的潜在性相关，也与在共存实体（以及被感知的质性）当中，或在物质骨料（事物）中，也或在广延现象（形状）中被实现的可能性相关。这是因为，在下层，整体就是一条河流，它"永无休止地流淌，部分则连续不断地出没于其中"[①]。自此，持久的东西不会缩减为使虚拟的东西现实化的单子，而是向着单子在其反射行为中捕获到的可能性延展，这些可能性将在展开的物质共存体中表现出来。反射客体是理性单子的相关物，如同在怀特海那里，永恒客体是理智摄握的相关物一样。形象、事物和质性都是持久性的模式，它们被反射在单子中或在单子中被现实化，而在事件流中被实现；我们将会看到，每一个共

---

① 《单子论》，第17节（关于"反射行为"，第30节）。

存实体也都需要有一种能够标识它的终极性质。

今晚有音乐会。这是个事件。声音的振动向四处延展，循环的乐章伴随其泛音或约数在空间传播。声音有其内部特性、高度、强度以及音色。声源无论是乐器声还是噪音，都不会满足于只将声音传出，它们各自都能感觉到自己的声音，并在感受自己的同时也感受其他声音。这是一种交互表达的能动感知，或者说，是彼此相互攫握的攫握："首先是钢琴声孤独的哀怨，仿佛一只被鸟群抛弃的孤鸟儿；小提琴倾听着钢琴的诉说，并回应它，那回声好像来自邻近的一棵树。仿佛世界刚刚开启……"声源即是单子或攫握，它们一边被其自身的愉悦即一种强烈的满足感所充满，同时，也被它们的种种感知所填充，并从一个感知过渡到另一感知。而音阶的音符则是永恒客体，是在声源中现实化的纯粹**潜在性**，也是在振动或事件流中被实现的纯粹**可能性**。"仿佛乐器演奏者们按照要求所作的常规演奏只是为了让短乐句显现，并不是为了演奏乐句本身……"莱布尼茨给所有这一切统统加上了一场巴洛克音乐会所应该有的条件：假设将音乐会分成两个声源，我们就可以确定每个声源只能听到它自己的感知，但它能与另一个声源的感知达成协调，如果它能感受到这些感知，则它就能更好地与之协调，根据就是纵向和谐规则，这些规则包含在它们各自的自生性中。协调替代了横向连接。①

莱布尼茨的这个巴洛克条件决定了他与怀特海的重大区别，那就是，在怀特海那里，不同攫握之间彼此的连接是直接的，或许是因为它们将其他攫握当成了数据，并与这些攫握一同构成一

---

① 参见音乐会的条件，1687 年 4 月致阿尔诺的信，GPh，第 II 部分，第 95 页。

个世界，或者因为它们排斥其他摄握（负摄握），但始终与它们处于正在进程中的同一个宇宙里。而在莱布尼茨那里正相反，单子只排斥与其世界不可共存的宇宙，而所有存在的单子均无一例外地表现同一世界。由于这个世界不存在于表现它的单子之外，这些单子就处于连接状态，它们之间也就没有横向联系，没有物质世界内的关联，仅有一种间接的和谐关系，根据就是，它们有着相同的被表现者，那就是，它们"相互表现"，却又互不截获。有人会说，在这两种情况下，单子或摄握的统一体均既无门亦无窗。据莱布尼茨的观点，这是由于单子为着世界的存在就是服从于一个封闭条件，所有可共存单子都包含着一个唯一的、同一世界。而怀特海的观点恰恰相反，他认为，正是开放这一条件使得任何摄握都**已经**是对另一个摄握的摄握，无论是为了截获它，还是为了排斥它，因为摄握在本质上就是开放的，它向着世界开放，无须经由窗户。① 莱布尼茨与怀特海的这种分歧当然有其原因。我们已经看到，在莱布尼茨看来，级数的分叉和发散才是不可共存世界之间真正的分水岭。所以，那些存在的单子完整地包含了向着存在过渡的可共存世界，而对怀特海（以及为数不少的现代哲学家）来说则相反，分叉、发散、不可共存性、不和谐均属于同一混杂世界，**这个世界不再可能被包含进富于表现力的统一体**，它只能依据摄握统一体，按照具体组态或具体捕获物而被创造或被拆解。发散级数在同一个混沌世界中开拓出的小径总是岔道，这是一个"混沌宇宙"，正如在乔伊斯②、莫里斯·勒布朗、

① 这是海德格尔的意见：单子不需要窗户，因为"它已经在外部，这符合其自身的存在"（《现象学之基本问题》，伽利玛出版社，第361页）。

② 乔伊斯（James Joyce，1882—1941）：爱尔兰小说家、诗人。——译注

博尔赫斯或贡布罗维奇①那里所能见到的宇宙一样。甚至连上帝也不再是一个这样的**存在**，即在对所有世界加以比较后，选择那个最富于可共存性的世界。上帝变成了**过程**，一个既确认不可共存性、又经由不可共存性的过程。世界的游戏发生了奇特的变化，变成了一个发散游戏。所有的存在都分崩离析，面对那个它们从内部表现的、可共存的收敛世界，它们没有自我封闭，发散级数和不可共存的集使它们保持着开放状态，并将它们带到了外部。在这个意义上，现代数学得以发展了一个纤维化②概念，根据这个概念，所有"单子"都在宇宙中探索着道路，并与每条道路达成了相互合作的关系。③因此，与其说这是一个封闭的世界，不如说是一个截获世界。

现在，我们能够更好地理解为什么说巴洛克风格是一种过渡了。在发散性、不可共存性、不协调、不和谐音的冲击下，古典主义的理性沦陷了，而巴洛克风格是重建古典理性的最后尝试，它将发散性分布到所有可能的世界，将所有不可共存性变成世界与世界的边界。在同一世界中突现的不和谐可能非常强烈，**但它们仍能化解为和谐**，因为不可约减的不协调只存在于不同世界之间。总之，巴洛克式宇宙看到了它的旋律线变得越来越依稀朦胧，但那些似乎是它之所失的东西，当它重新获得它们时，它们

---

①　尤见贡布罗维奇（Witold Gombrowicz）：《宇宙》（*Cosmos*）中的发散级数游戏，德诺威尔出版社。

②　作为数学术语的纤维化是指一类几何结构，是代数几何的常见研究对象。——译注

③　关于始于黎曼（Bernhard Riemann）的数学新单子论，参见吉尔·夏特莱（Gilles Chatelet）："关于黎曼的一个小句子"，《分析》杂志，1979年5月第3期。

已经变得和谐了，或者说，正是和谐使它重新获得了它们。面对不协调音的影响，巴洛克早早就发现了不同寻常、正值兴旺期的和谐，这些和谐消散在一个被选定的世界之中，承受着被罚入地狱的代价。但这种重建只能是暂时的，因为**新巴洛克风格**很快就出现了，与它的发散级数一起在同一个世界里迸发，它的不可共存性也闯进同一个舞台。在这个舞台上，塞克斯都强暴**又**不强暴吕克莱斯；凯撒渡又不渡卢比孔河；方杀了人，他也被杀，他既不杀人也未被杀。为了强化半音性，也为了摆脱不和谐音或者摆脱未解决①的、不与调性和谐的和弦，和声必然要经历一番危机。音乐的式样最容易让人理解**巴洛克风格**中和谐的上升以及**新巴洛克风格中**调性的消散，即从和声的终结向着一种多调性开启，或者，如布莱所言，向着一种"复调之复调"开启。

---

　　① 此处的"解决"系音乐术语，意即：通过将和弦中的不稳定音级变为稳定音级，以便将不协和和弦变为协和和弦。——译注

第三部分

拥有身体

第七章　褶子的感知

　　我应该有一个身体，这是一种发自心灵的需求，是一种"要求"。而我应该有一个身体首当其冲的原因就是我自身有模糊之处。这第一个理由即显示莱布尼茨的独到之处是伟大的。他并没有说明唯有身体能够解释的精神中的模糊东西是什么。相反，他说，精神是模糊的，精神深处是阴暗的，正是这种阴暗性解释并要求有一个身体。我们姑且将我们的被动潜能或我们有局限的能动性称作"初级物质"。我们说，我们的初级物质是广延的需求，是抗拒力或反型性（antitypie）的要求，也是拥有一个属于我们身体的个体化要求。[①] 正是因为有无穷个体单子，每个单子才应该拥有一个个体化的身体，而且，这个身体是作为其他单子的影子存在于这个个体单子上的。我们本身并无模糊

---

　　① 1706 年 3 月及 10 月致德·鲍斯的信（初级物质是每个隐德莱希所"专有"或"固有"的）。克里斯蒂安娜·弗莱蒙在其《存在与关系》（弗兰出版社）中翻译并注释了致德·鲍斯的全部信函，参见其关于"需求"概念的注释。

之处，因为我们有身体，而我们应该有身体却是因为我们有模糊之处。笛卡尔对物质的归纳让位给了莱布尼茨的身体的道德演绎。

但是，第一理由的这个地位却让位给了另一个似乎与之背道而驰、且更为别出心裁的理由。这一次，我们应该有一个身体却是因为我们的精神有着一个明确而清楚的、享有特权的表达区域。现在，这个清楚区域成了拥有一个身体的要求。莱布尼茨甚至说，我所清楚表现的正是"与我的身体相关"的东西。①而实际上，如果说单子凯撒清楚地表现了渡过卢比孔河，难道不是因为卢比孔河与他的身体有一种亲近的关系？对于其清楚表现区域与身体四周重合的其他所有单子来说，皆同此理。不过，就某些说得过去的方面而言，这里有一个因果关系的倒置问题，但这种倒置应该不妨碍我们重构演绎的真正秩序，即：（1）每个单子都集结了一定数量的、特殊的、无身体的、理想的事件，这些事件与身体尚无瓜葛，尽管我们还只能以"凯撒渡过卢比孔河，他被布鲁图斯②所杀……"的形式来陈述这些事件；（2）这些作为初始谓词包含在单子当中的特殊事件构成了单子清楚表现的区域或者说单子的"辖域"；（3）这些事件必然与一个属于这个单子的身体相关联，并在那些直接对这个身体产生影响的身体中显现。总之，正是**因为**每个单子都有一个清楚的区域，它才应该拥有一个身体，这个区域与这个身体构成了一种关系，但这不是一个给予关系，而是遗传关系，它生成了自己的

---

① 这一观点常在致阿尔诺的信中出现，尤见 1687 年 4 月的信。

② 布鲁图斯（M. J. Brutus，约前 85—前 42 年）：古罗马政治家，追随庞培反对凯撒，公元前 44 年 3 月 15 日与卡西乌等刺杀凯撒，后自杀。——译注

"relatum"①。正因为我们拥有一个清楚的区域，我们才应该拥有一个身体，这个身体从生到死都承担着走遍这个区域或探索这个区域的重任。

现在，我们面临着两个困难。为什么拥有一个身体这一要求时而建立在处于模糊或混乱中的被动原则基础之上，时而又在我们清楚而分明的能动性基础之上？更为特别的是，身体的存在何以能够源自清楚和分明？正如阿尔诺所说，我身体的全部运动都只能被模糊地认识，我所清楚、分明表现的东西何以能够与我的身体相关？②

每个单子所固有的奇点会在各个方向上扩展，一直延伸到其他单子的奇点之中。因此，每个单子都表现全世界，但其表现却是模糊的、混乱的，因为单子是有限的，而世界是无限的。正因为此，单子的底部才如此黑暗。由于世界不存在于表现它的单子之外，它便以感知或"代理者"的形式即**现实无穷小元素的形式**被包含在每个单子里。③我们再一次看到，世界并不存在于单子之外，那是一些没有客体的微弱知觉，是一些有幻觉的微感知。世界只存在于包含在每个单子里的它的代理者当中。这些代理者可能是汩汩作响声，是喧哗，是雾，是飞舞的尘埃；它们还可能是一种死亡状态或蜡屈症④状态、困倦或睡眠状态，

---

① 拉丁语，意即：关系。——译注

② 阿尔诺 1687 年 8 月致莱布尼茨的信。

③《单子论》，第 63 节："宇宙被调整在一个完美的秩序中，所以，在其代理者中，也就是在灵魂的感知中也须有一个秩序。"

④ 也称蜡样屈曲，是紧张性精神分裂症的一种，因而又叫紧张综合征。主要症状为肌张力增高，丧失控制能力，全身僵硬强直，长时间保持一个姿势不动，呈蜡像状；对任何刺激均无反映，呼吸等身体功能降低，严重时危及生命。——译注

或是昏迷，是茫然。这就好像每个单子的底部是由无数个在各个方向不断形成又不断拆解的小褶子（弯曲）所构成，单子的自生性因此如同一个在床上不停辗转反侧的睡眠者的自生性。[①]世界的微弱知觉或代理者就是这些有着不同意义的小褶子，可以是褶子中的褶子、褶子上的褶子、褶子叠褶子；可以是昂塔依的一幅画，也可以是克莱朗博的毒性幻觉。[②] 正是这些模糊、混乱的微弱知觉组成了我们的宏观感知和我们清楚、分明的有意识统觉：一个有意识知觉如果不能融进一个无穷微弱知觉的集当中，则它可能永远不会发生，而那些无穷微弱知觉会动摇前一个宏观感知，并为后继宏观感知做准备。如果成千上万的微弱痛感甚或半痛感还没有散布于快感之中、并准备汇集成有意识的痛感的话，痛苦何以能够继愉悦而来？如果我突然向一条正在进食的狗猛击一棍，它应该已经对我这个暗示着愉悦即将转变为痛苦的人的到来、对我带着敌意的气息和棍子的举起隐约有了微弱的知觉。如果不是成千上万微弱的、本原的渴望（对食盐、糖、油脂等等的渴望）以难以觉察的不同节奏发起其攻势的话，饥饿感能继饱腹感而来吗？反之，如果说饱腹感能紧随饥饿感而来，正是因为所有这些个别的微弱饥饿感都得到了满足。所有微弱知觉都是根据每个知觉的分量从一个知觉向另一个知觉的过渡，它们出色地构建了动物的或生机勃

---

① 关于微弱知觉和微弱刺激，见《新论》，第 II 部分，第 1 章，第 9—25 节；第 20 章，第 6—9 节；第 21 章，第 29—36 节。

② 出于对褶子的热衷，克莱朗博分析了所谓"非常小的"幻觉，其幻觉以条纹、网眼和网状物为标志：受氯醛作用影响的精神（l'esprit du chloralique）"围着薄纱，纱巾的褶皱使其透明度不均匀"[《精神病学》(*Œuvre psychiatrique*)，法国大学出版社，第 I 部分，第 204—250 页]。

勃的状态，那就是不安。这是些"刺激因素"、小褶痕，它们在快乐中的出现并不比在痛苦中少。刺激因素是世界在封闭单子中的代理者。处于伺机状态的动物即伺机中的灵魂意味着总有一些微弱知觉不能融入现存知觉，也总有一些微弱知觉不能融入前知觉，但它们却能为将要来临的知觉提供给养（"过去就是这样！"）。**宏观上**，能够将这些知觉与作为一知觉向另一知觉过渡的欲求相区别。这是构成大褶子和褶裥的条件。但在**微观层次**却不再能识别微弱知觉和微弱倾向：它们是不安的刺激因素，会使任何知觉变得不稳定。① 微弱知觉理论就是这样在两个理由基础上建立起来的：一个是形而上学的理由，根据这一理由，每个可感知单子都表现它所包含的那个无穷世界；另一个是精神理由，按照这个理由，每个有意识知觉都包含着为其准备、组成它或追随它的无穷微弱知觉，**从宇宙到微观，再从微观到宏观**。

摧毁世界是感知的使命，而赋予尘埃以精神同样是感知的使命。② 全部问题就在于搞明白如何才能从微弱知觉过渡到有意识知觉、从分子感知过渡到克分子感知。是否需要经由一种总数累加过程，就像当我去抓一个整体，它的组成部分对我并无感知那样？同样，我听到了大海的咆哮或人群的嘈杂声，却听不到构成大海的每个波浪的淙淙声和聚集成群的每个人的低吟声。然而，虽然莱布尼茨有时也使用这些表示整体的字眼，但所关涉的却不是各

---

① 关于攫握中的微观过程与宏观过程的区别，参见怀特海：《过程与存在》，第 129 页。

② 加布里埃尔·塔尔德（Gabriel Tarde）正是以这些术语定义"单子论"的，他借用了"单子论"一词："单子论与社会学"，见《社会学论文合集》（*Essais et mélanges sociologiques*），马鲁瓦纳出版社，第 335 页。

个同质部分的叠加，而是其他东西；[①] 这些字眼也不涉及部分—整体的关系，因为整体可能与部分一样都是无感知的，如同我因过于熟悉而对水磨的声响**充耳不闻**一样。而喧哗、茫然都是整体，它们却不一定是有意识的知觉。的确，莱布尼茨从未忘记明确指出，从微弱知觉到有意识知觉的关系并非从部分到整体，而是从**平凡到非凡或到显贵的关系**："组成非凡东西的部分应该不是非凡的。"[②] 我们必须从字面含义，就是说从数学的角度明白，一个有意识知觉的产生必须满足这个条件，即：至少有两个异质部分进入一种能够确定某一奇点的微分比中。正如圆的一般方程式 ydy + xdx = 0，在这里，$\frac{dy}{dx} = -\frac{x}{y}$ 表示一个可确定的量值。或者如绿色，构成它的黄色和蓝色当然都能够被感知，但是，如果它们的感知因为变弱而消散，它们就会进入一种微分比（$\frac{d蓝色}{d黄色}$）中，这个微分比能够确定绿色。任何东西都不能阻止被我们忽略的黄色或蓝色各自均已经被其二者的微分比所决定，抑或说，被清楚—模糊两个等级的微分比所决定：$\frac{dy}{dx} = $ 黄色；或者如饥饿感：糖的缺乏、油脂的缺乏等必须进入微分比，这些微分比能够确定饥饿感是某种非凡的、显要的东西。或者如大海的涛声：至少应当有两个新生的和异质的波浪是微弱感知事实，这两个波浪才能进入一个有能力确定第三个波浪的感知关系中，这个感知较之其他感知是"出类拔萃"的，并能生成为有意识知觉

---

① 关于这个问题以及以海涛声为例的主要著作有：《形而上学论》，第 33 节；1687 年 4 月致阿尔诺的信；《对单一普遍精神学说的考察》，第 14 节；《单子论》，第 20—25 节及《自然与神恩的原则》，第 13 节。埃利亚斯·卡内蒂（Elias Canetti）最近重提微弱刺激因素理论，但他将其变成了对于来自外部的指令的简单接受、累积和传播，见《大众与权力》(*Masse et Puissance*)，伽利玛出版社，第 321 页。

② 《新论》，第 II 部分，第 1 章，第 18 节。

（它暗示我们就在大海近旁）；或者如睡眠者的睡姿：其身体所有的微小曲线、微小褶皱都须相互关联，以便形成一个姿势、一个体态、一个弯曲的大褶子，亦即一个适以收容那些微小曲线、微小褶皱的姿势。宏观上的"好形态"总是取决于微观过程的。

任何意识都是阈。也许还应该说明为什么不同情况下会有这样或那样的阈。但是，如果所获得的阈都是最小值意识，微弱知觉则往往比可能的最小值还要小，在这个意义上就是无穷小。在**每个层次上被选中的都是那些进入微分比的微弱知觉**，它们也因此创制出能够在被认可的意识阈显现的性质（比如绿色）。这样，微弱知觉就不是有意识知觉的部分，而是必要条件或遗传因素，是"意识的微分"。所罗门·迈蒙[①]比费希特[②]更甚，他是第一位要重返莱布尼茨的后康德主义者。他从感知中得出了这样一种心理自动作用的所有结果：远不是感知要有一个有能力影响我们的对象、要具备我们从中可能被影响的条件，而是微分 $(\frac{dy}{dx})$ 的相互确定导致了作为感知的对象的完全确定，以及作为条件的空间—时间具有了可确定性。迈蒙在康德的调节法基础上又重构了一种主观内部生成的方法：在红与绿之间，不仅有外部经验论的差异，还有一个这样的内部差异概念："微分模式构成个别对象，而微分比构成不同对象之间的关系。"[③] 物理对象和数学空间

---

① 所罗门·迈蒙（Salomon Maïmon，1753—1800）：出生于今立陶宛的德国籍犹太教哲学家。——译注

② 费希特（J. G. Fichte，1762—1814）：德国哲学家、古典主义哲学主要代表人物之一。——译注

③ 所罗门·迈蒙：《关于先验哲学的经验》（*Versuch über Transzendantalphilosophie*），1790，柏林，第33页。康德在致马库斯·赫茨（Marcus Herz）的信中批评了迈蒙对无限知性的复兴。盖鲁综述了迈蒙的思想，并坚持其"意识的微分"及其相互确定原则，见《所罗门·迈蒙的先验哲学》（*La Philosophie transcendantale de Salomon Maïmon*），阿尔坎出版社，第 II 章。

两者都相关于一种知觉先验论（微分及遗传）心理学。空间—时间不再是一个纯粹给定条件，而变成主体中微分比的集或连接（nexus），对象自身也不再是经验论的已知条件，它变成了这些关系在有意识知觉中的产物。因此，存在着某些知性**理念**，作为性质的绿色就是一个**永恒客体**或**理念**在主体中的现实化，而作为对于确定空间的这样或那样的形象也无不如此。如果我们跟康德一样也反对说，一个这样的概念再度引来了一种无限知性的话，对此说也许应当给予这样的回应：此处的无限只能是一种无意识在有限知性中的在场，是一种无思维（impensé）在有限思维中的在场，是一种非我在有限我中的在场，也就是康德本人在深入研究了一个决定性的我与一个可确定的我之间的差异之后，也必然会发现的在场。迈蒙与莱布尼茨持同样的观点，他们都认为微分的相互确定无关于神的知性，而与微弱知觉相关，这些微弱知觉是在有限我中的世界（与无限知性的关系即由此而来，反之不然）的代理者。有限我的现实无限正是巴洛克的平衡或不平衡状况。

我们明白同一论据为什么此一时以模糊为理由，彼一时又以清楚为理由。这是因为，在莱布尼茨那里，清楚是出自模糊的，又不断在模糊中深陷。因此，笛卡尔的模糊—清楚—混乱—分明等级就获得了一个全新的意义和全新的关系。微弱知觉构成包含在每个单子中的世界的模糊尘埃，即阴暗的底层。正是这些无穷小现实物之间的微分比**将事情澄清了**，也就是说，是它们与一些模糊的、正在消散的微弱知觉（黄色和蓝色）构成了一个清楚的感知（绿色）。当然，黄色和蓝色本身也可以是清楚的、有意识的感知，但它们各自必须分别被其他微弱知觉之间的微分比，即不同秩序的微分所抽取。始终是**微分比来拣选进入每种情况的微弱知觉**，并制造或者说抽取那个自微弱知觉而出的有意识知觉。因此，微分学是感知的心理机制，是兼有沉陷于模糊、又确定清楚两种不可分离状态的自动作用，即拣选模糊微弱知觉、抽取清楚感知。对于这样的自动作用可以有普遍和个别两种理解。一方面，由于同一世界被包含在所有实存单子中，这些单子就显示出同一种微弱知觉的无限性和同样的微分比，并在其自身制造出极其相似的有意识知觉。如此一来，所有单子所感知的便是同一绿色、同一个音符、同一条河流，而且，在这些单子中被现实化的正是每种情况下的唯一的、同一个永恒客体。但另一方面，每个单子的现实化又各不相同，两个单子在同一个清楚—模糊等级上所感知的绝对不是同一绿色。好像每个单子都赋予某些微分比以特权，这些微分比因此也将排他性感知给予了单子，单子则将其他微分比留给下一个应该得到它们的等级，或者，单子会让无穷微弱知觉以不具有任何关系的状态存在下去。这样，所有单子都最大限度地拥有了无穷可共存微弱知觉，而从中筛选微弱知觉以便制造清楚感知的微分比则适于每个单子。我们已经看到，每个单子正是在这个意义上与其他单子表现着同一个世界，但它也仍然还有一个清楚表现的区域，这个区域是专属于它的、不同于任何其他单子的区域，是它的"辖域"。

即使遵循莱布尼茨概念等级中清楚与分明的划分，我们能够看到的也即如此。与笛卡尔相反，莱布尼茨是从模糊出发的，这是因为清楚的东西出自模糊，中间经由了一个遗传过程。同样，清楚的东西也会潜入模糊之中，并在其中不断下沉。从本质上讲，它就是一种清楚—模糊，是模糊之物的发展，是**或多或少的**

清楚，正如感性所显示的那样。^① 这样，我们就解决了上述的悖论：即使我们假设在所有单子中确立的是同样的微分比，这些微分比也不可能在每个单子中均达到符合其阈的有意识知觉所要求的清楚等级。更重要的是，我们能够解释一开始就碰上的那两个困难了，即：同一要求时而需要的是模糊，时而又是清楚，而清楚的东西本身却取决于只能被模糊认识的东西，因为自模糊之物而出是清楚之物的义务，如同分明之物与混乱之物穿过第一层滤网后，接着还有很多层滤网要穿过一样。^② 实际上，微分比的确扮演着滤网的角色，而且是无穷的滤网，因为它们只允许那些在任何情况下都能够提供一个相对清楚的知觉的微弱知觉通过。但是，由于滤网的性质在不同等级会发生改变，应该说，这里的清楚只能是相对的模糊和绝对的混乱。同理，分明则是相对的混乱和绝对的不适当。但无论如何，莱布尼茨毕竟保留了笛卡尔的"清楚和分明"的用词，但他又在多大程度上留用了它们的原意呢？他何以说每个单子的特权区域不仅是清楚的，也是分明的，而单子却是由混乱的事件组成的？这是因为，作为清楚感知的清楚感知从来都不是分明的，但却是"杰出的"，或者说是引人注目的、显贵的、与其他感知成鲜明对照的，而第一滤网当然是那个对**一般感知**加以过滤、从中筛取引人注目的**感知**（清楚而杰出

---

①　1687年4月致阿尔诺的信：这个感知，即"灵魂事先所拥有的对未来的感知，虽然模糊、混乱，却是将要在灵魂那里发生的事情的真正原因，是**当模糊被发展后**，灵魂将会拥有的**更清楚**知觉的真正原因"。也见《新论》，第 II 部分，第 29 章，第 2 节。

②　关于滤网或分度尺以及莱布尼茨与笛卡尔在这方面的对立，参见伊冯·贝拉瓦尔：《莱布尼茨，笛卡尔的批判者》（*Leibniz, critique de Descartes*），伽利玛出版社，第 164—167 页（以及米歇尔·塞尔：《莱布尼茨体系》，法国大学出版社，I，第 107—126 页）。贝拉瓦尔的著作深入分析了莱布尼茨的理念逻辑。

的感知）的滤网。① 但严格地讲，分明之物还包含着另一个滤网，它能将引人注目的东西视作**合乎规则**的东西，并从中抽取出**奇点**，即分明的感知或理念的内部奇点。是否还须有第三个完全一致的，甚至完满的滤网，用以将平凡从奇异中剔除，从而组成一个循环滤网系统，尽管这第三个滤网可能超出我们的能力？正是所有这一切让我们同意巴勒塔扎尔的说法：**一切**都是平凡的，**一切**又都是奇异的！

在这里，较之理念理论的发展，我们对奇异的不同意义更感兴趣。我们已经见到的奇异具有三重意义：奇点首先是弯曲或转折点，它能够延伸至其他奇点邻域，并因此根据距离关系构成宇宙线；其次，奇点是凹面的曲度中点，因为它能根据透视关系确定单子的视点；最后，奇点是引人注目者，依据就是在单子中构成感知的微分比。我们还将看到第四种奇点，它构成物质或空间中的"极值"，即最大值和最小值。这种真实对于奇异和引人注目者的从属已经在巴洛克式世界及巴洛克式认识的最深处显现出来。

让我们再回到感知。所有单子都模糊地表现全世界，即使并不在同一个秩序上。每个单子都在其本身包含着无穷微弱知觉。这些知觉并不以其强弱而相互区别，将它们区别开的，是它们清楚的、引人注意的或享有特权的表现区域。我们至多可以设想会

---

① 正是在这个意义上，莱布尼茨说："我们只注意那些最为杰出的思想"，也就是说最引人注意的思想（《新论》，第 II 部分，第 1 章，第 11 节）。这样的思想之所以被称作分明的，就是因为相对而言，它们是**最清楚**、**最不模糊**的。莱布尼茨因而写道："灵魂能够更分明地表现属于其身体的东西"（1687 年 4 月致阿尔诺的信），或者："灵魂能够更分明地表现那个对它而言受到影响的身体"（《单子论》，第 62 节），尽管这仅仅涉及清楚。

有一些"一无所有的单子"不具有这个光明区域：它们可能就生存在黑暗当中，在微弱模糊知觉的浑噩和混沌当中，或者说几近如此。没有任何相互确定的微分机制会从这些微弱知觉中挑选出一些，以备从中抽检出一个清楚的感知来。这些微弱知觉没有任何引人注意之处。但如此极端的状态只出现在死亡中，它在任何其他地方都只是一种抽象。[①] 即使最微小的动物也具有辨认食物、识别敌人和同伴的微弱认知能力：如果说活体即意味着有灵魂，那是因为蛋白质已经显示出了一种感知、辨识和区分的能动性，一句话，显示了一种以物理驱动力或化学亲和力都无法解释的"原始力（'派生力'）"。因此，不存在由兴奋引起的反作用力，能有的只是在灵魂中显示内部感知能动性的外部有机行动。如果说活体具有灵魂，是因为它具有感知、区别或辨识能力，是因为任何动物心理都首先是感知心理。多数情况下，少量清楚或分明的感知即能满足灵魂的需要。**壁虱**的灵魂就只有三个感知能力，即对光的知觉、对猎物的嗅觉和对最佳位置的触觉。虽然**壁虱**也表现自然，但对**它**而言，**广袤的大自然**中所能有的只是一片混沌，是未经整合的、昏暗的微弱知觉的尘埃。[②] 然而，如果说动物有等级之分，或者说，在动物系里也存在着一种"进化"，

---

① 《单子论》，第 20—24 节："如果在我们的感知中没有任何尊贵或高雅之处，没有任何有着更高级品味的东西，则我们可能永远处于茫然之中。而这正是那些一无所有的单子的状况"；也见 1710 年 10 月 30 日致哈佐克（Nicolaas Hartsoeker）的信（GPh，第 III 部分，第 508 页）："的确，没有永远睡眠的灵魂。"

② 雅各布·冯·乌克斯库尔（Jacob von Uexküll）：《动物世界与人类世界》（*Mondes animaux et monde humain*），龚蒂耶出版社，第 24 页："在壁虱所置身的巨大世界里，有三种刺激物吸引着它，犹如黑暗中闪烁的信号灯，它们是壁虱的路标，引导壁虱义无反顾地奔向目标。"

那也是在清楚表现区域由数量越来越多、秩序越来越严格的微分比来确定的层次上而言的，这个区域不仅更为广袤，也更加稳固，组成这一区域的每个有意识知觉都在相互确定的无限过程中与其他有意识知觉结合在了一起。这是些**记忆单子**。而且，还有一些单子自身就具有延展自己、强化其区域、达到其有意识知觉的真正连接（而非单纯的关联连续性）的能力，也具有将其清楚区域成倍扩大的能力，它们就是**理性单子或自省单子**。这些单子的确懂得利用它们当中某些单子的牺牲，以便获得使其能够自动延展的条件，那些牺牲的单子即是**受罚者**，它们几乎退化到了一无所有的状态，所留有的唯一清楚知觉就是对上帝的仇恨。

由此，就有可能依据单子的感知特征将单子概括分类为几乎一无所有的单子、记忆单子和自省或理性单子。[①] 莱布尼茨的另一位重要信奉者、创立了与单子灵魂的心理机制密不可分的心理物理学的费希纳[②] 不断发展了单子的分类，从浑噩或混沌直到闪光的生命。费希纳从中看到了人的三个阶段，其中有他本人所经历的全部可能的退化和受罚，那是退缩进黑暗的屋子或阴暗的底层、陷入蠕动的微弱知觉当中的单子；但他也看到了一种复苏的力量，那是向着光明回升的、不可遏制的强大力量。[③] 只有少数单子无法相信它们在某些时刻是被罚入地狱者，比如，当它们的

---

① 《自然与神恩的原则》，第 4 节。

② 费希纳（Gustav Theodor Fechner，1801—1887）：德国心理学家、哲学家。——译注

③ 费希纳：《死亡后的生命小书》（*Le petit livre de la vie après la mort*），1836 年，见《院内 VIII》（*Patio VIII*），光芒出版社。克洛德·拉邦（Claude Rabant）在其评论中特别分析了费希纳的严重病态：畏光、消化不良及意念恍惚（第 21—24 页）。

清楚知觉渐渐熄灭、当它们进入一种阴暗，在那里连壁虱的生命都显得颇为丰富的时候。但从摆脱束缚的角度讲，也会有这样的时刻出现，即当一个灵魂赢回自己，它就会像一个康复者一样惊讶自问：上帝呀，这些年我都做了些什么？

如果我们的清楚知觉的微分机制发生故障，微弱知觉就会强行赢得选拔，侵入意识之中，如同进入睡眠或茫然状态一样，全然是一种被黑暗背景衬托着的、绚丽多彩的感知尘埃，但是，如果我们看得仔细些，就会发现那些尘埃并不是微粒，而是在一些并列的碎片表面不断自生自灭的细微褶子，看上去就像一团薄雾或雾气在摆动，其摆动速度是我们意识的任何一个阈都无法以正常状态承受的。但是，当我们的清楚感知重新构成，它们也会再次勾勒出一个褶子，到了这时，这个褶子就会将意识与无意识分离开，将所有碎片连成一个大表面，降低速度，抛掉形形色色的微弱知觉，以便与其他知觉构成牢固的统觉组织：尘埃沉落了，随着底部将其小褶子解体，我看到了有形的大褶子。褶子叠褶子，这就是两种感知模式的状态，或称两个过程，一个是微观的，另一个是宏观的。所以说，展开褶子绝不是褶子的反义词，而是从一些褶子到另一些褶子的运动。展开褶子时意味着我发展、我拆毁那些总使底部处于动荡的无穷小褶子，以便勾勒出一个大褶子，在这个大褶子的一侧有一些有形物出现，这是前一天的操作：我将世界投影"在一个有褶皱的表面"……[①] 有时则相反，展开褶子就是我依次拆毁从我所有的阈经过的有意识褶子，即那"22个褶子"，它们包围着我、将我与底部分开，以便

---

① 科克多（Jean Cocteau）:《存在的困难》(La Difficulté d'être)，峭岩出版社，第79—80页。

迅速发现这个微小活动褶子的不可数底部，这些微小褶犹如"一个狂怒驭手的皮鞭"，将我拖入浑噩的活动程序中。① 我总是在两个褶子之间打开褶子，而且，如果说感知就是打开褶子，那我就总是在褶子当中感知。**任何知觉都是幻觉，因为知觉并没有对象**。大感知没有对象，甚至不与可能从外部解释它的物理刺激机制相关，只与纯属精神的微弱知觉之间的微分比机制相关，正是这些微弱知觉组成单子中的大感知。② 微弱知觉也没有对象，且不与任何有形的东西相关，只与形而上学和宇宙学的机制相关，根据这一机制，世界不存在于表现它的单子之外，因而必然是被折叠在单子之中的，微弱知觉就是这些作为世界代理者（而非对象的表现）的小褶子。幻觉观念肯定经受了一种心理学上的缓慢降解，但这是由于这个观念忽略了纯粹莱布尼茨式的条件，也就是说忽略了微观和宏观这条双重线路，即对微弱知觉世界而言的

----

① 米修的《在别处》（*Ailleurs*）中有"人的生命的 22 个褶子"之说，伽利玛出版社，第 172 页。褶子主题在米修的写作、素描、油画等所有作品中都有所表现。其诗集《褶裥中的生活》或诗歌"充满……"（"充满了晦涩意愿的无尽面纱。充满了褶子。充满了夜。充满了不确定的褶子、我那浅滩的褶子……"）。莱布尼茨的影子在米修的作品里比比皆是：薄雾与茫然、微小的幻觉、高速活动的微弱知觉和微小面积、自生性（"一朵孤零零的浪花，一朵远离海洋的浪花……它就是神奇的自生性"）。上述科克多的著作与米修的作品自然形成共鸣，因为科克多也是从前一天到梦境、从有意识知觉到微弱知觉的。"有了褶痕的斡旋，永恒成为我们可以居于其中的东西，褶痕不会如在生活中那样也在梦境出现，但褶痕的某种东西会在梦境中展开……"最后是费尔南多·佩索阿（Fernando Pessoa），他发展出了一个形而上学、心理学和美学的感知概念。这是一个非常新颖但又接近莱布尼茨观点的概念，其基础就是微弱知觉和"海事系列"。我们在何塞·吉尔（José Gil）那里发现了关于这一点的精辟分析：《佩索阿与感觉的形而上学》（*Pessoa et la métaphisique des sensations*），差异出版社。

② 《单子论》，第 17 节："感知以及由其决定的东西是机械理由所不能解释的……因此，只能在单纯实体中，而不是在组合实体或机器中寻找感知。"

存在、对大知觉而言的微分比。幻觉总是双重的，有点类似克莱朗博在氯醛状态下所区别出的"小面积幻觉"和"大面积幻觉"。我们始终在褶子中感知，这意味着我们捕获的是些没有对象的形象，而且是在形象自己从底层扬起的无对象的尘埃中捕获的，尘埃会重新落下，以便形象在某一刻能够被看到。透过有些东西使之扬起、而我使褶子从中分离出来的尘埃，我看见那些东西的褶子。我在上帝那里看不见，但我在褶子里能看见。知觉的情形并非**格式塔**[①]在确立"完型"规则、对抗幻觉概念时所描绘的那样，而是如莱布尼茨和德·昆西[②]所描绘的那样，即：在我们的视幻觉下，**一支军队或一群牲畜正向我们靠近**……的事件：

"在接下来的时间里，当清晨温暖的微风稍有凉意，尘烟四起，宛若巨大的气流褶裥，那沉重的裙角从天空垂向大地：在旋转的微风掀动着气流帘褶裥的地方，出现了裂隙。裂隙时而呈现为拱桥的形象，时而像巨大的门，时而又像窗户。紧接着这些形象，依稀可见骆驼头以及踞于其上的人的形象，不时，还有些人和马的形象在运动，它们的前行呈现为不规则的延展。然后，透过其他开口或景象，可以看到远处有锃亮的武器在闪光。而有时，当风力减弱或静止下来，隐在薄雾忧郁面纱后所有这些有着各种形态的开口便又闭合起来。霎时，上述所有人马队列的意象消失殆尽，而从不可胜数的人群中升腾而起、越来越响的喧哗声、嘈杂声、喊声和呜咽声以一种我们无法轻视的语言泄露着刚

---

① 格式塔（Gestalt），心理学术语，即格式塔心理学，也称完型心理学，是西方现代心理学主要学派。——译注

② 德·昆西（Thomas De Quincey，1785—1859）：英国散文家、批评家。——译注

才发生在那云幕之后的事情。"①

　　演绎的第一阶段是从单子到被感知物。但是，确切地说，似乎一切都在这里停滞不前了，停滞在一种贝克莱②式的悬浮状态，没有任何东西能让我们断言有一个身体存在着，且它可能就是我们的身体；我们也无法断言实存的身体有可能影响这个身体。内在于单子中的只有被感知物，而现象即是被感知物。③但是，这里有着第一个与贝克莱最大的不同，即：作为"想象的存在"的被感知物不是已知的，但它拥有一个双重结构，可以将被感知物变作成因。宏观知觉是建立在微观知觉间的微分比产物。因而，使被感知物得以在意识中产生的，是一种无意识心理机制。④我们因此会以这样或那样的现象对可变的、不完全的统一体加以解释：任何现象都是集体的，比如一群牲畜、一支军队或一束彩虹。微弱知觉的集体肯定没有统一体（茫然），但相反，这些微弱知觉却能从产生作用的微分比以及这些微分比的相互确定层面上获得一个精神统一体。一个知觉集体因其"构成成分之间的关系"即必然是通过思维所实现的关系而拥有更多统一体。全部问题就在于搞明白，莱布尼茨是否在获得使被感知物和被感知物的统一体在单子中得以产生的力的同

---

　　①　托马斯·德·昆西：《鞑靼人的反叛》（*La Révolte des Tartares*），南方文献出版社，第76—77页。

　　②　贝克莱（George Berkeley, 1685—1753）：英国哲学家，主观唯心主义的开创者。——译注

　　③　参见1712年6月致德·鲍斯的信："我认为，任何现象都只用单子的感知来解释，有益于从根本上考察事物。"

　　④　关于莱布尼茨阅读贝克莱著作后的反应，参见安德烈·罗比内：《莱布尼茨：读贝克莱的"论文"》（*Leibniz: lecture du Treatise de Berkeley*），《哲学研究》，1983年。

时，并没有得到在单子之外、在单子的知觉之外使身体得以产生的力。

为什么不能没有身体？是什么东西使我们得以超越现象或被感知物？莱布尼茨常说，如果在感知以外没有身体，感知实体就只可能是人类或天使，这对宇宙的多样性和动物性是不利的。而如果在被感知物之外没有身体，则感知物本身（它们绝对"应当"与身体相结合）的多样性就可能更少。[1] 但真实的论据则更离奇、更复杂，因为被感知物与某种东西**相似**，这就迫使我们去追究这个东西。我有了一种白色的感知，我感知到了白色：这个被感知物与泡沫相似，或者说，它与在我们眼前反射着一束光线的无穷小镜子相似。我感受到了一种疼痛，这种疼痛类似某种尖锐的东西在我的肌肉上做着圆周离心式挖凿运动。[2] 这个论据看起来是如此难以理解，必须加倍谨慎。首先，莱布尼茨并未说感知与某一对象相似，而是说感知令人想到某一接收器官接收到了一种振动：疼痛并不能让人想到别针，亦不会让人想到别针的"类似四轮马车车轮转动"的平移运动，疼痛表现的是成千上万个辐射入肌肉的微小运动或微弱击打；"疼痛与一根别针的运动是不相似的，但它可以与这根别针在我们身体上引起的运动非常相似，并在灵魂中表现这些运动"。白色并"不与球状凸镜相似"，但却与无数个"近距离在泡沫中所能看到的小凸镜"相似。相似关系在这里就像一种"投影"：疼痛

---

① 致阿尔诺的信，1686 年 11 月（GPh，第 II 部分，第 77 页）及 1687 年 4 月（第 98 页）。

② 参见两部主要相关著作：《对新系统的解释的补充……》（GPh，第 IV 部分，第 575—576 页）及《新论》，第 II 部分，第 8 章，第 13—15 节。

或颜色被投影在物质的振动平面上，有点类似圆被投影为椭圆或抛物线。投影是一种"秩序关系"或相似关系的理由，其表现式如下：

$$\frac{微弱直觉}{有意识知觉} = \frac{物质的振动}{器官}$$

其次，被感知物与某个东西相似，这并不断然意味着感知代表着一个对象。笛卡尔主义者们一直在证明一种感知的几何主义，但借助这个观点，清楚、分明的感知能够让人想到的却是空间。至于模糊、混乱的感知，它们只能作为丧失了表现力因而也丧失了相似性的约定符号而产生作用。莱布尼茨的观点则全然是另一回事，所以，相似既非同一种几何学，亦非同一种身份，与某物相似的是些作为混乱甚至作为模糊知觉的感性质性，相似所依据的是投影几何，这些感性物因而又成了一种"自然符号"。感性物与之相似的不是空间，甚至也不是运动，而是空间中的物质，是运动中的振动、弹簧力、"趋势或努力"。疼痛不等于处于空间的别针，而是与其在一物质里所制造的分子运动相似。几何学与感知一起坠入昏暗之中。更为甚者，相似意义的功能完全改变了：相似是依据相似者，而非根据相似对象被评价的。被感知物与某些物质相似，这就使得物质的创制必须符合这种关系，而不是这种关系应符合某一先存模式。或者毋宁说，相似关系、相似者本身就是模式，它要求物质必须是它与之相似的东西。

第三，根据上述相似，相似对象是如何呈现的？相似的物质一面又是如何呈现的？不应该援引可能与灵魂中的心理机制同样的物质物理机制，因为内在于单子的心理机制排斥任何外部因

161

果关系。莱布尼茨常常质疑微分学的身份，他从中看到的只是一个实用的、有充分依据的虚构。[1] 就这方面而言，对于物质和模糊感知（它们彼此"相似"）具有同样意义的现实无穷问题或无穷小问题并非问题所在。问题主要在于：微分学是否适合于无穷小？答案是否定的，因为现实的无穷既不了解更大的整体，也不知晓更小的部分，且不趋向于极限。微分比的介入仅仅是为了从模糊微弱知觉中抽取清楚的感知，因而，确切地说，算法是一种心理机制，而且，如果说算法是虚拟的，也是就这种机制是一种幻觉机制的意义上而言的。算法当然有着一种心理学的真实，但它在这里却不具备物理学的真实。不可能将算法假设为在感知与之相似的东西之中，也就是说，不可能将算法变成一种物理学机制，除非借助约定和强化虚构。物理学机制是无穷小的流，它们构成波浪的位移、交叉、堆集，或分子运动的"阴谋"。莱布尼茨在为身体的基本特征下定义时明确指出了两点：依据身体的无穷小部分无穷变小的能力；永远处于流动状态、且拥有不断到来又不断离去的部分的能力。[2] 物理学机制并不通过微分产生作用，这些微分始终是意识的微分，它们借助运动的传递和传播起作用，"正如一块被抛入水中的石块所激起的涟漪"。甚至正是在这个意义上，物质才充满了器官，或者说，器官才完全属于物质，因为器官不过是多个波浪或多条光束的缩合而已：一个接收器官

---

① 1702 年 2、4、6 月致瓦里尼翁（Pierre Varignon）的信（GM，第 IV 部分）显示了莱布尼茨观点的复杂性。

② 《新论》，第 II 部分，第 27 章，第 4 节："这个灵魂的身体会变换、包裹或展开，它还有流数。"关于"流体的运动"及被抛入水中的石块，见 1706 年 2 月致索菲公主的信，GPh，第 VII 部分，第 566—567 页；关于"有密谋的运动"，见致哈祖克尔的信，GPh，第 III 部分。

的特性就在于收缩它所接受的振动。[①] 接收器官是物理学因果律的起源，因为它能够将无穷原因的效应聚集起来（"完全原因与整体效果相等"）。因而，在始终是外在的物理因果性和始终是内在的精神因果性之间有着很大的差异。外在物理因果性从一个身体到该身体在宇宙中无穷地受到所有其他身体的影响（冲动状态或普遍交互作用状态），而精神因果性则出于自身需要，是从每个单子到达宇宙的感知效应的，这个宇宙是由内在精神因果性自发产生的，完全不涉及从一个单子到另一单子的动力问题。与这两个因果性相对应的，是两种算法或称算法的两个方面，即使这两个方面不可分离，我们也应当对它们加以区别：其中一个方面相关于感知的精神形而上学机制，另一方面则相关于激励或冲动的物理有机机制。它们就是两个一半。

但这并不妨碍有意识知觉与被身体收缩的振动相似，意识阈与器官的条件相符，正如费希纳的心理物理学从前述相似入手对身体所做的详细论述。一个被意识感知到的质性是与被有机体收缩的振动相似的。[②] 内在于单子中的微分机制与外在运动的传递和传播机制相似，虽然它们并不是一回事，也不应当被混淆。振动与其接受者之间的关系将一些使微分学的应用成为可能的极限引进了物质，但这种关系本身并不是微分关系。微分学（借助相似）在物质中的应用是以这种物质中处处存在着接收器官为前提的，由此或许可以得出这个结论：莱布尼茨和

---

① 《单子论》，第 25 节，**自然**会"提供能够收集多条光线或多个气流波的器官，以便将它们聚合起来，使它们更具效力"。

② 柏格森（Henry Bergson）再次发现了这个观念，即在被意识感知的质性和被一接收器官"收缩"的微小运动之间存在着一种相似：《物质与记忆》（*Matière et mémoire*），"概括与结论"。

牛顿对算法有着他们各自的解释。众所周知，他们二人构思算法的方法不同。不过，在根据产生量值的运动速度或增量速度确定量值（"流数"）时，牛顿发明了一种计算方法，这种方法完全符合一流动物质的运动，甚至完全符合该物质在一感觉器官上的效应。但是，牛顿虽然考虑到了这些流数^①在其所构成的增量中消散，但他并未触及不同分量应该在哪里继续存在的问题。相反，建立在"微分"相互确定基础之上的莱布尼茨算法却严格地与一个**灵魂**不可分，因为只有灵魂能够保留并区分微小分量。^②莱布尼茨的算法与心理机制完全相符合，恰如牛顿的算法与物理机制完全符合一样，而两者的区别既是形而上学的，也是数学的。说莱布尼茨算法与牛顿算法相似应该也没有错。事实上，莱布尼茨的算法也只在借助相似的情况下才适用于物质，但我们应该记得，相似者才是榜样，是它指引着它与之相似的东西。

演绎过程分两个阶段，一个阶段要求单子拥有一个身体（初级物质或物质—限制），另一阶段显示这一要求如何得以满足（次级物质或物质—流）。我们来概括一下第二阶段，即从被感知物到身体：（1）清楚—模糊的感知表现与接收振动的物质接收器的相似关系；（2）这种接收器叫作器官或有机体，它们将无穷接收到的振动构成身体；（3）身体的物理机制（流数）不与感知的

---

① 根据上文，此处应为流数（fluxions），而非原文中的 flexions（弯曲）。——译注

② 致索菲公主的信（第 570 页）："实际上，只有自然能够接收所有感觉并将它们组合在一起，但是，没有灵魂，物质所接收到的感觉秩序就不可能被清楚分辨，感觉也就只能是混乱的……而先前的感觉被明确区分并被保留之处，正是一个灵魂所在之处……"

心理机制（微分）相一致，但后者与前者相似；（4）相似就是范例，上帝必然会创造一种物质，这种物质符合那个与上帝相似的东西，并且是一种现实无穷的振动物质（无穷小的部分）。而且，在这种物质中，处处分布、散见着接收器官；（5）这样，我们即从感知的一个方面来到另一方面，感知不再只是世界的代理者，而变成对符合器官的对象的表现。总之，是上帝为单子提供了符合其感知的器官或有机体。这样，我们就随时可以理解全部单子理论了。感知的行为在灵魂中构成了褶子，褶子的单子敷贴于内壁，但这些褶子却与一种此刻应当转变成外部重褶的物质相似。我们现在正处在一个由四部分构成的折叠体系之中，这一点可由前述相似予以证明，因为感知与微弱知觉的微褶、意识的大褶、物质、振动小褶及其在接受器官上的放大褶均交叠在了一起。灵魂中的褶子与物质的重褶相似，并在那里引导着后者。

我有一个清楚、分明的表现区域，因为我有原始奇点，那是些虚拟的、我为之献身的理想事件。演绎即由此开始：**我有一个身体，因为我有一个清楚、分明的表现区域**。实际上，在那一时刻来临，这**事关**我的身体，我所清楚表现的东西，就在最近的地方，对我的身体、对我周围的情况或环境产生着影响。凯撒是清楚表现横渡卢比孔河的精神单子，他因此有一个被流体、被这样的流体沾湿的身体。但在这一点上，当感知变成对象感知时，一切都可能发生逆转而不会有不便之处，我可以重新找到日常语言或合乎惯例的、经验论的相似秩序：我有一个清楚或专属的表现区域，因为我有一个身体。我所清楚表现的是发生于我身体上的东西。单子"依据"其身体、依据其身体的器官、依据其他身体在其身体上的行为表现世界。[①] 自此，有人会说单子"颓败"了。实际上，单子是从其自身汲取整个被感知物的，我则全当那些影响这个单子身体的身体过去就一直影响着它、引发它的感知。但是，这仅仅是一种简单的说法，还是一个更为深刻的、只能借助对因果关系的分析才能解决的问题呢？

---

① 《单子论》，第 25 节。《新论》，第 II 部分，第 21 章，第 72 节。

第八章 两个层次

莱布尼茨青年时期完成的一部著作已经对唯名论者只构想集体的全体性，因而导致概念偏离的做法提出了批评，因为全体性概念所包含的是一个分配的东西，而非集体的东西。就集体意义而言，羊就是羊群的成员，而一群人则在就每个个体的人而言时是理性的。[①] 因而，莱布尼茨发现，作为理性存在的单子是关涉世界的，如同关涉单子概念的含义，即每个单子都是以其个体的名义包含全世界的。所有单子都是每一个（*every*），而所有身体则可以是 *one*, *some* 或 *any*：威廉·詹姆斯和罗素都在很大程度上利用了这些词义的差异。根据每一个与整体的关系，所有单子都是分配统一体；而依据一些与另一些的关系，则所有身体都是集体的，是群或是聚合体。那么，两个层次的分布看上去就应该是严格的，因为在上层，我们能有的是理性的

---

① 《论尼佐利乌斯的哲学风格》(*Du style philosophique de Nizolius*)（GPh，第 IV 部分，第 31 节）：集体的整体及特殊的或分配的整体。

单子，或者是些**每一个**，如同互不关联、彼此没有任何影响的私人单元房，它们是同一种内部装饰的不同变体；而在下层，我们能够看到的是身体的物质宇宙，如同不断传递运动、蔓延波浪、彼此相互影响的**公共场所**。也可能存在着收敛，因为每个单子都**表现**世界的整体，而且，一个身体要无穷地接受"所有"其他身体的**感受**。[①] 但这个收敛要经由全然不同的通道或体系，即表现体系和感受体系、内在纵向因果关系、横向传递因果关系。我们很容易就能使这些东西彼此对立起来，因为在一种情况下，所关涉的是自由或恩典的概念，是"自由谕旨"，是目的因和"道德的必然性"（是最好的）；而在另一种情况下，我们要打交道的则是自然的概念，是动力因，是作为物理定律的"从属准则"，而必然性在这里则是假设的（如果一个是……则另一个……）。

不仅存在着收敛，还有着广泛的一部分与另一部分的彼此重叠。次等准则是自由谕旨的组成部分，其中有些还由于单子已经形成了一种第一"自然"而直接关涉单子；道德必然性和假设必然性结为一体，如果目的因满足不了这个条件，则动力因就永远不可能产生作用。[②] 但是，正如我们刚才在谈到微积分学时所看到的那样，问题显然涉及的是两个一半。实际上，

---

① 《单子论》，第61—62节。

② 实际上，上帝的第一自由谕旨关涉世界的整体（道德必然性）；但每个单子的个别自然，即它的清楚区域却服从于次等准则（假设必然性：如果这就是整体，则部分……）。参见《形而上学论》第16节以及《对阿尔诺先生1686年5月来信的意见》（*Remarques sur la lettre de M. Arnauld de mai 1686*）。从这个意义上讲，假设必然性是根植于道德必然性之中的，正如《论事物的终极根源》所指出的那样；相反，道德的必然性和目的因则分布于一系列假设必然性之中（《形而上学论》，第19节）。

如果我们将对象，也就是说将世界看作与一个无穷弯曲曲线的原始方程式相似，我们就可以借助一个简单切线规则（凹度矢量），以便获得作为**原始力**的单子各自的位置或视点，并可从上述方程式中求得微分比，这个微分比存在于每个单子的各微弱知觉之间，以使每个单子都表现其视点的全部曲线。这就是对象的第一个部分，是它的第一时刻，即作为被感知物的对象或作为被表现物的世界。但是，有待搞清楚的问题依然存在着，那就是，此刻与起始方程式相符合的另一部分究竟是哪一部分？这已不再是纯粹的关系，而是微分方程式和积分，它们能够确定感知的动力因，也就是说，它们关涉感知与之相似的物质和身体。这就是对象的第二时刻，不再是表现，而是内容。[1] 不再是谕旨，而是**第二自然**的经验论准则或定律；不再是弯曲奇点，而是**极值奇点**，因为此刻，且仅在此刻，曲线成为能够确定最小值和最大值的坐标，不再是能够根据弯曲确定单子位置的凹度矢量，而是确定一个身体在重心最低处（悬链线）平衡位置的重力矢量；不再是借助微分比的相互确定，而是根据最大值或最小值对于对象的完全确定，即：找到一条给定长度的、能够划定可能的最大平面的闭合线，找到受给定边界线限制的最小区域面积。在物质中，"最小值和最大值"的算法处处都能用以确定针对行为的运动变化、针对反射或折射的光的缓慢移动、振动谐波频率的振动传播，也能确定接收器的组织结构以及包括弹性和塑性**派生力在内的**各类**派生力**的一般传播和均衡

---

[1] 黑格尔指出，微积分学的应用包含对于"对象"的两个部分或两个时刻的区分，他称赞拉格朗日（J.-L. Lagrange）阐明了这个问题：《逻辑科学》（*Science de la logique*），奥比耶出版社，II，第317—337页。

分布。①

　　世界的方程式似乎应该被绘制两次，一次是在多少还算清楚地构想了这个方程式的精神当中，另一次在以两种算法实现这个方程式的**自然**之中。而且，这两种算法很可能相互连接或互为延续，它们是互补的，因而应当是同质的。正因为此，莱布尼茨得以通过计算最大值和最小值来显示对于世界或单子的选择已经生效；然而，两个一半之间的差异却依然存在着，因为，在一种情况下，是微分比确定存在数量的最大值，而在另一情况下则是最大值（或最小值）确定方程内的关系。我们已经看到奇点在莱布尼茨那里的多样性：极值特性很好地为在**自然**中所选择的世界的结构制定了规则，而选择本身则首先与弯曲的**其他特性**相关，这些特性使集的形式得以进入更高的层次，成了一个收敛序列极限的特性。②

----

　　① 《原因探索中的神秘论》（*Essai anagogique dans la recherche des causes*），GPh，第 VII 部分。莫里斯·雅内（Maurice Janet）分析了极值的主要属性：《数学与物理学目的论》（*La Finalité en mathématiques et en physique*），见《哲学研究》，II。莱布尼茨经常论述的"最速降线"问题就是一个极值问题（"最小下降"）。同样，牛顿的《数学原理》（*Principia mathematica*）中的弹头形问题（液体中抛射物的最佳形式）也是极值问题。

　　② 阿尔贝特·洛特曼（Albert Lautman）在分析了雅内的论题后明确指出了极值的极限，或者说指出了两类特性的性质差异："当使选择成为可能的特性是最大值或最小值的特性时，这些特性必然带给所获得的存在一个好处，那就是单纯，并且作为最终的表象，但是，当我们发现保证向着实存过渡的并不是所涉及的特性就是极值特性这一事实时，这个表象便会消失，因为这些特性所确定的选择包含在被关注的整个结构当中……能够分辨出这种结构的例外特性不再是极值特性，而是一个收敛序列极限的特性……"[《论数学的结构与存在概念》（*Essai sur les notions de structure et d'existence en mathématique*，10—18），第 VI 章，第 123—125 页]。莱布尼茨确实在《论事物的终极根源》中将最好世界的选择与极值的一个特性做过比较，但这种比较的代价是将空间虚构为一种所有可能的世界所共有的空间"感受性"，而且，还必须对其空间给予最大限度的填充。实际上，我们已经看到，对于不可共存的集的区别也已经不再是以极值特性为基础，相反，是以序列特性为基础的。

作为大方程式的世界因而有两个层次、两个时刻或两个一半，世界被其中一个一半包裹或折叠进单子，而被另一半嵌入或重折进物质。如果混淆二者，无论从数学上讲还是从形而上学上讲，都是整个体系的崩溃。在上层，我们有一条有着可变曲率的、无坐标的线段，那是一条无穷弯曲曲线，在这条曲线上，凹度的内部矢量为每条支线标识出处于失重状态的个体单子的位置。只有在下层，我们才有了确定极值的坐标，这是些能够定义稳定图形的极值，这些图形能够组成团块，而团块又能跟踪外在重力矢量或者更大的斜度矢量：这就是呈对称状的弯曲弹头形，也就是能够受到流体最小阻力的图形。[1] 这正是巴洛克式房间的构造及其呈两个层次的分布（一个完全呈个体失重状，另一个则呈团块重力状）以及两者的张力（前者的上升或重新坠落，亦即精神的上升和物质的引力）。

　　雷蒙·鲁耶[2]（最近出现的一位莱布尼茨的重要追随者）将"真实的形式"与图形和结构对立了起来。[3] 图形是相关于坐标轴的函数，结构则是关于相对位置渐近排序的机能，即便有优势率存在，这种机能所依据的也是平衡状态和横向联系。而被称作实体的或个体的形式则是垂直绝对位置，是绝对面积或绝对体积，是"飞越"统一域，它们与图形一样为了相互占有而不再包含一

─────────

　　① 参见贝尔纳·卡什：《领土陈设》(*L'Ameublement du territoire*，参见第 16 页注 3。——译注)，该著明确区分了两个层次（弯曲—极值，凹度矢量—重力矢量）。

　　② 雷蒙·鲁耶（Raymond Ruyer，1902—1987）：法国哲学家。——译注

　　③ 参见雷蒙·鲁耶，尤见其《意识与身体》(*La Conscience et le corps*)、《心理生物学要素》(*Eléments de psycho-biologie*)、《新目的论》(*Néo-finalisme*)，法国大学出版社；《生命形式的起源》(*La Genèse des formes vivantes*)，弗拉马里翁出版社。

个附加维度，也不再如结构那样取决于可定位的先存联系。这是些处于"自动飞越"状态的灵魂、单子和超体。在纵向维度里自我存在、自行飞越而不产生距离的，既不是能够解释感知的客体，亦非有能力获得被感知物的主体，而是自我占有的绝对内在性以及所有以一种"自娱"方式填充了绝对内在性的东西，它们从自身获得整个被感知物，而绝对内在性与该被感知物共存于这个只有一侧的内部平面上，这里不包括接收器官和物理激励，它们不介入这个层次。如果一个绝对形式不能看到它自身，并因此也不能在其域界的所有位置上看到域界的所有局部即**不可定位的联系**，我的双眼就可能与第三只眼有关，而第三只眼又可能与第四只眼相关。这些真实形式不仅被称作活的机体，每当有可确定的个体存在不满足于仅仅发生作用，还要不断"自我生成"时，真实形式还会被称作物理—化学微粒，即分子、原子、光子。因此，这并不是一个生机论问题，虽然形式的内部多样性已经解释了有机体与无机体的种种差异。总之，真实或绝对形式都是原始力，是本质上为个体的和能动的、能使某一虚拟物或潜在物现实化，并使它们彼此协调一致，但又不会逐步相互确定的原始统一体。

格式塔理论曾认为，无论对于被感知图形还是物理结构，借助能够超越单纯接触、渐进机制和先存联系的整体行动和类似"肥皂泡"的极值动态平衡（例如，最小张力定律无须借助特殊传导体就可能解释视网膜中央凹 [①] 何以能够被固定），就能达到这些形式。也许正是这样，当牛顿的信奉者们开始构建引力和场的概念以超越经典力学时，**格式塔**再次看到了他们的伟大尝试。不

---

① 即视网膜中黄斑区的中央凹陷处，中央凹是辨色力和分辨力最敏锐的部位。——译注

过，在这方面，莱布尼茨与牛顿的对立不仅可以用他对真空的批评来解释，还因为莱布尼茨更乐得承认"引力"诸现象具有特殊性（磁性、电性、挥发性）。但在他看来，这些引力现象不具有超越接触机制或渐近机制秩序的性质（"推力""冲量"）。[1] 由无穷减小的张力逐步创建的路径并不渐进地比一条先成的道路所能起的作用小，无论是铁轨还是管路；一个波浪集对全部可能空间的渐进式填充同样包含着流体的接触行动。达西·汤姆森新近为研究有机体现象援引了相关极值定律，这些定律也将道路包含在了广延之中，而这个广延，只能通过虚构一个有可能解释的形式才能对其加以比较。总之，我们并不因此就能接近能动原始统一体，相反，我们停留在一个广延当中，处于一些不具有充足理由的联系之中，且不能飞越。莱布尼茨对牛顿提出反对意见（正如鲁耶反对格式塔派）的，正在于一个真实形式的创建，这个形式不会缩减为一个表面的整体或一个现象场，因为它能够在它所进入的等级里保持与其局部的区别及其所固有的个体性。的确，那些半整体及部分、引力及推力、动态平衡及机械平衡、极值定律及接触定律、波浪及通道、配位体及黏合剂，所有这一切都具有非常重要的意义，都是不可或缺的，但它们只能构成横向次级联系，并遵循次要准则，依据这些准则，**结构一经形成**就要发挥作

---

① 莱布尼茨宣称同意牛顿的引力平方反比定律，但他认为，引力完全能够被流体的特殊情况及其"动量"（产生向心力的天体协调循环）所解释。这是一整套重力矢量形成理论：《论天体运动的原因》（*Essai sur les causes des mouvements célestes*），GM，第 VI 部分；关于磁性，迪唐版，II。关于牛顿的"引力—动量"交替，也见柯瓦雷（Alexandre Koyré）：《牛顿研究》（*Etudes newtoniennes*），伽利玛出版社，第 166—197 页。柯瓦雷不无讥讽地指出了《新论》对于调和牛顿引力与渐近作用的重要意义（"莱布尼茨做了惠更斯未能做到的事……"，第 166、179 页）。

用，**形象一经形成**便自行排列成序或相互连接。如果说这里有着什么目的，那也只能是机制所要达到的目的。

所有这些定律都是统计的，因为它们关涉的是集群、是堆集、是有机体，不再是个体存在。因此，它们不表现个体存在的原始力，但它们在团块中将派生力分类为弹力、引力和塑性力，这些力能够在任何情况下确定物质的联系。重大差异因此并不只是从有机体和无机体之间经过，而是在分别穿越二者的同时将属于个体存在的东西与属于团块或群体现象的东西区分开、将属于绝对形式与属于团块、属于克分子的图形或结构的东西区别开来。① 这就是两个层次，或者说是计算的两个方面。在上层，是个体存在和真实形式或原始力；在下层，是团块和派生力、图形和结构。也许个体存在就是最后的和充足的理由，因为在最后一刻组成集群、且是不同类型集群的，正是个体存在的形式或原始力，是这些形式的等级、协调和多变性。但下层也是不可缩减的，因为它包含着构成部分的个体性的丧失，并将物质联系的力或次要的力带给各个类型的组合集体。一个层次肯定要被折叠于另一个层次，但重要的是，每个层次所拥有的褶子模式差异很大。正如山脉的起伏、遗传链甚或原肠胚 ② 蜿蜒的方式各不相同。这个例子也适用于有机体和无机体。应当从根本上加以区别的是物质的重褶和形式的褶子，前者总是将其所影响的那个相对表面的某个东西遮掩起来；后者则正相反，总是在其本身将一个与其所有情状共存的绝对表面的局部凸显出来。

① 鲁耶：《生命形式的起源》，第 54、68 页。
② 即具有双胚层或三胚层的动物胚胎，是动物胚胎发育的一个重要阶段。——译注

为什么要有这个并非简单表象的下层？这是因为，世界，亦即世界错综的线条，是一个在单子中才得现实化的虚拟世界，世界只能在被每一个单子都以其特有的视点、在其特有的表面上表现时才具有现实性。但虚拟世界—现实世界这一对概念并不是问题的全部，还有一对完全不同的概念，即可能的世界—真实的世界。例如，上帝在无穷可能的世界中选择了一个世界，其余世界在表现它们的单子中也有着它们的现实性：亚当没有犯罪或塞克斯都没有强暴吕克莱斯。因此，就存在着一定程度的现实物，它依然是可能的，但却不一定是真实的。现实的东西不构成真实的东西，其自身尚有待被实现，这样，在世界的现实化问题上又加上了一个世界的实现问题。上帝是"使存在者"，而**使存在者**一方面是**使现实化者**，另一方面又是**使实现者**。世界是在单子或灵魂中现实化的虚拟性，同时又是应该在物质或身体中被实现的可能性。令人费解的是，有人可能会反对说，真实性的问题是针对身体提出的，即使身体并非表象，而是单纯的现象。然而，这个严格意义上的现象就是单子中的被感知物。根据被感知物与某物的相似 = x，我们会质疑是否并不存在这样的身体，它们以一种我们的内在感知与之相适应的方式彼此相互作用，由此，我们甚至

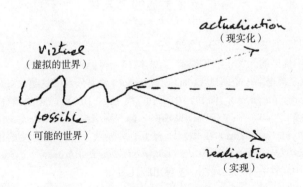

还会提出现象的实现问题，更准确地说，就是被感知物的"实现者"问题，也就是说，是现实地被感知的世界向着客观上真实的世界转化、向着客观**自然转化**的问题。[①] 不是身体去实现，而是某种东西在身体中被实现，借助这个东西，身体本身也生成为实在的或实体的身体。

现实化过程通过分配得以进行，而实现过程则是借助相似。这就提出了一个十分微妙的问题。因为，如果世界被纳入一个双重过程，即在单子中的现实化过程和在身体中的实现过程，那么，世界本身该由什么构成？又何以能够将世界作为**被现实化又被实现的东西**来加以定义？我们来到了事件面前：亚当的灵魂现实地犯了罪（根据目的因），他的身体也真实地吃了苹果（根据动力因）。我的灵魂承受了一种现实的疼痛，我的身体受到了实在的一击。然而，事件的那个既有别于其自身的实现、又有别于其自身现实化的隐秘部分又是什么呢，尽管这个部分并不存在于外部？比如说死亡，那种既非死亡的外在真实、亦非其灵魂隐私的死亡。我们已经看到过这种东西，即纯粹的、作为理想性和中性奇点的弯曲，一个非身体的、无动于衷的东西，用布朗肖的话说，就是其完成并不能使其现实化，其实施亦不能使其实现的"事件的部分"。[②] 这是所有表达的可表达、所有实现的可实现，

---

① 现象的"实现"问题或灵魂之外的被感知物的"实现"问题是在与德·鲍斯的通信中提出的。关于"**实现者**"，见1715年4月的信。

② 这是莫里斯·布朗肖（Maurice Blanchot）经常涉及的主题，参见《文学空间》（*L'Espace littéraire*），伽利玛出版社，第160—161页。这个事件概念可能很接近中国和日本的一个传统，见勒内·德·赛卡提（René de Ceccatty）和中村良志（Ryôji Nakamura）在其合译著《正法眼藏，事件准确性的视觉储备》［*Shôbôgenzô. La réserve visuelle des événements dans leur justesse*，道元（Dôgen），13世纪］中对这一概念的评注，差异出版社。

是灵魂和身体都企图与之匹敌、而它总是没完没了地到来、无休止地等待着我们的 *Eventum tantum*[①]，即纯粹的虚拟性和可能性、斯葛多派式的**非实体**世界、纯粹的谓词。正如中国（或日本）哲学家所云，世界是个**循环**，是纯粹的事件"储备"，它们在每一个"我"中被现实化，在一个又一个事物中被实现。正如莱布尼茨在致阿尔诺的信中所表示的那样，他的哲学无论对精神单子还是对物质宇宙而言，都要求世界具备这种理想的先存性，这也是事件不露声色和过于敏感的一面。我们所能论及的事件只能是已经来到表达它的灵魂、实现它的身体之中的事件，但若没有上述这个未被人注意的一面，则我们可能也没什么可论的。无论多么困难，我们都应该从一种潜在可能性联想到海上战役，这种可能性已经超出了导向海战的灵魂和实施海战的身体的限度。

　　说物质宇宙具有表现力，正是就世界而言的。灵魂亦然：灵魂借助（使可能性）现实化来表现，而物质宇宙则通过赋予（可能性以）客观实在性来表现。当然，这是两个有着很大差异、在事实上完全不同的表达体系，一个是个体的，另一个是集体的。每个单子都从其自身出发表达全世界，独立于其他单子，也没有动力；而每个身体则都要吸收其他身体的感受或动力，世界是由身体的集、由物质宇宙表达的。因而，前定和谐首先表现为两个体系的协调一致。而这两个体系还有第二个差异，即对灵魂的表现是从整体到个别，也就是说，是从全世界到某个特权区域；而对宇宙的表现则是在一个身体与灵魂的特权区域相符合的条件下从部分到部分、由近而远，并逐步接收所有其他宇宙的感受。从

　　① 拉丁语，意即：单一事件。另译"大写的事件自身"。——译注

这个观点出发，始终存在着一个**身体，它**从自己的角度并联合其周围环境，共同表现一个灵魂在其特别区域里所表现的东西，前定和谐就是灵魂与"它的"身体之间的和谐。然而，既然单子永远是一个**每一个**，是 *Every*，而身体却总是一个身体，是 *One*，那么，是什么东西允许"一个单子的身体"以及"它的身体"这些说法呢？又是什么东西规定每个单子都有一个属于它的身体，虽然确实存在着层次或体系的不同和差异？ 必须有一个不断作为 *One* 的 *One* 属于每一个 *Every*。一句话，前定和谐不仅从其本身讲有别于马勒伯朗士的偶因论和斯宾诺莎的心身平行论，从其结果讲，它也远不能取代灵魂与身体的结合、体现或"即时存在"的问题，反而使问题变得更为必要，或许这仅仅是为了从第一方面过渡到第二方面而已。① 实际上，和谐所能解释的恰是每个灵魂与物质宇宙的对应，但当和谐借助的是灵魂与其身体的对应时，它就不能以身体中的任意一种关系来解释灵魂与物质宇宙的对应了，因为这样一种关系是要以一种先决从属为前提的。这个问题只能在从属理论层次上找到解决办法；从属是什么意思？ 一个身体又是在什么意义上属于每个灵魂的？

　　胡塞尔在其《笛卡尔式的沉思》一书的最后求助于莱布尼

---

　　① 莱布尼茨常常强调，被定义为"即时存在"的灵魂与身体的结合不能与和谐混为一谈：《神正论》，推论，第 55 节；《对〈特雷沃回忆录〉的一点意见》（*Remarque...sur un endroit des Mémoires de Trévoux*, GPh，第 VI 部分，第 595—596 页）；1715 年 11 月致雷蒙的信（GPh，第 III 部分，第 658 页）。参见克里斯蒂安娜·弗莱蒙的评论《存在与关系》，弗兰出版社，第 41 页。《自然的新系统》第 14 节指出了这两个问题的关系以及一个向另一个的的过渡。当然，马勒伯朗士的偶因论也援用了"化身"，但这里的化身是作为信仰的奥义而言的。尽管莱布尼茨试图这样解释自己，但有时他也将化身问题视作心智的和可解决的问题，至少在对人类而言时如此。

茨是理所当然的。事实上，他发展了全部归属理论，采用了莱布尼茨所阐述的三大时刻：单子，即处于完全具体状态的**自我**（Ego），这个**我**关系着一个"归属范围"、关系着这个**我的**财产范围；而我，单子，在我的财产范围内发现了某种不属于我、我所陌生的东西；因此，我便可以构成一个我自身与这个陌生物同属于它的**客观自然**。对于莱布尼茨已经予以回答的第一个问题"什么东西属于我？"，胡塞尔也给出了同样的答案：首先是我的思想，是我思故我在（cogito），同时还是这些事实：我有各种不同想法、我的所有多变的感知、我的所有被包含的谓词、作为被感知物的整个世界；还有，是我所清楚表达的世界的这个区域，我的属地；接下来，是我作为拥有一个身体的要求所拥有的初始物质。最后，是身体，是一个身体，我拥有一个用以满足要求的、如我们前面已经看到过的身体，那是一个我能够即时在它那里"存在"、我能即时拥有、我能将被感知物与之协调（我借助器官、双手和双眼等能够感知）的有机身体。这就是我的全部财产的清单，其中最后一笔财产有别于所有其他东西，因为它是外在的，一个不**在我的单子之中的**身体。我们已经清楚莱布尼茨和胡塞尔之间的重大区别：胡塞尔正是在身体这个层次"通过始于我自己身体的统觉的转换"发现了作为另一个我、另一个单子而存在的陌生物的。但莱布尼茨不是这样，在他那里，多个单子已于先前被发现：实际上，任何超出我的清楚区域或超出我的辖域、但我却包含着它的东西，任何以黑暗或模糊状态留在我身上的东西，都是其他单子的负像（image négative），因为那些单子会将这些东西变成属于它们的清楚区域。因此，已经存在着一个单子群体以及一个由所有单子各自的清楚区域所构成、无需身体使自已显现的**第一自然**。的确，没有一个单子能够包含其他单子，但是，我的内在财产拥有足够的陌生物标记，我在我自身、在我黑暗的底部发现了它们的影子，因为在我身上，没有任何模糊的东西不在**另一个**单子中被澄清。因此，在莱布尼茨看来，如果在身体层次上发生了与陌生物的相遇，那就不是与另一个自我的相遇，而是遇到了某种更为令人意外的东西，这个东西构成一个**第二自然**。

我有一个身体，一个身体属于我，而我的单子何以拥有一份外在的、在它之外、在下层的财产呢？莱布尼茨的一部重要论著既提到了实在的区别，也涉及了不可分性，两个事物彼此分离并非因为它们在事实上相互有别。甚至正是在这里，**和谐**和**结合**找到了它们的分配原则：灵魂和身体的前定和谐决定它们的真正区别，而它们的结合规定了它们的不可分离性。[①] 即使当我死亡，我的单子也不会与一个其部分只会退化的身体相分离。我们已经看到，如果我的单子没有一个可以通过与其"相似"而感知的身体的话，它就不能在其自身感知。根据相似秩序的普遍性，这个身体应当是一个类属的、特异的、有机的身体：是一个人体，也完全可以是一匹马、一条狗等等的身体。拥有一个身体的要求当然是个体的，但能够满足这一要求的不是身体，至少不直接是身体。莱布尼茨常强调这一点：上帝不会给灵魂一个身体而不赋予这个身体以器官。那么，这个有机的、特异的、类

---

① 《神正论》，推论，第55节："尽管我并不坚持认为灵魂会改变身体定律，也不认为身体会改变灵魂定律，不认为我引入前定和谐是为了避免这种错乱，但我不会承认灵魂和身体之间有着一种真正的结合，它会使混乱成为帮凶。"

属的身体又是什么东西造就的呢？它应该是由无穷现实的物质部分根据无穷分割、根据团块或集体的类别构成的。但这些无穷部分也有可能组不成有机体，如果它们不与微小单子群，即心脏、肝脏、膝盖、眼睛、双手的单子群（根据它们与无穷部分相对应的特权区域）不可分离，因为这些微小单子群是动物单子，其自身属于"我"的身体的物质部分，不可能与我的身体所属的单子混淆。它们只是我的有机的、特异的、类属的身体的必要条件；而且，无须顾虑物质是否能够思想或能够感知，只需知道它与这些具有感知能力的微小灵魂是否可分离。① 由此可以看到，莱布尼茨的归属理论进行了一场彻底的颠覆，这场颠覆不断振兴了这一理论：必须将拥有一个身体且有一个身体属于它们的单子与作为该身体的特定必要条件或属于这个身体的部分的单子区别开。而这第二种单子，这些身体的单子，它们本身也拥有一个属于自己的身体，这个身体有别于那个单子是其必要条件、而其部分也拥有自己的第三种单子群的特定身体。而这第三种单子……② 灵魂与身体在实际上始终是分开的，但不可分离性却在两个层次之间往返：我的唯一单子有一个身体；这个身体的各个部分拥有它们的单子群；这些单子中的每一个都拥有一个身体……

如果说我的身体，那个属于我的身体，是一个遵循集体定律的身体，是因为它的部分不仅会变大或变小、退化或发展，也会不断成为过去、不断离去（流数）。而当它们离去，与它们不可分离的单子便追随它们，离我而去。所以，我的身体的必

---

① 《新论》，见序言末尾。

② 《单子论》，第 70 节；1712 年 6 月致德·鲍斯的信。

要条件只能是些"pro temporo"① 条件。② 这样，归属理论就将非对称的和被颠倒的归属关系（一个身体属于我的单子，一些单子属于我的身体的部分）区别开了，也将持久的和暂时的归属关系（一个身体始终属于我的单子，一些单子暂时属于我的身体）区别开了。正是在这里，在归属理论中又发现了一个半陌生物，那是我身上作为实在存在的动物。这与胡塞尔的重大区别在于，胡塞尔没有看到有机组合中的特殊问题，即：我的身体不会为我的归属领域带来问题，而陌生物只能与另一身体一起出现，通过这个身体，我锁定了一个不属于我的**第二自我**（Alter-Ego）。至于那个动物，它只是这个**另一个**的"畸形"。而在莱布尼茨看来，正相反，第二自我在现象学演绎的前期就已经出现了，且已为前定和谐所充分解释。随着灵魂与身体的结合，现在出现在我的归属物中、使它们失去平衡的陌生物就是动物，一开始，是与我身体的流动部分不可分离的小动物，对我而言，它们都又变成了陌生物，仿佛它们过去就是陌生物。"比方说，如果凯撒的灵魂可能是自然中的唯一灵魂，造物主本可以省去不给他器官；但是，还是这位造物者，他曾想创造无穷相互包裹在彼此器官中的存在；我们的身体是一种被无穷的、也值得存在的造物所充满的世界。"③ 我在外部遇到的动物只不过是上述动物的放大而已，这就不仅是一种动物心理学，也是一

---

① 拉丁语，意即：暂时的。——译注

② 1687 年 9 月致阿尔诺的信（GPh，第 II 部分，第 120 页）。《单子论》，第 71 节："不应该像有些误解我思想的人那样，认为每个灵魂都拥有一个适宜的或为它所专有的物质团块或部分，并因而拥有始终注定为它所用的其他低等活体……"

③ 1704 年 6 月致玛莎姆夫人的信（GPh，第 III 部分，第 356 页）。

种动物单子论了，此二者均在莱布尼茨体系中占据着重要位置。我的归属范围为我揭示的主要是颠倒的、暂时或临时的归属关系（虽然有一个身体始终为我所拥有）。其实，为自己的财产列一个清单对我们每个人都是十分困难的。搞清楚什么东西为我们所有、我们能拥有它们多长时间并非易事。现象学也不足以解决这个问题。马洛纳①在现代文学中所做的大清点当是证明。马洛纳是一个一无所有的或近乎一无所有的、茫然的、退化的单子，他的清楚区域在不断缩小，身体在不断退化，必要条件在不断流失。他很难知道还有什么东西属于他，也不晓得"根据他的定义"，有哪些东西仅有一半并且仅在某一时刻属于他，无论这些东西是事物还是微小动物，除非他本身是有所属的，但他属于谁呢？这是一个形而上学问题。他或许应该有一个特别的"挂钩"，一种**关系链**，以便分拣财产，但他连这样的挂钩也丧失了。

归属或财产的这些变身有着非常重要的哲学意义。哲学仿佛进入了一种新的场所，且用**拥有的**场所替代了**存在**的场所。当然，"拥有一个身体"的说辞并不是什么新鲜事，新鲜之处在于对财产的种类、等级、关系和变量所进行的分析，其目的是使它们成为**存在**概念的内容或发展。而加布里埃尔·塔尔德②远甚于胡塞尔，他充分理解这种变迁的重要性所在，并对"存在"这个动词不合理的至上地位提出了质疑："真正与我对立的，不是

---

① 爱尔兰现代主义作家、荒诞派戏剧代表塞缪尔·贝克特（Samuel Beckett）的小说《马洛纳之死》（一译《马龙之死》）的主人翁。贝克特1953年以其两幕悲喜剧《等待戈多》名噪文坛，1969年获得诺贝尔文学奖。——译注

② 加布里埃尔·塔尔德（Gabriel Tarde, 1843—1904）：法国社会学家、犯罪学家、社会心理学家。——译注

非我，而是**我的东西**（*le mien*①）；真正与存在亦即现在拥有者（l'ayant②）对立的，不是非存在，而是**所有者**（l'eu③）。"④ 在单子内部，莱布尼茨早已把"我有各种不同的思想"升格为"我能思想"的相关者了：作为被包含的谓词，也即作为内部财产的感知取代了属性。谓项过去一直属于拥有者的辖域，它是为着解决存在或归因的疑难问题而来的。更无须说，作为外在属性的身体会将逆转、变迁、不稳定和临时性这些因素纳入财产。实际上，这个新的拥有辖域并不能使我们一劳永逸地进入一个宁静的、有可能是所有者和财产均十分确定的场所。在拥有辖域里，通过财产被规定的是单子之间不断运动的和持续变化的关系，无论是将单子视作"每一个与另一个"的和谐，还是将它们视作"一些与另一些"的结合，皆如此。这里又是一个决疑论问题。总之，作为财产，一个单子所拥有的不是一个抽象属性，比如运动、弹性、可塑性，而是另一些单子，如同一个细胞所拥有的是另一些细胞，或如原子所拥有的是另一些原子。充满拥有辖域的是征服、统治或占有现象，而拥有辖域则始终处于某种权力之下（这也正

---

① 法语主有代词的单数第一人称形式，主要用以代替主有形容词引导的名词，以避免重复。——译注

② 法语动词"有、拥有（avoir）"的现在分词，该词此处被名词化了。——译注

③ 法语动词"有、拥有（avoir）"的过去分词，该词也被名词化了。——译注

④ 加布里埃尔·塔尔德在其重要文章《单子论与社会学》中阐述了拥有对存在的替代，他将这个替代比作一场真正的形而上学颠覆，而这种颠覆是直接由单子而来的：见《社会学杂文集》（*Essais et mélanges sociologiques*），马鲁瓦纳出版社。让·米莱（Jean Milet）对这一论题作了评述，并提出将这种替代了**本体论**的学科称作回声学（Echologie）：《加布里埃尔·塔尔德与历史哲学》（*Gabriel Tarde et la philosophie de l'histoire*，弗兰出版社，第167—170页）。

是尼采自认与莱布尼茨非常亲近的原因所在）。拥有或占有即是折叠，或者说，就是表现包含"在某种权力中"的东西。如果说**巴洛克风格**曾常被与资本主义联系在一起，是因为它与财产危机密切相关，这种危机是与社会场里新机器的增长和有机体中新活体的发现同时出现的。

归属和占有均与统治相关。**只要**我的单子统治着那些属于我身体的部分的单子，就有一个特定的身体属于我的单子。作为对应密码的表现是向着作为归属密码的统治而自我超越的；每个单子都表现全世界，因而也表现所有其他单子，但这种表现是以将每个单子与其他单子所统治的或统治着它们的某些其他单子更紧密联系在一起的视点为出发点的。如果说有一个身体始终属于我，是因为那些离去的部分被其他部分替代，而这些其他部分的单子则应运来到我的单子的统治之下（部分的更新有其周期性，并不是所有部分都同时离去）：这个身体与雅典人一直在修补的提修斯 ① 的船相似。② 然而，没有一个单子能够包含其他单子，如果莱布尼茨不能用"实体链"（vinculum substantiale）来准确定义统治，统治就可能徒为一个模糊概念，只能有一个名义上的定义。实体链是一种奇特的联系，是一种挂钩、一种枷锁、一种结、一种包含着可变项和常数项的复杂关系。

---

① 提修斯（Thésée），希腊神话中的英雄，因在战船上错挂黑旗，致使其父雅典王埃戈斯（Egée）误以为他已战死而悲伤投海。提修斯于是登基为王。提修斯向阿波罗许愿称，如果阿波罗能帮雅典人免除每年必须向牛头人身怪物米诺托洛进贡七对童男童女作祭礼，就每年送一船牺牲答谢他。雅典人此后便每年用船送祭礼，所用的船每年都要修补，以保持原样。实际上，修补必然使船不断改变。哲学家多以此船为例讨论同一性问题，以说明事物内部已经发生变化，而外表仍保持同一。——译注

② 《新论》，第 II 部分，第 27 章，第 4—6 节；尤见与德·鲍斯的通信。

常数项将是统治单子，因为链式关系属于常数项，或者说它被"固定"于常数项里。表面上看，可能更令我们惊讶的是，这种以（已经成为被统治单子的）其他单子为可变项的关系不可能是**被包含**在其主体中的谓词。而这正是关系被称为"实体关系"、而它并非谓词的原因所在。由于任何关系都有一个主体，统治单子当然就是关系链的主体，但它是一个"黏附性主体"，而非固有的或内在的主体。[①] 正如许多评论家所指出的那样，这在莱布尼茨哲学中是一个几乎令人难以容忍的悖论。如果我们懂得什么是谓词以及谓词与属性的区别是什么，再来说关系就是谓词，就不会有悖论了；前定和谐不包含单子之间的任何外在关系，只包含已经解决了的内部协调。反之，每当我们说到外在占有，也就是说到一种有着一个主体、但它并不在主体之中，也不是谓词的关系时，悖论似乎就是不可避免的了。莱布尼茨由此发现，作为绝对内在性、作为只有一侧的内在表面的单子还有着另一侧，或者说还有一个最小的外部，那是一个严格意义上的外部补充形式。这是否就是能够明显表面矛盾的拓扑学呢？实际上，这种明显矛盾是会自行消散的。我们应当记得，单子的"单侧性"作为封闭条件包含着一种世界的扭曲、一个无穷褶子，这个扭曲和褶子不能以重构另一侧为条件而展开，而这另一侧不是作为单子的外部，而是作为单子自身内在性**的**外部或外表，它是与整个内部共存的一种内壁，一种软膜，一种黏

---

① 关于经院理论对"关系链"的这种区别，参见波姆的《莱布尼茨的实体链》，弗兰出版社，第77—98页；也见1715年4月致德·鲍斯的信："这种联系将始终与统治单子相连。"

附膜。① 这就是关系链，即处在绝对内部的边缘、没有确定位置的初始联系。

至于可变项，则是些作为"对象"进入关系的单子，这可能只是片刻的情况。可变项能够无关系而存在，而关系亦能够没有可变项而存在，因为关系外在于可变项，正如它是常数的外表一样。② 关系由于获得了无穷可变项而更为复杂。这些可变项，确切地说，当它们进入与统治单子或常数的关系中以后，也被称为被统治者。当可变项脱离这一关系，它们便进入另一个关系，进入与另一统治单子的关系链中（除非它们能够从任何关系链中摆脱出来）。为了评估这个关系链的活动，我们必须明确区别两个方面。首先，关系链是**以群为单位、成群地**获得其可变项的，而不是沦落在关系链控制之下的单子在其自身失去其个体性（如果是这样，就只能是一个奇迹）。关系链甚至是以单子的

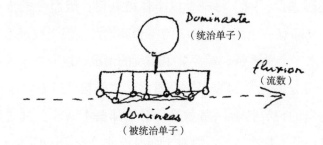

———————————

① 布丰（Buffon）提出了一个非常接近关系链的悖论概念，即"内部模子"，它是可变有机分子必不可少的［《动物志》(*Hisoire des animaux*)，第Ⅲ章。也见康吉莱姆：《认识生命》(*Connaissance de la vie*)，阿歇特出版社，第63—67页及215—217页，其中可见布丰继莱布尼茨后将"单子"一词用于自然史研究的情况］。

② 1716年5月致德·鲍斯的信：关系链"自然地如此，并非在本质上如此，因为它需要单子，但并不在本质上包裹单子，没有单子，关系链能够存在，没有关系链，单子亦能存在"。

这种个体性以及内在变化或感知为前提的，但它并不从中改变什么，亦不依赖什么。它仅仅从这里获得一种"共同变化"，也就是说，获得一种当单子被反射于一个内壁上、所有单子所共同拥有的回声。[1] 正如伊冯·贝拉瓦尔和克里斯蒂安娜·弗雷蒙所指出那样，关系链本身就是"反射内壁"，之所以如此，是因为它就是那个依赖于统治单子或常数的外部形式；至于可变单子，它们则是"发射机"，而回声就是整体的改变。[2] 正是在这个意义上，关系链是在其可变相的群体效应中、而非在其个体性中处理可变项的，由此，即有了从光学到声学的过渡，或者说从个体的镜子到集体的回声的过渡，因为窃窃低语和乱蹿乱动的效应与这种新的声音储存器有关。不过，如果关系链是成堆地获得单子，它就会使归属关系发生颠倒。只要考虑到单子的个体性，就有一个身体属于每一个与之不可分的单子，对于统治单子的确如此，对于每一个以个体被获得、因而变成统治单子、也因此拥有一个身体的被统治单子亦如此。但当被统治单子成群地进入一个关系链，就会发生相反的情况，这些单子就属于与它们不可分的无穷物质部分。通常，单子构成这些部分的特异性，这里的特异性有两重意义：对于那些不断相互替代的部分，同质性即为其特异性；而对于那些彼此并列连接的部分，异

---

[1] 1715 年 4 月及 8 月致德·鲍斯的信。

[2] 关系链理论在莱布尼茨那里是姗姗来迟的，见其与德·鲍斯的通信（1706—1716）。而贝拉瓦尔的《莱布尼茨哲学启蒙》（Leibniz, Initiation à sa philosophie，弗兰出版社，第 244—252 页）和克里斯蒂安娜·弗莱蒙的《存在与关系》（弗兰出版社，第 31—42 页）则对相关理论作了详细的阐述。克里斯蒂安娜·弗莱蒙指出了关系链之于莱布尼茨关系理论的全部重要意义，并刷新了对这一理论的理解。

质性则为其特异性。总之，关系链作为膜状物或内壁会对其所接收到的项即单子进行分拣：在每种情况下构成有机部分特殊性的就是被分拣的单子群，它们因此也构成这些部分向着其转移的那个身体的特殊的或类属的统一体。而这个身体，肯定不是一个可变单子的身体，因为可变单子只能在作为个体并且作为不变常项时才能拥有身体。以物质部分组成的有机身体正是统治单子所拥有的身体，即**一个**其特殊统一体在这里得以确定的身体。

但是，当关系链不再相关于可变被统治单子，而直接关乎这个统治单子或称不变常数时，另一面就显现出来了。由于关系链固定于一个个体统治单子，它实际上限定着一个属于它的身体的个体统一体：我所拥有的这个身体不只是一个人的、一匹马或一条狗的身体，它是我的身体。更何况，如果个体统一体尚未在关系链的初始作用下被当作前提，就有可能不存在特殊统一体。如果说如此多的物质部分每时每刻都可能被其他部分取代而离去的话，那就不仅因为它们本身是可替代的，还因为，它们在经过时所归属的身体仍是一个单个的一，一个单个的身体，根据就是身体是永无休止地属于单子的。这是灵魂与身体的一个完整循环，这个循环经过 *Every*、*One*，经由归属关系或"占有者"，又回到 *Every*：（1）**每个**个体单子都拥有一个它与之不可分的身体；（2）每个单子都拥有一个身体，因为每个单子都是其所固有的关系链（**它的**关系链）的不变主体；（3）这个关系链的可变项是成群得到的单子；（4）这些单子群与它们所属于的无穷物质部分不可分；（5）这些物质部分构成**一个**身体的有机组合，而身体相对于可变单子所选择的关系链确保了特殊统一体；（6）**这个**身体就是那个属于个体单子的身体，它就是**个体单子**的身体，因为，由于此时相对于恒定单子所选择的关系链，这个身体已经拥有了一个个体统一体。

如果说必须对单子加以分类，情况就更为复杂。凡被单个获得的单子，无一例外都表现整个世界，它们之间仅以辖域、它们所表现的清楚区域互为区别。理性单子所拥有的区域如此广阔、如此深厚，非常适宜于对使理性单子趋近上帝的现象进行反思或深入研究。任何动物单子，无论多么小，都有其清楚区域，壁虱的单子、血液的单子、肝脏的单子……皆如此。以其个体性被这样获得的任何单子都是一个**单纯实体、一种能动原始力、一个内部行为或内部变化的统一体**。这个单子当然有一个身体，它与一个与其清楚区域相符合的身体不可分，但它并不包含这个身体，并且，它在实际上与这个身体也是分离的，它只是需要这样一个身体，因为，它自身的力量，即构成其被动力量或**其初级物质**（"摩尔①"）的力量是有限的。如它所要求的那样，这是一个统治单子。所有理性单子都是统治单子，而不可能是其他。但是，即使到了死亡的时刻，当单子"似乎"已经失去了身体，当它重新变回动物，前不久还是理性的单子也不会终止它的统治单子身份。所有动物单子，所有单子，无论多么昏暗，它们都在某些方面是统治单子，因为它们中的每一个都以个体被认可，也因为它们都有一个身体，即使这个身体在无限地退化，甚至垮掉、支离破碎。单子直接存在于身体，但要借助**投影**：能动原始力是作为

---

① 摩尔（moles），即克分子，物质的量的单位，属国际单位制 7 个基本单位之一，符号为 mol。——译注

统治单子被投影为身体里的一个点的。①

被统治单子构成了第二类单子（尽管根据前述观点，它们应该是统治单子或者是第一类单子）。理性单子绝不是被统治单子，但动物单子却始终可能是被统治单子。确切地说，当动物单子成群地、而不是以其个体性被获得时，它们就是被统治单子。而当它们成群被获得，它们各自就个体而言便与所拥有的身体无关了，因为在这种关系下，它们是统治单子。动物单子是为了那些拥有它们又与它们不可分的物质部分的无穷聚合体被成群获得的。这些部分自此便组合出一个身体，但却不是被统治单子的身体，而是统治单子的身体，是统治它们的单子所拥有的身体。成群获得无穷单子的实际上是一个结，是一个固定在作为统治者的个体可确定单子上的关系链，正是这个关系链为这个统治单子的身体带来了与被认可单子群相符合的物质聚合体。我们在前文曾将"群"、堆集或聚合体视作同义词，但我们现在看到，它们（实际上）也是相互区别的。聚合体是物质的，而群体则是单子的；处于关系链中的群体及群体与之不可分的聚合体共同构成了统治它们的单子的身体的有机部分。这些群体将一些团块组成一个有机体，而将聚合体有机化。在这里，它们是能动的力，**但也是集体的和派生的力**（"塑性"力）：以物质部分的包裹、展开和流数来说明有机组合的已不再是内部变化的统一体，而是明显的生成与衰败统一体。而且，这些统一体不是被投影在一个属于它

_____

① 1687 年 4 月致阿尔诺的信：截成两段的软体虫的灵魂或公山羊遗骸中的灵魂均无限地存留在一个部分里，无论这个部分多么小，它们的灵魂是被投影在这个部分里的。1704 年 6 月致玛莎姆夫人的信：灵魂的"视点"存在于身体之中。《新论》，第 II 部分，第 8 章，第 13—15 节；正是根据一种投影关系，我们得以确定，比如说，身体里的某种疼痛。

们的身体中，而是以集体与它们所属的物质部分相关联，它们本
身即被认为是物质的。① 由此我们可以得出结论：第二类单子，
即呈群体的单子，构成最狭义的**有形实体或组合实体、实体物**，
即"大量实体，它们组成的团块就是完整身体的团块"，它们也
是"一种次级物质的部分"。② 然而，既然单子只能在关系链中才
会被成群地获得，就应该以一个更为宽泛的定义来判定有形实体
或组合实体，这个定义包括第一类统治单子，因为它对拥有一个
身体的要求已在事实上被它所统治的单子所满足："只有在此时，
在统治单子拥有一个有机的、活的身体时，才会有组合实体。"

所谓次级物质亦如此：如果初级物质或"赤裸"的物质（克
分子）是拥有一个身体的要求，从宽泛的意义上讲，次级物质或
"穿了衣服的"物质（团块）就是满足这一要求的东西，也就是
说，是与一个单子群不可分的有机体。然而，毕竟存在着实际的
区别，次级物质还有一个更狭隘的意义，根据这个意义，次级物
质只能表示单子群使之有机化的无机聚合体。③ 我们也完全可以
说，派生力作用于次级物质，或者说它属于次级物质。这是因为

---

① 诚然，并不存在严格意义上的有机体的生成和衰败，只有组合。莱布尼茨
之所以保留了**生成—衰败**这个范畴，是为了将它与"运动学"（Kinésis）的两个
范畴相区别，即：**内部变化和外部局部运动**。但是，如果变化是精神性的，有
机组合则与运动一样都是物质的。参见 1705 年 7 月致玛莎姆夫人的信，第 368
页：塑性力本身就是"机械力"。

② 1687 年 10 月致阿尔诺的信。也见 1716 年 5 月致德·鲍斯的信："我将有形
实体亦即组合实体限于活体，也就是说仅限于有机机器当中。"

③ 1716 年 5 月致德·鲍斯的信："次级物质是个聚合体"；《新论》，第 IV 部
分，第 3 章，第 4 节：它"只是一个团块"。相反，广义的次级物质，见上述致
阿尔诺的信及《论自然本身》第 12 节（"次级物质是完全的实体"）。关于次级
物质和初级物质的词义以及术语"团块—摩尔"，参见克里斯蒂安娜·弗莱蒙的
评论，第 103、132—133 页。

物质聚合体本身具有结构和形状，它们遵守平衡、接触、场、推力或引力的统计学定律，正如我们在极值那里所见到的那样。然而，这种二级定律或者说连接则意味着呈群体的力作用于聚合体，它们是集体的力，因而不是统计学的力：这些派生力实际上就是仍然保留着其个体性的被统治单子的力，每一个被统治单子都与另一个身体相关，该被统治单子是作为原始力或统治单子被投影在这个身体中的。况且，任何被统治单子群以及这些单子的派生力都只能作为原始飞越力存在于其统治单子的纯粹个体性之下。派生力正是这样开辟了整整一个我们姑且可以称作混合的、或毋宁说介乎于统计学的集体和个体分配之间的域界，这个域界就呈现在群体现象中。① 这个域界是集体的，但更是个体间的和相互作用的。派生力正是在这种情况下作为有机物质属于次级物质或穿了衣服的物质的。它们在聚合体上产生作用，但属于有机体。这样的话，物质就不仅拥有结构和形状，也有**肌理**，因为它包含着这些它与之不可分离的单子群。一个巴洛克式的物质概念，无论在哲学、科学还是艺术上，都可能达到这一点，即能够证明有机论的广泛普及或有机物无处不在的一种肌理学（卡拉瓦乔的绘画?）。② 次级物质是穿了衣服的，此处的"穿衣服"之说有两层意思，即：物质是承载面，是被一种有机织物覆盖着的结

---

① 莱蒙·鲁耶在马尔可夫（Markov）链（又称马尔可夫离散时间链，以俄国数学家安德烈·马尔可夫的姓氏命名的数学概念。——译注）中（《生命形式的起源》，第 VIII 章）和原子现象中（《新目的论》，第 218—220 页）都明确指出了这个混杂领域。

② 参见弗朗索瓦兹·巴尔东（Françoise Bardon）：《卡拉瓦乔或物质经验》（*Caravage ou l'expérience de la matière*），法国大学出版社，第 68—71 页：作为肌理画家的卡拉瓦乔（黑暗物质的色调变化借助色彩和形式得以实现，因为色彩和形式能够产生类似力的作用）；也见与布鲁诺（Bruno）的比较。

构，或者说，物质就是织物或覆盖物本身，是包裹着抽象结构的肌理。

这个群体的、个体之间的、相互作用的域界极其骚动不安，因为它是些暂时附属物或临时财产的域界。每时每刻都会有由部分构成的聚合体离开我的身体（但绝不会是所有部分在同一时间离开）。这样，我的单子所统治的单子群就进入了另一个关系链中，接受新的统治。这将不再是同一个群体，因为关系链变了，甚至也不再是同一些特异部分，因为新的关系链进行了又一次拣选，拆散并重组了特异聚合体。的确，莱布尼茨没有为种类的转换留任何余地，他将全部位置都给了突然发生的变化，给了爆炸、组合、分解以及新的连接。莱布尼茨所谓的变态（métamorphose）或变异（métaschématisme）不仅涉及身体的第一特性，就是说，涉及身体无穷包裹着的它们的特异部分以及将这些部分一直延展至某一个点的能力；变态或变异还涉及第二特性，即使部分不断离开其指定聚合体，并进入被另行指定的、完全不同的另一些聚合体的流数。然而，难道不会发生物质聚合体脱离一个有机体，却并不进入另一个有机体，或者，这些聚合体的单子摆脱了它们置身其下的统治，却没有因此进入另一个关系链的情况吗？这些单子处于无联系、无关系链的状态。物质聚合体似乎除了一些次级联系别无其他了：它不再是织物，而是毡，是只须压制即可得到的毡子。当然，这些无机的、被破坏了组织的、毛毡状的聚合体将继续在其次聚合体中拥有有机体，因为任何身体的褶子里都有有机体，有机体无处不有……然而，并非一切都是有机的。有人会说，那些无机体也不是有形的或组合的实体，而是**实体组合物**、**半实体**或某些**实体化**的东西。① 我们看得清楚，人们对于这个问题的提出方式还不能适应，不能如所希望的那样走得更快些：这些身体是纯机械的（即使考虑到极值定律），它们没有或者不再有单子，因为它们很可能不是身体，也许仅仅是些"现象"，并以现象的名义被一个单子所"感知"。但是当它们是身体、是被实现的现象时，它们是"拥有"单子的。它们遵循的是机械次级连接，而有机体一直就是这么做的。任何物质微粒都拥有单子，也拥有派生力（虽然已不再是塑性力），没有它们，物质微粒就不可能遵循任何准则或定律。莱布尼茨始终强调这一点：任何身体，无论它是**否**有机体，如果不具备一种使其有能力遵循某一定律的**内在自然**，它就不可能遵循任何定律。认为定律会在某一时刻如引力定律的"作用"能使物体降落那样产生作用的想法实属愚蠢。这甚至正是前定和谐与偶因论的根本对立所在：莱布尼茨非难马勒伯朗士的正是后者将身体（及灵魂）统统置在了服从于一般定律的地位，这些定律虽然一般，也无不神奇，因为在事物的个体自然中，没有任何力能够使其遵循这些定律。② 总之，无机体拥有力和单子，那是**第三类单子**。

这第三类单子既不再是统治单子，亦不再是被统治单子。我们姑且将它们称作退化单子，取我们所说的退化二次曲线中的退化之意。任何单子都是内在统一体，但是，单子是其统一体的东西却不一定内在于单子。第一类单子是内部变化的统一体；第

---

① 1715 年 8 月致德·鲍斯的信："半存在物，它们不由关系链所维系。"

② 《对新系统的补充说明……》(GPh，第 IV 部分，第 587 页)；致孔蒂（Conti）修道院长的信（迪唐，第 III 部分，第 446 页）。

二类单子是有机生成和衰败（组合）的统一体；而退化单子，它们，则是外部运动的统一体。作为与一环境的关系、渐次的确定和机械连接，运动的外在特性与身体或物质部分的条件本身混淆在了一起。但是，任何依据定律所形成的运动，在外部身体的无穷作用下，也有一个内部统一体，缺了这个统一体，运动就可能无法确定，也难以与静止相区别。我们已经看到，莱布尼茨和柏格森二人都认为存在着一个必然是外部的、对于通道的确定，而这个确定则意味着通道有一个内部统一体，就这个统一体而言，外在的确定不过是障碍或手段罢了，或者既是障碍又是手段。被外部确定的是弹性，但作用于这个弹性的却不是内在力，这个内在力只能以一种符合外在状态的比例成为"活力"，或者成为"静力"。有一种能动弹力，它不仅适合于宇宙中的全部运动，也适合一确定聚合体中每一个可识别的运动，而在这后一种情况中，能动弹力只可能被其他聚合体所阻止或所启动。[①] 这些运动内在力或内部统一体因此属于聚合体，它们是没有关系链的退化单子，是"倾向"。其实，莱布尼茨主张超越力量和行为的任何二元性，但应根据多个层次。第一类单子是行为，是**呈现为行为的力量**，因为这类单子与它们所实施的现实化不可分。但第二类单子并不在更大程度上是"赤裸的"力量，从其身处一关系链中来看，这类单子就是**秉性、习性**。而第三类单子则是**倾向**，因为这类单子对于外部的期待并非向着行为过渡，"只是消除障碍"

---

① 关于这些内部统一体和外部确定，参见《对培尔先生在新系统中所发现困难的解释》（GPh，第 IV 部分，第 544、558 页）；《论第一哲学的改造和实体概念》；《论自然本身或论内在力》（*De la Nature en elle-même ou de la force immanente*），第 14 节。

而已。^① 倾向的确会在片刻间衰竭，这似乎与单子的永恒性和轨道的统一性相悖。但倾向的瞬时性仅仅意味着瞬间本身是倾向而非微粒，还意味着这一瞬间如果不过渡到另一瞬间就不会消失。正因为此，倾向或运动的内部统一体就承担着时刻被重新创造、重新构成的义务，这种重新创造还应依照永恒性的特殊模式。如果瞬间不是趋向于未来的倾向，则倾向不是瞬间的。倾向在不断地死亡，但它只在其正在死亡的时间内是死亡的，也就是说，它在一瞬间死亡，以便在下一瞬间被重新创造。^② 从某种意义上讲，第三类单子有别于发光的和被照亮的单子，它们是闪烁的单子。

无论派生力是塑性力还是弹力，将其与单子的类别等同起来，这样做难道不违背常理？任何单子都是个体、是灵魂、是实体、是原始力，它只具有内部行为的天赋，而派生力则被说成"一个实体的多种状态"，即物质的、偶性的、模态的状态，且这些状态均表现在身体上。^③ 问题在于弄明白状态的意义是什么，以及它是否能够缩减为谓词。如果派生力只能在我们所能辨识其

---

①　关于修改亚里士多德的权利—行为这对概念的必要性，参见 1706 年 2 月致德·鲍斯的信；《论第一哲学的改造和实体概念》。关于权利—秉性—倾向，见《新论》序；第 II 部分，第 1 章，第 2 节及第 21 章，第 1 节。在第 21 章，第 1 节中，第一类单子即被称作"原始倾向"；当单子"相互妨碍"时，确实如此。

②　除了其青年时期的著作，莱布尼茨的主要相关文献为：致德·沃尔德的信（回复沃尔德 1699 年 8 月的来信，GPh，第 II 部分，第 191 页）。盖鲁指出，自由行为和工作这两种运动模式在这一点上趋向于联合："如同连续脉动中的每一次脉动都有各自的分明现实，而每次都标志着一个不同瞬间。"这完全不是由于时间的间断性，相反，恰是因为时间的连续性意味着在如此接近的两个瞬间之间填充时间的东西发生了变化。参见《莱布尼茨的动力学与形而上学》，美文出版社，第 148—149 页。

③　1703 年 3 月致雅克洛（Jaquelot）的信（GPh，第 III 部分，第 457 页）；1703 年 6 月、1704 年 6 月致德·沃尔德的信。参见鲁盖的评论及其将派生力作为"谓词"的诠释，第 193—194 页。

特征的情况下才是实体，我们就不得而知它们何以还可能是一实体所包含的谓词。我们认为，"状态""变化"这些词语不应当被理解为谓词，而应当是（公开的）身份或外表。**派生力只能是原始力，不是其他力**，但它在身份或外表上有别于原始力。原始力是自在的或自为的单子或实体。派生力虽然仍是相同的力，但它们须在关系链之下，或在瞬间之中：有时，派生力被成群获得并转化为塑性力；但有时，它们又以团块被获得，转变为弹力，因为团块每时每刻都在变化（它们无不是在重新构成的情况下从一个瞬间过渡到另一瞬间）。派生力既不是一个实体，也不是一个谓词，而是多个实体，因为它只以群或团块的形式存在。[①] 派生力可以被称为机械的或物质的力，但其意义等同于莱布尼茨也很好地借以论及"物质灵魂"时所用的"物质的"一词，因为在这两种情况下，派生力都属于一个身体，它们存在于一个身体、一个有机体或一个聚合体。派生力又在实际上区别于这个身体，且不对其产生作用，派生力彼此间也没有相互作用：如果说派生力存在于身体，那是作为必要条件**被征用**而存在的。派生力所属于的这个身体并非它们自己的身体，而是一个为了其自身而属于一个单子的身体，那是一个失去了身份、脱离了群体、脱离了团块、自在、自为、作为原始力的单子。这个原始力也存在于它的身体，且不对其产生作用，它采用的是另一种方式，即借助**投影**而存在。至于派生力，它们则拥有一个属于自己的身体，但它

---

① 致雅克洛的信："物质（我理解为次级物质或团块）不是一个实体，而是一些实体……"；1715 年 11 月致雷蒙的信（**GPh**，第 III 部分，第 657 页）："次级物质不是一个实体，而是……多个实体的堆集。"《自然的新系统》中提到了"物质灵魂"，第 6 节。

们必须脱离自己的身份，回到自在自为的状态，每一个派生力都要再变回它从未间断之所是的原始力。我们已经知道怀特海是如何将始于莱布尼茨的公共和私人概念发展为现象范畴的。在莱布尼茨那里，所谓公共的东西即是单子的身份、单子的被征用、单子的成群状态或团块状态以及单子的派生状态。而所谓私人的东西，则是单子的自在自为状态，是单子的视点、单子的原始状态和单子的投影。在前一种情形下，众单子属于一个与它们不可分的身体；而在第二种情形下，则是一个身体属于这些与该身体不可分的单子。前后两种情形中的身体不是同一个，单子却是同一些，但不包括理性单子，因为理性单子只能拥有私人存在，它们没有公共身份，且不允许派生。或者，至少，理性单子只能以私人名义并作为一个精神社会的个体成员拥有一个"公共"身份，而上帝正是这个社会的君主。①

莱布尼茨常常将单子划分为三个类别，即：只有感知的赤裸隐德莱希或实体的形式；有记忆、有知觉、能专注的动物灵魂；最后是理性精神。我们已经看到了这种分类的意义所在。但单子中的这些"等级"与"一些单子或多或少高高在上于另一些单子"的事实之间又有着怎样的关系？② 这个关系就是：理性单子永远是统治者，而动物单子则时而是被统治者，时而又是统治者，当单子以个体拥有一个身体时，它们就是**统治单子**，而当它

---

① 《形而上学论》，第 35—36 节；《单子论》，第 83—86 节。在 1687 年 4 月给阿尔诺的信的最后，莱布尼茨提到应当为真实实体保留一个"资产阶级的权利"。参见安德烈·罗比内的评论：《分离式建筑……》，弗兰出版社，第 51 页。

② 《自然与神恩的原则》，第 4 节。其他关于单子分类的著作尤见 1710 年 6 月致瓦格纳（Gabriel Wagner）的信（GPh，第 VII 部分，第 529 页）和《单子论》，第 18 节及以下各节。

们成群地与一个统治单子所拥有的另一个身体相关联时，无论这个统治者是否理性单子，它们就都是**被统治单子**。至于隐德莱希，它们都仍然是灵魂，但却是已经**退化了的**灵魂，也就是说，它们既不再是统治单子，亦不再是被统治单子，因为它们每时每刻都以团块状态相关于一个身体。因此，除了这些单子类别的划分，还应该增加一种仅适用于部分单子的区别，旨在区分虽为同一类（动物灵魂）但可能有多种身份的单子，它们时而上升为统治者、时而又会堕落为退化者。

在诸灵魂与单个物质之间以及单个灵魂与诸身体之间，存在着实际的差异：任何一方都绝不会对另一方产生影响，而是各自按照自己的规则行事，一个出于自发性或内在行为，另一个则出于外部行为或外部确定。这就是说，两者之间甚至连偶然的影响、活动或相互作用都没有。① 但是，"理想的行为"还是有的，那就是，我能将一个身体中的某种东西确定为在一个灵魂中发生的事情（一种痛苦）的原因，或者，我能在一个灵魂中确定发生于一个身体的事情（即一种所谓有意识运动）的原因。但这种理想行为仅仅意味着这一点，即：灵魂与身体各自以其自己的方

---

① 莱布尼茨始终坚持的这一主题在其与斯塔尔（Stahl）医生的论战中得到了重大发展［《备注与例外》（*Remarques et exceptions*），迪唐，II］。莱布尼茨既反对机械主义，坚持认为**自然**中有灵魂存在，也反对"异教"，认为灵魂不会在其自身以外或在身体上产生作用。我们看到，莱布尼茨并不满足于生机论或有机论，他主张万物有灵论，却又不承认万物有灵论具有外部效力。因而，他与康德式或克洛德·贝尔纳式生机论有着很大的不同，这种生机论虽与万物有灵论决裂，但保留了两个层次，一个是机械的，另一个只是调节的或定向的，总之，虽然是"理想的"，但不是能动的。康德方法的困难在于让人看不清楚，如果有机观念或生机观念不是一种力，就是说，不是一个灵魂的话，那它究竟是什么。

式或根据自己的规则表现那个唯一的、同一个东西，即**世界**。这样，就势必有两种表现和两个在事实上相互有别的世界表现者：一个使世界现实化，另一个实现世界。就世界的特殊事件而言，我们将每种情况下的"理想原因"都称作最好的表现者（如果能够确定"最好"的含义的话）。但我们知道，不存在两个世界，更不存在三个世界，只有一个唯一的、同一个世界，这个世界一方面被使它现实化的灵魂所表现，一方面又被实现它的身体所表现，但这个世界本身并不存在于它的表现者之外。这不是两座城市，一座天堂的耶路撒冷和一座世俗的耶路撒冷，而是同一座城市的极顶和基底，是同一座房子的两个层次。因此，两个世界的分布，也就是自在世界和自为世界的分布，让位给了屋子里全然不同的另一种房间的分布形式，即：独立套房（每一个）在上层，公共房间（集体或整体）在下层。康德保留了不少莱布尼茨的东西，尤其是两个层次的分别自治；但他一方面将上层变成了荒芜或不可居住的东西，另一方面又将两个层次割裂开来，并用他自己的方式重组了两个世界，而其中一个的意义仅在于调节。莱布尼茨的解决办法则是全然不同的另一种。

在莱布尼茨那里，两个层次是不可分的，现在是且仍将是，它们在实际上有差异，但又不可分，根据就是上层在下层有存在，上层被折叠在下层。两个层次之间没有互动，但有归属关系，且是双向的归属关系。灵魂因其存在而成为生命的原则，而非因其行为。**力是存在而非行为**。每个灵魂都与一个属于它的身体不可分，且灵魂是以投影存在于这个身体的；任何身体都与属于它的灵魂不可分，这些灵魂是以征用的方式存在于这个身体的。归属关系不构成行为，甚至身体的灵魂也不会在它们所属的身体上产生影响。但归属关系却让我们进入了一个奇异的或独特的中介区域。在这里，每一个身体都因其属于一个私人灵魂而获得了一个所有者的个体性，而众灵魂则由于它们属于一个共同的身体而得到了一个公共身份，也就是说，它们处于成群或成堆状态。在两个层次之间的这个区域、这段厚度或这个组织中，上层折叠于下层，使我们不再能够知道上层在哪里结束，下层又起自何处；不知道哪里是感性的终点，何处又是心智的起始，难道不是吗？[1] 而对于**褶子经由哪里**的问题，有多种不同的答案。我们已经看到，褶子不是只从本质与存在物之间经过，它当然也从灵魂和身体之间经过，但此时，褶子已经从身体一侧的有机体和无机体之间经过了，也从灵魂一侧不同"种类"的单子之间经过了。这是一个极其曲折的褶子，是一条弯来曲去的曲线，一种不可定位的原始连接。在这个地带里甚至还有着一些区域，那里的关系链被一种瞬时的、也更为松弛的联系所替代。也许这个关系链（或其替代者）只能将灵魂与灵魂联系起来。但正是这个关系链建立起了反向双重归属关系，它正是根据这种归属关系将灵魂与灵魂联系起来的：它将一个身体所拥有的灵魂与一个拥有这个身体的灵魂联系在一起。由于只作用于灵魂，关系链因此会在单个灵魂到单个身体和多个身体到多个灵魂之间往复（这也正是两个层次无休止相互侵越的原因所在）。如果说我们所以能够时而在身体中确定发生于灵魂中的事情的"理想原因"，时而又能在灵魂中确定发生于身体的事情的理想原因，所依据的就是这种往复。更何况，之所以说灵魂是物质的，或者说力是机械的，并

---

[1] 《新论》，第 IV 部分，第 16 章，第 12 节："很难说感性和理性从哪里开始，最低级的生物又是什么……只有从大到小、从感觉到无感觉的差别。"

非由于灵魂作用于物质，而是因为灵魂属于物质：是物质依据其外在定律持续进行着综合，而灵魂则在关系链中或在瞬间构成综合统一体。相反，身体不仅可以是动物的，也可以是生物的，这并不是因为身体对于灵魂具有影响，而是因为它们属于灵魂；唯有灵魂拥有依据其自身定律的内在行为，身体则是按照其自身的定律不断"实现"这一行为。确切地说，两个层次正是这样就它们所表现的世界互为区别的：世界在灵魂中被现实化，在身体中被实现。世界因而被折叠了两次：它在使其现实化的灵魂中被首次折叠，在实现它的身体中被再次折叠。而每一次折叠都有章可循，这些定律规章均与灵魂的自然或身体的确定相符合。而在两个褶子之间的则是褶间，是二重性（*Zwiefalt*），是两个层次间的折痕以及诸如连接点或缝合处这样的不可分区域。说身体可以实现并不意味着它们就是真实的，当身体成为真实，处于灵魂中的东西（内在行为或感知）就是现实，是**某种东西使它在身体中实现**。身体不能被实现，在身体中被实现的是在灵魂中被现实地感知的东西。身体的实在性即是现象在身体中的实现。而实施实现者就是两个层次的褶子，是关系链本身或其替代者。[①] 一种建立在现象，或毋宁说建立在事件基础上的莱布尼茨式的先验哲学，以先验的现实化和实现（万物有灵论和唯物论）的双重操作取代了康德的调节性理念。

①　1715 年 4 月致德·鲍斯的信："意识到了……"

第九章　新和谐

　　如果用趋向无限的褶子来定义**巴洛克风格**，那么，识别褶子类别的最简单方法又是什么？辨认褶子首先需要借助衣物所展现的织物式样，这就要求织物或衣服已经将其自身的褶子从对于有限身体的习惯性从属关系中解放出来。如果说确实存在着严格意义上的巴洛克式服装，那一定是宽松、肥大、有绉泡、可以加衬裙的，当它包裹身体，就会有褶子自然地增加，并且不再表现身体本身的褶子。曾风行一时的一整套服装，即那些带花边彩带等饰物的宽短裤、法国男式紧身短上衣、宽松的外套、巨大的领巾、外露的衬衣……便是巴洛克风格给予 17 世纪的杰出贡献。[①]
但**巴洛克风格**并不拘泥于自己的样式，它随时都在将无以计数的

---

　　① 参见弗朗索瓦·布歇（François Boucher）：《服装史》（*Histoire du costume*），弗拉马利翁出版社，第 256—259 页（宽短裤是 "一种宽而短的裤子，一条裤腿足有一古尺半宽，其褶子之多使短裤看上去更像一条短裙，看不出两条裤腿是分开的"）。（参见插图 1、2。——译注）

衣褶投向任何可能的地方，这些褶子总在伺机搜寻它们各自的载体、超越它们的姿势、克服它们身体的矛盾、让那些承载着它们的身体统统变得如波浪里的泳者。我们在绘画中也看到了巴洛克风格，衣褶遍及整个画面并赢得了自主，这种自主成为巴洛克风格与文艺复兴空间决裂的一个简单但明确的标志（乔瓦尼·兰弗兰科①，还有更早的罗索·费奥伦蒂诺②）。在苏巴朗③的画作里，基督身着一块儿宽大蓬松的缠腰布，颇似上述宽短裤的样式；无玷圣母则披着一件敞开的、有绉泡的大披风。而当衣褶走出绘画进入大理石，更有了一种崇高的形式，这崇高是乔瓦尼·洛佐伦·贝尼尼④以雕塑赋予它们的，大理石承载并控制着无穷的褶子，这些褶子不再借身体说明自己，而是用一种能够点燃大理石激情的精神探险来诠释自己。已经不再是结构的艺术，而是肌理的艺术，正如贝尼尼的 20 件大理石作品所显示的那样。

那些不再只是简单再现有限身体的褶子所获得的这种解放很容易理解，因为有一个第三者、有一些第三者介入衣服和身体之间，那就是**自然之力**。无须赘述，水及河流、空气及云团、土及洞坑、光及火均是自在的无穷褶子，正如格列柯的油画所表现

---

① 乔瓦尼·兰弗兰科（Giovanni Lanfranco，1582—1647）：巴洛克时期意大利画家、雕刻家。——译注

② 罗索·费奥伦蒂诺（Rosso Fiorentino，1495—1540）：意大利画家。——译注

③ 苏巴朗（Francisco de Zurbaran，1598—1664）：西班牙巴洛克风格画家，创作题材多取自宗教。——译注

④ 乔瓦尼·洛佐伦·贝尼尼（Giovanni Lorenzo Bernini，le Bernin，1598—1680）：意大利文艺复兴时期威尼斯派画家、雕塑家、建筑家，17 世纪巴洛克艺术先驱，其雕塑有伤感色彩，罗马圣彼得罗寺的二重回廊为其代表作。——译注

的那样。只需观察一下这些自然之力以怎样的方式使衣服与身体之间的关系变得间接、松弛、有了距离，就足以明白。要想完全达到这个结果，我们可能需要让油画走出绘画，成为雕塑。在约翰·约瑟夫·克里斯蒂安①的雕塑作品《圣吉罗姆》中，一股超自然之风将圣吉罗姆的披风吹得隆起，呈现为一条蜿蜒的宽带，带子的一端在人物身后形成了一个高突。而在贝尼尼所塑的路易十四胸像②中，雕塑家则让风将外衣吹起，它紧贴上衣的上部，将其遮掩了起来。作品以直面自然之力的巴洛克式君主形象与柯赛沃克③所塑造的"古典"君主形象形成了对照。火则更无须多说，难道不是唯有火能够解释贝尼尼的《圣特蕾莎》④那宽大长裙的非凡褶子吗？而呈现在《真福者吕多维卡·阿尔贝托尼》⑤身上的是另一种褶子体系，这种褶子令人想到深耕的土地。再就是水，水本身是呈波状皱褶的，而紧绷的衣服、紧身衣就有着一种水褶，这种褶子甚至比裸体更能表现身体。古戎⑥著名的"湿褶"已超越了浅浮雕，能够将整个身体完整地呈现出来。"湿褶"犹如一张薄膜，将包括面部在内的整个身体包裹起来，仿佛在身体

---

① 约翰·约瑟夫·克里斯蒂安（Johann Joseph Christian，1706—1777）：德国巴洛克风格雕塑家。——译注

② 贝尼尼的代表作，完成于 1665 年。见插图 4。——译注

③ 柯赛沃克（A. Coysevox，1640—1720）：法国巴洛克风格雕塑家、装饰家、受宠于路易十四。——译注

④ 贝尼尼完成于 1645—1652 年间的大理石雕塑，作品全名《圣特蕾莎的沉迷》，另有译名《圣泰蕾莎的幻觉》《圣特蕾莎的狂喜》《神志昏迷的圣特蕾莎》等。作品表现的是 16 世纪西班牙圣女特蕾莎在幻觉中见到上帝的情景。贝尼尼以坚硬的大理石表现了特蕾莎渴求爱欲的柔软内心。见插图 3。——译注

⑤ 贝尼尼完成于 1671—1674 年间的大理石作品。——译注

⑥ 古戎（Goujon，1510—1567）：法国文艺复兴时期雕塑家、建筑家，深受意大利雕塑影响，其雕像刻画精致柔嫩，宛若透过薄纱能够看到肌体。作品有《山林水泽女神》《女神柱》等。——译注

上覆盖了一张纱网，正如斯皮纳齐①和科拉迪尼②晚期的雕塑杰作《信仰》和《纯洁》所表现的那样。③ 在所有这些作品中，衣褶赢得了自主，得到了充分的延展，**但这并不是出于对装饰效果的简单考虑**，而是为了表现作用于身体的一种精神力量的强度，或是为了颠覆身体，或是为了矫正或提升身体，但无论如何都是为了使身体发生变化并塑造其内部。

大自然之力的介入方式是多种多样的，它可能是对衣褶相对某一有限载体的自主性的保证；也可能是自然力自身对物质褶子的无限提升；自然之力还可以作为"派生力"使一种无限的精神之力成为感觉的东西。我们不仅在巴洛克风格的杰出作品里，也在其拘泥刻板、照搬模式或流于俗套的作品里看到了这一点。实际上，如果我们想考证巴洛克风格是如何被确定的，也就是说考证其无穷褶子，就不能满足于只考察其代表作，还必须深入研究导致作品发生风格转变的秘籍或形式，比如，**静物**的对象除了褶子再无其他。巴洛克静物的秘籍就是裥褶，裥褶构成了空气或浓重云团的褶子；还有台布，它有着海水或河流般的褶子；也还有闪烁着火一般褶子的金银器；甚至还有腌制蔬菜、蘑菇或糖渍水果，它们均有着大地的褶子。画面被如此多的褶子充斥，势必造

---

① 斯皮纳齐（Innocenzo Spinazzi, 1726—1798）：意大利洛可可时期雕塑家。参见插图 5。——译注

② 科拉迪尼（Antonio Corradini, 1688—1752）：意大利洛可可时期雕塑家。——译注

③ 参见布莱–波缇埃（Bresc-Bautier）、塞松（Bernard Ceysson）、法吉奥洛·德拉尔科（Fagiolo dell'Arco）及苏夏尔（François Souchal）合著的《15—18 世纪雕塑的伟大传统》，斯基拉出版社。法吉奥洛·德拉尔科对巴洛克雕塑予以了杰出的评价；苏夏尔评价了"洛可可"雕塑。该著对本文所引用的雕塑作品均有翻印和分析，第 191、224、231、266、270 页。

成一种类似精神分裂症般的"拥堵"，如果不能使画作变得无限，就可能无法将这些阻塞疏散开，也就无法从中汲取精神上的教益。我们曾经认为，这种用褶子覆盖画布的雄心也一直存在于现代艺术里，因为褶子**遍及任何地方**（all-over）。

材料的极值定律即是就广延最小值而言的材料最大值。因此，材料具有越出画框的趋势，就像我们在具有透视感的逼真画作中常常可以见到的情况；材料也有横向延伸的趋势；当然，空气和火这样的自然力的趋势是上升，而材料通常则是不断地将其重褶呈长、宽方向展开，也就是广泛地展开。沃尔夫林就注意到，这种"线条宽度的增加"、这种对于团块的偏好、这种"沉重团块的扩大"以及这种将一切都拖上一个不可感知斜面的流动性或黏性，全然是一场对于非形象物的征服战："**哥特风格**强调建筑元素、坚固的框架、轻型填充；而巴洛克风格则强调材料，框架或者被彻底抛弃，或者依然保留，但是，仅徒有一个粗略的轮廓，是不足以容纳那些外溢的和经由它的团块的。"[1] 如果说巴洛克风格创立了一种完整的艺术或一种艺术的统一性，首先应在于其扩展性，即每种艺术都具有延展的趋势，甚至具有在其后继的、在超越其范围的艺术中被实现的趋势。我们注意到，巴洛克绘画作品往往被限制、拘泥于祭坛后的装饰屏里，这主要是因为绘画越出了它的界限，并延展到了多彩大理石的雕塑里；而雕塑也超越出其界限，延展至其所在的建筑之中；接下来，轮到建筑在其正面遇到了一个框架，但这个框架是自动与内部相脱离的，并且自动与周围环境发生联系，以便使建筑在城市规划中得以实现。在从绘画到城市这个链条的两端，绘画成了城市的设计者，我们也看到，

---

① 沃尔夫林：《文艺复兴与巴洛克风格》，蒙佛尔出版社，第73页（及第III章全章）。

上图 被称为马耳他骑士的费拉维诺① 所作

下图 "五种官能寓意画"，贝特拉② 作（17世纪下半叶）

---

① 费拉维诺（Francesco Fieravino，别名 Francesco Noletti，约 1611—1654）：意大利静物画家。——译注

② 贝特拉（Bartolomeo Bettera，约 1639—1688）：意大利静物画家。——译注

在不同艺术之间有一种连续性神奇地呈广度或长度延展：这是一种框架与框架的嵌合，其中每一个框架都被侥幸经由它的物质所超越。这种艺术的广延统一性形成了一个有着空气和土，甚至有着火和水的宇宙剧场。雕塑是这个剧场的真正角色，而城市，只是这个剧场的布景，绘画里的形象或某些雕塑则是剧场里的观众。这样，艺术在整体上便成了"索西斯"①，即社会公共空间，在这个社会场域里居住着巴洛克风格的舞者。也许我们会在现代非形象艺术中重新发现这种趣味，即热衷于居于两种艺术"之间"，即绘画与雕塑之间、雕塑与建筑之间的嗜好，以求达到一种作为"行为艺术"的艺术统一性，并将观众也带入这种行为当中（**极简主义**艺术②即是根据一项极值定律被命名的）。③打褶—解褶、包

---

① 索西斯（Socius），希腊语，意即社会场域。——译注

② 也称ABC艺术，是出现在20世纪60年代的一种艺术形式，其特点为采用最简单的几何形象和色彩进行艺术创作。——译注

③ 卡尔·安德烈（Carl Andre）的平面雕塑以及"房间"（取套房中的不同房间之意）概念不仅阐明了从绘画到雕塑、从雕塑到建筑的过渡，也阐明了所谓极简艺术的广延统一性。在这种艺术中，形式不再局限为一个体积，而是从该体积的各个方向拥抱一个无限的空间。托尼·史密斯（Tony Smith）居然令人想起纯粹莱布尼茨式的情形，对此我们可能会感到惊讶：一辆封闭的轿车行驶在一条公路上，车灯照亮着道路，而在挡风玻璃上，柏油路面在全速前进。**这是一个单子**，它有着自己的专属区域（如果有人反驳说，密封实际上并不是绝对的，因为柏油路面是外在的。我们应当记得，新莱布尼茨主义所要求的是捕获条件，而非绝对密封；这里，如果外部的柏油路面与反射在挡风玻璃上那个行进中的柏油路面之间没有任何关系的话，密封就可能被视为完善的）。应当对极简艺术中那些明确属于巴洛克风格的题材加以详细清点，构成主义艺术已经做了这个工作。参见斯特泽明斯基（Wladyslaw Strzeminsky）和科布罗（Katarzina Kobro）对巴洛克风格的精彩分析：《单一空间，波兰构成主义文集》（*L'Espace uniste. Ecrits du constructivisme polonais*），人类时代出版社。也见刊于1987年秋第6期《艺术工作室》（*Artstudio*）上的克里基（Jean-Pierre Criqui）关于托尼·史密斯、阿森马克（Michel Assenmaker）关于卡尔·安德烈、切兰特（Germano Celant）关于贾德（Donald Judd）、玛乔丽·韦利什（Marjorie Welish）关于勒维特（LeWitt）以及金茨（Claude Gintz）关于罗伯特·莫里斯（Robert Morris）的文章，这些文章均与巴洛克风格进行了持久的交锋（尤见莫里斯的毛毡褶子，第121、131页）。还有克里斯托（Christo）的"行为艺术"，他的那些巨大的包裹作品以及包裹物上的褶子均值得专门研究。

裹—展开在今天就是这种操作的常数，如同在巴洛克艺术中一样。这个艺术剧场是"**新系统**"的活的机器，如莱布尼茨所描绘的那样，这是一种具有无限性的机器，它的所有零件也都是"以不同方式折叠、多少被延展的"机器。

自然力即使被压缩、被折叠、被包裹，它们也是世界的拓展和延伸的力量。只讨论限度或框架系统是不够的，因为任何框架都标志着那个与其他空间共存的空间的方向，而每种形式都同时在其各个方向上与无限空间相结合。这是一个广阔的、漂浮的世界，至少就其基底，一个舞台或者一个巨大的托盘而言是这样的。但是，不同艺术之间的这种连续性，这种呈广延的集体统一性完全是朝着另一个统一性，即朝着一个内包的、精神的、只针对一点的、**概念的**统一性自我超越的，因为世界宛如一个金字塔或锥体，它将自己被雾气隐没的宽阔物质基底与一个**尖顶**联系在一起，这个尖顶就是光源或视点。不费力气就将呈广延的完全连续性与最内包、最紧缩的个体性协调一致起来的正是莱布尼茨的世界。[1] 贝尼尼的《圣特蕾莎》在只会使火蔓延的小森林之神[2] 的箭里找不到她的精神统一性，但在上层，在高高在上的金色光芒的源头里找到了。作为巴洛克风格杰出象征的穹顶规则具有双重意义：其底部是一条连续不断、变幻不定、飘浮的宽大带饰，这条带子向着一个作为封闭内部的顶部收敛或趋近（兰弗兰科为圣安德烈圣殿所做的穹顶即如此），其锥尖可能被一个凹

---

① 参见《神正论》中的金字塔，它囊括了一切可能的世界；也见《新论》（第 IV 部分，第 16 章，第 12 节）中的锥体，它对于我们整个世界都是有价值的："事物经由无感觉的等级逐渐向着完善上升，很难说感觉的和理性的东西是从何处开始的……这就好像在规则锥体中的量的增或减一样。"

② 希腊神话的森林之神，形象为生着羊角、羊蹄的半人半兽。——译注

面圆形外廓所替代，不再是锐角。这样做不单单是为了钝化尖头，还因为尖头须是一个在凹处无穷折叠、弯曲的形式，如同底部是可延展、可重折的物质。穹顶的这个定律适宜于任何雕塑，它也揭示了所有雕塑何以能够是建筑物、是陈设。大理石组织的无穷褶子所呈现的雕塑体一方面相关于由人物或潜能这些青铜雕塑的真正元素组成的基底，但这些元素较少表现极限，它们更多地显示延展方向；另一方面，雕塑体也与上层统一性相关，即方尖碑、圣体显供台或仿大理石帷幕，对雕塑体产生影响的事件即由此而来。因此，派生力被分配在下层，原始力则在上层。有时甚至会出现这样的情况，一个依据垂线组成的群体在视觉上具有翻倒的趋势以及将其四种潜能置于一个虚构水平面上的趋势，而雕塑体则仿佛向下躬身了 45 度，以便以这个基底为起点向上攀升（格里高利十五①的墓穴）。就诸艺术形式本身而言，使最高内部统一性与最宽阔的广延统一性得以共存的正是作为圆锥体的世界。这是因为，没有后者，前者就一无所是。一段时间以来，一直存在着一个无限宇宙的假说，这个宇宙已经完全丧失了它的**中心，也失去了**任何可确定的形象；而巴洛克风格的特性恰是以投影的方式重新给予这个世界一个统一性，这个统一性来自一个作为视点的**顶端**。很久以来，世界就一直被当作一种基本剧场，正如莱布尼茨所说的梦想或幻象，或阿尔勒坎的彩色戏装；但巴洛克风格的本义不是坠入幻象，亦非走出幻象，而是于幻象中**赋予**某种东西以**客观实在性**，或将一种精神**存在**传递给幻象，而这种精神的存在能够给予散乱或呈碎片的幻象一种集体统

---

① 格里高利十五（Gregoire XV，1554—1623）：第 232 任罗马教皇，1621—1623 年在位。——译注

一性。① "洪堡王子"及克莱斯特② 笔下的所有人物与其说是浪漫主义英雄，毋宁说是巴洛克式英雄，因为，苦于浑噩的微弱知觉，这些人物需要不断地在幻象中、在消散中、在浑噩中实现存在，或者说，他们需要不断地将幻象转换为存在：从彭忒西勒亚③ 到特蕾莎？巴洛克风格艺术家们深知，不是幻觉虚构了存在，存在本身即是幻觉。

　　瓦尔特·本雅明④ 指出，寓言并非不成功的象征，亦非抽象的人格化，而是完全不同于象征力量的一种形象表现力：象征的力量将永恒和瞬间在接近世界中心的地方结合在了一起，而寓言则依据时间秩序发现了自然和历史，它在一个失去了中心的世界将自然变成了历史，将历史转换为自然。本雅明正是以此使我们对于巴洛克风格的理解取得了决定性的进步。⑤ 如果考察一个概

---

　　① 关于失去中心的无限宇宙的形成以及布鲁诺就此的贡献，参见柯瓦雷《从封闭世界到无限宇宙》(*Du monde clos à l'univers infini*)，伽利玛出版社；米歇尔·塞尔指出，用锥体的尖顶代替球体中心，就会有新的统一性从中显现出来（《莱布尼茨体系》，第 II 部分，第 653—657 页）。关于剧场，伊夫·博纳富瓦（Yves Bonnefoy）指出过巴洛克风格的复杂位置：既非幻觉亦非意识觉醒，而是利用幻觉创造存在，建造幻觉**存在**的场所，或者"使察觉到的乌有转为存在"，既然上帝没有用任何东西就完美地创造了世界。这就是博纳富瓦所谓的"内在性的运动"，参见《罗马 1630》(*Rome 1630*)，弗拉马利翁出版社。

　　② 克莱斯特（Heinrich von Kleist, 1777—1811）：德国剧作家，代表作《洪堡王子》为其后期作品。——译注

　　③ 彭忒西勒亚（Penthésilée），克莱斯特完成于 1808 年的悲剧《彭忒西勒亚》的女主。——译注

　　④ 瓦尔特·本雅明（Walter Benjamin, 1892—1940）：德国哲学家，艺术史学家、批评家。——译注

　　⑤ 参见本雅明的《寓言与悲剧》，载《德国巴洛克悲剧的起源》(*Origine du drame baroque allemand*)，弗拉马利翁出版社；也见霍昆格姆和舍雷尔的《我们为什么需要寓言》《为什么我们仍然需要巴洛克》，载《原子之灵》，阿尔班·米歇尔出版社。

念与其对象的逻辑关系，我们会看到有两种超越这种关系的方式，一种是象征性的，另一种就是寓言式的。有时，我们会将对象孤立、纯化或浓缩，我们切断它与宇宙的一切联系，但我们也因此会使对象的地位得到提升，我们不再让它与它的简单概念有接触，而让它与一种能在美学或道德上使这个简单概念得到发展的**理念**相关联；有时则相反，对象自身完全按照一个自然关系网被扩大，对象越出自己的界限，进入一种循环或一个系列，而概念则变得愈来愈紧缩，成为内部，并最终被包裹进一种可被称为"个人的"的场合当中，这就是呈锥体或呈圆穹顶的世界，其始终处于广延的基础不再与一个中心有联系，而是趋向一个尖顶或顶点。寓言世界尤其存在于有题铭的纹章或象征性标志中，例如，一幅豪猪图被配以"近与远"的文字，因为当距离豪猪近时，它会竖起它的棘刺，而距它远时，它则会翻起它的长鬃刺。有题铭的纹章或象征性标志有三个要素：图像或具象画、说明文字或格言、所有者或人名地名，兼有看、读和题献（或签名）的特点。这三个要素使我们能够更好地理解什么是寓言。

首先来看**基本图像**。图像具有这样的倾向，即：打破一切界限，构成一个连续画幅，从而进入一个更大（可能是同一动物的其他方面，也可能是其他不同动物）的循环。因为用形象表示的东西，无论动物还是其他东西，与象征一样，都绝对不是本质或属性，而是一个事件，它以这个身份相关于一段历史、一个系列。即使在最糟糕的具象绘画里，如"**忠诚**为**爱情**加冕"，我们也能发现寓言的魅力，即事件的在场，它既要求有前者又要求有后继。其次是**铭文**，它们与图像应该有着一种模糊关系，作为虽简单、却与图像不可分离的文字证据，其本身就是命题，铭文倾向于一个内部概念，即一个确实的命题概念，因为这并不是一个能够分解为主体和属性的判断，而是作为谓词的全部命题，正如上述的"近与远"那样。最后，形形色色的铭文或命题，亦即命题概念本身，都与一个单一主体有关，这个主体包含命题概念，并被确定为拥有者。寓言展示给我们的是**德行**，但这不是一般意义上的德行，而是红衣主教马扎兰① 的德行，那些德行即是这位主教的属性；就连**自然之力**也是作为属性存在于路易十四或其他什么人身上的。概念变成了"奇思"（concetto），这是一个尖顶，因为它被折叠在单一主体中，如同在属于个人的统一性中一样，这个统一性集各种不同命题于己身，并将它们投影在循环或系列的图像里。② 虽然奇思主义的实践者和理论家几乎都不是哲学家，但他们却为一种全新的、与个体达成和解的概念理论提供了丰富的材料。他们造就了一个锥体世界，这个世界被表现为巴洛克风格，也被强加给了巴洛克风格，它甚至作为寓言的寓言出现在艾玛纽埃尔·特索罗 ③ 的著作《亚里士多德的望远镜》（*La Lunette*

---

① 马扎兰（Jules Mazarin，1601—1661）：法国首相，红衣主教，原籍意大利，1634 年作为教皇特使赴巴黎，1639 年入法国籍。——译注

② 17 世纪的许多作家，尤其是特索罗，力求区分有题铭的纹章（"imprese"）和象征性标志，因为前者很可能与某一个个体有关，而后者则可能表现一种道德真理，且可能具有呈周期发展的特性。但是，所有人都承认这种区分是抽象的，而且，那些纯属于个人的意见也多得没完没了。属性即使模糊不清，它也始终是存在的。尤见科妮莉亚·肯普（Cornelia Kemp）：《18 世纪德国南部教堂的象征标志的周期循环》以及弗里德海姆·肯普（Friedhelm Kemp）的《具象画与铭文》，载《巴洛克风格的形象》，法国大学出版社。科妮莉亚·肯普引用了一个极其有趣的例子，即德国阿普费尔特拉市镇的圣莱奥纳尔的周期循环，莱奥纳尔（Léonard）这个人名包含一个双重命题概念（leo "狮子"和 nardus "甘松茅"），它令人想到了图像周期的两个部分。

③ 艾玛纽埃尔·特索罗（Emmanuel Tesauro，1592—1675）：意大利修辞家、戏剧家、诗人、历史学家。——译注

d'Aristote，1655）的书名页中："在书名页的中心位置，可以看到一个变形锥体图像，也就是说，一个重组为锥体的图像。这样，'Omnis in unun'①这句话就变得可以辨读了。这个被解体的句子是用一个寓意形象写成的，它呈现的是**绘画**。在特索罗看来，**绘画**能将实在物转化为用形象表现的东西，而锥体则能重新找回实在物。"②

莱布尼茨如此具备这个世界的特性，他将他所缺乏的哲学赋予了这个世界，这种哲学的主要要求表现在感觉对象向着一系列服从于连续律的形象或外表的转化；对于事件的确定，这些事件与以形象表现的外表呼应，且属于命题；向一个个体主体传达这些命题，因为该主体包含着这些命题的概念，并自我认定为尖顶或视点，即能够确保概念和个体内在性的不可察觉事物原则。这就是莱布尼茨时而归纳为"舞台—定义—视点"三段式③的东西。由此得出的最重要结论涉及一与多的全新关系。从客观意义上讲，**一**始终是**多的**统一性；而在某种主观意义上，也应当存在着一"的"多重性和多"的"统一性。循环的存在便由此而来，"多在一之中"（Omnis in unun），正如塞尔所指出的那样，恰是一与一和多与多的关系使一与多和多与一的关系得以补充完整。④下图中

---

① 拉丁语，意即：多在一之中。——译注

② 见瓦努西姆（Jacques Vanuxem）的《皮埃蒙特的巴洛克风格》（Le Baroque au Piémont），载《文艺复兴 风格主义 巴洛克风格》，弗兰出版社，第 295 页。

③《新论》，第 III 部分，第 3 章，第 15 节："表示同一本质的定义有多个，如同在不同侧面观察同一个结构或同一座城市，自然会以在不同的场景来表现这个结构或这座城市。"我们还记得，如果认为视点是随着场景变化的，那也只是出于表达的方便，实际上，视点正是"场景"得以形成系列的条件。

④ 塞尔，第 II 部分，第 620 页："**宇宙**的平面图，每一个—全体、全体—每一个的关系是莱布尼茨哲学以及该著的系统性主题。"

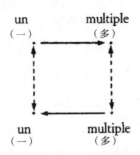

这个正方形找到了解决办法，其办法就在于将一的分散性作为个体统一体或作为**每一个**，而将多的集体性作为组合统一体，即群体或堆集。正是归属及其反向二者共同显示了多如何属于分配统一体，集合统一体又如何属于多。而且，如果归属的确是寓意的关键所在，就应当将莱布尼茨的哲学理解为世界的寓意、世界的签名，而不应当像过去那样将其理解为宇宙的象征。在这一点上，《单子论》里常见的"组合体以简单体为象征"的说法远不表示向着象征的回归，而是指出象征向着寓意的转化，或是以寓意表达象征。对一切可能的世界的寓意就出现在《神正论》中，我们可以称这部著作是一幅金字塔的变形图像，它将图像、铭文或命题、个体主词或视点与它们的命题概念关联在了一起（因此，"强暴吕克莱斯"就是一个命题—谓词，那个作为视点的塞克斯都就是这个命题的主词，而视点中连续不断的内部概念则是"罗马帝国"。这就是莱布尼茨给予我们的寓意）。① 巴洛克风格采用了一种新的记叙方法，即根据上述三个特性，描写取代了对象，概念有了叙述性，而主词、视点，则是陈述主词。

---

① 参见《神正论》，第 416 节。克里斯蒂安娜·弗莱蒙曾指出塞克斯都的故事作为罗马帝国"垫底故事"的意义所在："关于恶这个问题的三个虚构"，见《勒内·吉拉尔与恶的问题》（ *René Girard et le problème du mal* ），格拉塞出版社。

底层统一体，即呈广延的集体统一体、通过越出界限而产生作用的横向物质过程、作为诸艺术连续性的、包罗万象的戏剧，趋向于另一个隐秘的、精神的和垂直的统一体，即顶点统一体。而且，连续性不只存在于底层，它存在于从底层到顶点的每一处，原因就是，我们说不清顶点从哪里起始、又在何处终结。也许这里的顶点是**音乐**，而趋向这个顶点的戏剧是歌剧，音乐和歌剧将全部艺术形式带向了这个上层统一体。其实，音乐也不无暧昧，尤其是自文艺复兴以来，因为音乐既是对一种秩序和一种超感性能力的理性之爱，又是源自身体振动的感性愉悦。① 此外，音乐既是不断延展其所有旋律线的横向旋律，又是构成内部精神统一体或顶点的垂直和声，只是我们不十分清楚旋律在何处结束，和声又从哪里开始。然而，确切地说，**从旋律里提取和声、始终努力重建上层统一体**正是巴洛克音乐的义务，而诸艺术形式与旋律线一样也与这个上层统一体有关：正是和声的这种上升构成了所谓巴洛克音乐的最一般定义。

不少评论家认为莱布尼茨的**和谐**概念过于概括，几乎就是完美的同义词，且只以隐喻的方式关涉音乐："多样性的统一"，"当一个多与一个可确定的统一体（ad quamdam unitatem②）③ 相关

---

① 《自然与神恩的原则》，第 17 节。

② 拉丁语，意即：团结一致。——译注

③ 《真正虔诚的要素》（*Eléments de la piété véritéble*），格鲁阿，第 12 页。尤见伊冯·贝拉瓦尔，他并不认为莱布尼茨的和谐概念表现了音乐具有独到的启发性［《莱布尼茨研究》（*Etudes leibniziennes*），伽利玛出版社，第 86 页］；而且，当他将莱布尼茨与音乐的某些潜能进行比较时，他想到的是一种现代"算法音乐"，而非莱布尼茨的当代巴洛克式音乐（第 381 页及以下各页）。

"算法音乐"：希腊作曲家克赛纳基斯创立的音乐创作方法，即将数学计算理论应用于音乐创作，使其按照一定规律进行。该研究尚限于较浅层面。——译注

联时，即有了和谐"。然而，有两个理由足以令人相信，将音乐
作为参照是正确的，且音乐确实与发生在莱布尼茨时代的事情有
关联。第一个理由就是和谐始终被认为是**前定的**，这就确切意味
着音乐有一个全新的身份，而且，如果说和谐之所以与偶因论如
此强烈地对立，那是因为偶因具有对位法的作用，且属于音乐的
旋律和复调概念范畴。当莱布尼茨似乎十分关注伴随着巴洛克音
乐正在出现的事情时，他的反对者们则还拘泥于过时的概念上。
第二个理由，和谐不会将多带给一个任意的统一体，而是带给
"某一个"具有某些特殊性的"统一体"。实际上，莱布尼茨写过
一部纲领性著作，该著似乎就是对尼古拉·德·库萨的一部新毕
达哥拉斯派著作的详尽回顾。在这部著作中，莱布尼茨提出了三
种特性：**存在、数和美**。和谐统一体并非无限的统一体，而是能
够将存在物视为出自无限的统一体；这是一个数字统一体，尽管
它包含着一个多（"存在就是和谐，除此一无所是"）；这个统一
体在感性事物中延伸，尽管感观对它的理解是模糊的、美学的。[1]
正如尼古拉·德·库萨所说，和谐的统一体问题变成了"最简单
的"数的问题，且在他看来，这里的数是一个无理数。但是，尽
管莱布尼茨也曾试图使无理数和存在物趋于接近，或者将无理数
视作存在物的数，在他看来，在无限之中找到以特殊形式被包裹
或被隐藏的一种有理数的无穷级数是可能的。不过，当一个任意
分母作为分子与一个数的单位相关时，这个最简单的形式就是**倒**

---

① 《隐秘哲学要素》(*Eléments de philosophie cachée*)，雅戈丁斯基 (Jagodinsky)，
第35—36页（《虔诚的要素》一文揭示了一种相似运动）。参见尼古拉·德·库
萨：《关于思想的对话》(*Dialogue sur la pensée*)，第 VI 章："只能有一个唯一的
无限本原，这个单一本原是无限单纯的……"见莫里斯·德·冈迪亚克所编《文
选》(*Œuvres choisies*)，第 274—276 页。

数： $\frac{1}{n}$ 就是 n 的倒数。[①] 让我们来观察一下"和谐"一词的不同表现，这些表现总是与倒数相关，即莱布尼茨为补充帕斯卡尔[②] 的算术三角形而发明的数的调和三角形、保留倒数之和的调和中项，当然还有协调分割、协调循环以及我们稍晚将会看到的作为周期性运动的谐波。[③]

这些例子虽然简单，却也足以让人理解单子理论的某些特点，而首先要理解的是，我们为什么不是从单子到和谐，而是从和谐到单子。所谓和谐当然是单子的和谐，但其原因却是单子首先是和谐的。莱布尼茨那部纲领性著作就这一点说得很清楚：被无限**存在**判定为和谐的东西，无限存在是将它理解为单子的，也就是说将它理解为精神的镜子或世界的表现。这样，单子就是杰出的存在物。这是因为，根据毕达哥拉斯派和柏拉图派的传统，单子是数，是数的单位。莱布尼茨认为，单子就是那个最"单

---

① 对尼古拉·德·库萨而言，无理数"更单纯"，因为它本身就应该既是偶数，也是奇数，而非奇数与偶数的组合。但在莱布尼茨看来，无理数有时也会包含一个有穷有理数的无穷级数，其形式为倒数：$\frac{1}{1} - \frac{1}{3} + \frac{1}{5} - \frac{1}{7}$……［《新论》，第 IV 部分，第 3 章，第 6 节；也见《论圆和外接正方形的正确比例》(*De la vraie proportion du cercle au caré circonscrit*, GM)，第 V 部分，第 118—122 页］。和谐与这种数列有关。

② 帕斯卡尔（Blaise Pascal, 1623—1666）：法国数学家、物理学家、哲学家，其《算术三角形》是关于二项式系数性质的研究。——译注

③ 关于数的调和三角形，见《微分学的起源及历史》(*Histoire et origine du calcul différentiel*) GM，第 V 部分，第 396—406 页，以及《代数新进展》(*Nouvelle avancée de l'algèbre*)，第 VII 部分，第 175 页：三角形的底边不再是自然数的序列，而是倒数的级数 $\frac{1}{1}$、$\frac{1}{2}$、$\frac{1}{3}$……塞尔曾评论过调和三角形的特性和规律，并指出了它们在和谐理论中的全部重要意义：I，第 186—192 页；II，第 448—477 页（与音乐的关系）。关于行星的协调循环以及莱布尼茨借以求解牛顿万有引力积分的正方形逆命题定律，参见《论天体运动的原因》，GM，第 VI 部分：也见柯瓦雷的《牛顿研究》，伽利玛出版社，第 166—179 页。

纯"的数，也就是说，是倒数、互逆数、调和数；单子是世界的镜子，因为它是上帝的逆图像，是无穷倒数$\frac{1}{\infty}$而非$\frac{\infty}{1}$（与充足理由是无限同一性的倒数同理）。上帝认为单子是他自身的倒数，而单子也只因为它是和谐的才能够表现世界。自此，前定和谐就成为上帝存在的原始证据，尽管我们又发现了神圣的$\frac{\infty}{1}$：这是一个反面证据。[①]

倒数具有别致的特征，它既是无限的或无穷小的，又是个体的、分散的，与集体的自然数相对立。分子的单位彼此并不是同一的，因为这些单位均从它们各自的分母那里得到了一个明确的标记。因此，和谐完全不可能证实关于一个世界灵魂或一个普遍精神的假说，相反，它能够以不可约性证明分布在不同管道中的"特别气息"；世界的灵魂导致了为泛神论所特有的一种混淆，即数与其倒数、上帝与单子的混淆。[②]数学家鲁宾逊[③]曾建议将莱布尼茨的单子视作一个完全不同于超穷数的无穷数，视作被一个无穷小区域围绕的一个单位，这个区域反射世界的收敛级数。[④]实际上，问题在于搞明白一个分子的单位是如何同时既与分母的无穷大（$\frac{1}{\infty}$）相结合，又与一个特殊可变值（必然对$\frac{1}{2}$，$\frac{1}{3}$，或$\frac{1}{4}$……有价值的$\frac{1}{n}$）相结合：每个单子都表现世界，但它"并不同等地

[①] 1687年9月致阿尔诺的信，GPh，第 II 部分，第115页："……证明上帝的存在，或证明一个公共事业的存在的最强有力的证据之一，而这个公共事业是每个结果都始终应当根据其视点和能力去表现的。"

[②]《对单一普遍精神学说的看法》，GPh，第 VI 部分，第535页。

[③] 鲁宾逊（Abraham Robinson，1918—1974）：德国数学家，发明非标准分析学，以严谨的方法定义并运算实无限小和实无限大。——译注

[④] 阿布拉姆·鲁宾逊：《非标准分析》（Non-standard Analysis），阿姆斯特丹，1966。

表现所有事物，否则，灵魂与灵魂就没什么区别了"[①]。我们已经看到莱布尼茨是如何从自己的角度进行调和的：每个单子都表现世界（$\frac{1}{\infty}$），但它只清楚地表现世界的一个特殊区域（$\frac{1}{n}$，n 在任何情况下都有一个确定值）。每个单子都将世界作为一个无穷小的无穷极数而包含着它，但它只能在该级数的有限部分构成微分比或统合，以使单子自身也进入一个倒数的无穷级数之中。每个单子**因而**在世界中属于它的那个部分里，或者在其清楚区域里，**都表现出了一定的协调**，但此处的"协调"指的是一种状态与其微分的关系，也就是说，一种状态与融入这种状态的无穷小之间的微分比。协调的两个方面就在于此，因为协调是在感性状态中能为人理解的一种算法的产物。听到大海的咆哮，就是弹奏一个和弦，而每个单子都是内在地由其协调被区别开的：单子都是倒数，所有协调则都是单子的"内在行为"。

每一个表现全世界的单子都以无数微弱知觉、微弱外力和微弱弹簧力的形式包含着全世界：世界存在于我，我为着世界的存在，就是"不安"（处于窥伺状）。每当我能在一个无穷小的集里创建微分比，且这些微分比使集的统合成为可能，也就是说，有可能成为清楚、分明的感知，**我即制造了协调**。这是一种过滤，一种拣选。不过，一方面，我不可能时时处处具有这种能力，只在随每个单子变化的某个特殊区域里才会有。因此，对于每个单子来说，世界的绝大部分是处于无联系、未分化、非整体、不协调的茫然状态的。相反，我们只能说，如果世界的部分不在**一个**可确定单子的区域中、且不具有由这个单子所创制的协调，则世

---

① 1687 年 4 月致阿尔诺函。

界的部分就不存在。另一方面更为重要，那就是，由一个单子创制的协调可能有很大的差异。莱布尼茨在其著作中确实对协调作了分类，但若想从中找到如巴洛克风格那样的音乐和弦的直接移调，那就错了；然而，如果就此断言莱布尼茨之于音乐样式的作用无足轻重，也同样是错误的。这里所涉及的就是类比。有人曾说过，莱布尼茨始终致力于使类比达到更高的精确度。达到极致时，一个单子就能够制作出**完全大和弦**：这些和弦中的不安定微小外力非但远不会消失，还能统合为一种对于其他和弦而言的可持续、可延伸、可更新、可增多、快速繁殖、自省且具吸引力的愉悦，并能给予我们始终走向更远的力量。这种愉悦是一种为灵魂所专有的"至福"，它是卓越的和谐，即使在最痛苦的时候也能被感受到，恰如殉道者所体验的欢愉。正是从这个意义上讲，完全和弦不是停止，恰恰相反，它们是活力，它们有能力过渡到其他和弦之中，也有能力吸引其他和弦，还能反复出现且无穷相互结合。[①] 其次，当无限小之间的微分比只能带来不稳定的统合或组合，也就是说，只能带来在并未受到一个完全和弦吸引的情况下，就自行向着其反向逆转的简单愉悦，我们所说的就只能是小和弦。这是因为，第三，统合会使自身陷入痛苦，而这正是**不协和和弦**的特征。在此，和弦就既在于调制，也在于解决不协和，正如巴洛克式音乐的双重操作。调制不协和，就是对已经伴随着愉悦的半痛苦加以统合，以使下一个痛苦不至于"完全出人意料"地突然出现。这么说来，那条狗就有了音乐的特性，因为

---

① 关于不安的微小元素与至福和弦的调和以及其后的无限发展，参见《新论》，第 II 部分，第 21 章，第 36 节；《哲学家信仰的声明》，弗兰出版社，贝拉瓦尔版，第 87 页（关于至福的"和谐"特性，第 31—33 页）。

它懂得在受到棒击之前统合几乎无法察觉的敌人的到来、带有敌意的微弱气息和被悄无声息举起的棒子。[①] 而解决不协和则是转移痛苦，寻找痛苦能够与之达成调和的大和弦，正如殉道者最大限度所能做的那样。而达到了那个高度，就不是消除痛苦本身，而是消除痛苦的谐振或感觉，与此同时，即使抵抗能力达不到殉道者所能有的程度，也完全能够避免被动，继而努力消除原因。[②] 莱布尼茨关于痛苦的全部理论就是一种在"普遍和谐"中调制并解决不协和的方法。被罚入地狱的人应该是个反面例证，他的灵魂制造了一种单音不协和，即报复或怨恨的念头、对上帝的无比仇恨；但这也仍然是一种音乐，一种和弦，尽管它是恶毒的，因为被罚入地狱的人也都能从他们的痛苦本身汲取愉悦，尤其是，他们使完全和弦有可能在其他灵魂中无限发展。[③]

这就是莱布尼茨称之为**自发性的**和谐的第一个方面：单子创造一些自发形成又自行解体的和弦，但这些和弦既无始亦无终，它们彼此在对方中转化或在自身转化，并且趋向于解决或转调。对莱布尼茨而言，即使恶毒的和弦也是可以转化的。这是因为，单子就是表现，它以其特有的视角表现世界（有些音乐家始终强调和弦的表现特性，拉莫[④] 即如此）。视点意味着每个单子在其所包含的整个世界里所进行的拣选，拣选的目的在于从构成世界

---

① 不安的微弱外力尚不是痛苦，但它们可以统合为痛苦：《新论》，第 II 部分，第 20 章，第 6 节。应当对痛苦的不协和加以调制：第 21 章，第 36 节结尾（"一切都在于**必须认真思考**，且在此刻"）。关于狗的例子，参见《对培尔先生在灵魂与身体的新系统中所发现困难的说明》，GPh，第 IV 部分，第 532 页。

② 关于对不协和的积极解决，见《信仰的声明》，第 45、89、93 页。

③ 关于被罚入地狱者的情况以及他们何以反而得以成为"真福者"的镜像，见《信仰的声明》，第 85 页。

④ 拉莫（J.-P. Rameau，1683—1764）：法国作曲家、音乐理论家。——译注

的无穷曲线的一个部分里获得和弦。就是说，单子是从其自身的底部汲取和弦的。莱布尼茨的内部拣选还不是由第一泛音完成，而是由微分比完成的，这并不重要。无论如何，灵魂是自我歌唱的，这是**自娱**（self-enjoyment）的基础。世界的旋律线垂直嵌于单子一侧内部的表面上，单子从那里汲取重叠的和弦。有人因此说，和谐是一种垂直的文字，它表现的是世界的水平线：世界犹如歌唱时一页接一页横向翻过的乐谱，而灵魂则是自我歌唱，因为全部乐谱"从灵魂一开始存在"就被垂直地、潜在地铭刻于灵魂之中（莱布尼茨式和谐的首次音乐类比）。[①]

　　和谐还有其第二个方面：单子不仅仅是些表现，且它们所表现的是同一个并不存在于其表现之外的世界。"在所有简单实体之间都将始终存有一种和谐，因为它们始终代表同一宇宙"；单子徒为密封的，它们不是修行式的，不是修道士的斗室，因为无论单子是否孤独，它们都包含着同一个世界。[②] 我们或可将和谐的第二方面叫作**协奏**，因为，很多音乐学家都更喜欢用"协奏风格"，不大喜欢"巴洛克音乐"这个表述。这样一来，由于被表现的是一个唯一的、同一个世界，所涉及的就是不同自发性本身之间的协调，是协调与协调之间的协调。但是，协调究竟涉及的是谁与谁？在莱布尼茨那里，根据褶子可能经由的地点，关于前定和谐有多种说法，时而是在原则之间，在机械论和

　　[①]《对……困难的说明》（GPh，第 IV 部分，第 549 页）。我们还记得雷蒙·鲁耶是如何强调单子或真实形式的垂直位置的。

　　[②] 与克拉克（Samuel Clarke）的第 5 封通信，第 91 节。也见 1698 年 3 月致瓦格纳的信（格鲁阿，第 395 页）；"它们是单子，而非修士"（"Sunt monades, non monachae"），参见安德烈·罗比内的《分离式建筑……》，弗兰出版社，第 361 页。

合目的性之间，或在连续性和不可觉察事物之间；时而又在不同层次之间，在**自然**与**神恩**之间，在物质宇宙与灵魂之间，或在每个灵魂与其有机身体之间；时而又在实体与实体之间，在单纯实体与有形或组合实体之间。但不难看出，和谐无论如何都始终处于灵魂自身之间或单子之间：有机体与以群体呈现的单子是不可分的，而和谐就发生在这些单子的内部知觉和它们的统治单子的内部知觉之间。甚至无机体也与被瞬时化的单子不可分，在这些瞬时单子中存在着和谐。① 然而，如果说在所有这些表现一个唯一的同一世界的单子之间存在着前定的协调，那也不再是因为一个单子中的协调有可能转化为另一个单子中的和谐，或者说，不再因为一个单子有可能在另一个单子中制造协调：协调及其转化严格地内在于每一个单子，构成单子的绝对垂直"形式"处于无交流状态，不可能通过解决或变调从一种形式逐步过渡到另一种形式。根据另一种纯粹巴洛克式的音乐类比，莱布尼茨援引了合奏的条件，两个单子各自歌唱着自己的部分，既不知晓亦听不到对方的部分，但它们却"彼此十分和谐"。②

　　这种协奏包括了些什么呢？我们知道，在一个单子的底层，犹如无穷小在汩汩作响，单子不可能使它变得清楚，或者说，单子不可能从那里汲取协调。实际上，单子的清楚区域是些局部，且是有选择的，它只是构成它所包含的世界的一个小区域。不过，由于这个小区域从一个单子到另一个单子是变化的，所以，

---

　　① 盖鲁：《莱布尼茨动力学与哲学》，美文出版社，第 176 页：动力"只意味着内部自发性即前定和谐的简单协调，除此，再无任何其他意义"。

　　② 1687 年 4 月致阿尔诺的信。

在一个给定单子中并不存在什么模糊的、我们不可以分辨的东西，因为这个时候已经是在另一个单子的清楚区域里，已经来到另一个垂直表面上的协调中。这样，就有了一种逆定理，即：那个被诸单子模糊表现的东西，至少要有一个单子能够清楚地表现它。由于所有单子都表现同一世界，有人会说，那个能够清楚表现一个事件的单子就是**原因**，而模糊表现这个事件的单子则是**结果**，也就是说，一个单子与另一单子有着因果关系，但这种因果关系是纯粹"理想性的"，且不具有实在的行动，因为这两个单子中的每一个所表现的东西都只与它自身的自发性相关。尽管如此，这个逆定理也不应该太过模糊，并且其位置应当在相对确定的单子之间。如果每个单子都确实能被一个清楚而分明的区域所定义，这个区域也就不是恒久不变的，对于每个单子来说，这个区域有着变化的倾向，也就是说，它在不同时刻有着增大或缩小的可能性：这个享有特权的区域在每一时刻所表现出来的空间矢量和时间张量不是增大了的就是缩小了的。同一事件因而能够被两个单子所清楚表现，其差异也就每时每刻都存在着，因为，根据增大矢量，两个单子中的一个比另一个能够**更加**清楚、或**更少**模糊地表现事件，而另一个单子则是依据缩小矢量表现事件的。让我们回到身体或有形实体问题：当一条船在水上航行，我们说，船的运动是前来占据船所离弃位置的水的运动的原因。这仅仅是一个理想的原因，因为"船破浪而行"的命题比"水推船行"的命题更为清楚。因果关系不仅总要从清楚到模糊，也总要从比较清楚到不够清楚或到非常模糊。因果关系还会从比较稳定到不够稳定。这是充足理由所要求的：清楚的表现就是在原因中增大的东西，也是在结果中缩小的东西。① 当我们的灵魂体验到一种痛苦，我们可以说，发生在身体中的事情是原因，因为这是一种比较清楚而稳定的表现，灵魂的痛苦只能与之相似。反过来说，当我们的身体在做一种所谓有意识运动时，灵魂则成为原因。协奏就是理想因果关系的集。理想的因果关系又是协奏本身，且以这个身份与自发性取得完全的和解：理想的因果关系从比较清楚过渡到不尽清楚，但是，一个实体中比较清楚的东西是这个实体根据自己的自发性创造的，而另一个实体中不够清晰的东西也是这另一个实体根据它自己的自发性创造的。②

和谐的两个方面彼此完美地联系着。自发性是每个单子绝对面积上的内部协调的产物。而协奏则是交互对应，依据这种对应，如果**在一个单子中没有小和弦或不协和和弦，则另一个单子就不可能有完全大和弦**，反之亦然。只要两个单子所拥有的不是同一个和弦，则一切组合都是可能的：每个单子都自发地创造它的和弦，但须与另一单子和谐对应。自发性是运用于单子的内在或充足的理由。而协奏就是这同一理由被应用于由单子引出的时—空关系：如果时—空不是一个真空区域，而是单子自身的共存和连续秩序，那这个秩序就必须是标有箭头的、有定向

① 关于船、痛苦和有意识运动的例子，参见"信函草稿"及 1686 年 11 月致阿尔诺的信。根据这种情况，一个实体的"分明表现"就可以说成"增大"（行动）或"缩小"（痛苦），参见《形而上学论》，第 15 节。

② 1687 年 9 月致阿尔诺的信："我的手摆动并不是因为我想这么做……而是因为，如果不是手的弹力恰在那一刻松弛下来而造成这个结果的话，我可能想不到这么做……根据上述已经建立的对应关系，一方总是伴着另一方，而双方都在其自身有着它的直接原因。"另见"方案"，1686 年 11 月："一个灵魂不可能使另一灵魂思想过程中的任何东西有所改变，而通常情况下，一个单一实体几乎不对另一实体具有物理影响……"

的、被矢量化的，也必须在任何情况下都是从相对较清楚的单子向着不够清楚的单子过渡的，或者，是从较完全的和弦向着不够完全的和弦过渡的，因为最清楚或最完全的和弦就是理由本身。"前定和谐"之说中的"前定"二字并非不及"和谐"二字重要。"和谐"被两次"前定"：一次是依据每一种表现、依据每一个除了其自身的自发性或内在性，再无任何其他义务的表现者；另一次是依据共同被表现物，它构成所有这些富于表现力的自发性之间的协调。莱布尼茨似乎是在向我们释放一个有关交流的重要信息：你们不要抱怨没有足够的交流了，交流始终是足够的，它是这个世界上的一个前定的、恒定的数量，是充足理由。

最普遍的论据就是和弦的垂直和声依存于水平旋律，依存于旋律的水平线。显然，旋律水平线是不会消失的，它们服从于一种和谐原则。的确，这种从属除前定和谐外，还意味着其他东西，那就是关系链，关系链作为"通奏低音"①而产生作用，并调制调性。因而，每个统治单子似乎都有一个关系链，都有一个通奏低音，也有一个带有内在和弦的调性。但是，我们已经看到，在每个关系链下，无穷"被统治"单子开始构成有能力组成物质聚合体的群体（这些聚合体能够从一个调性过渡到另一个，从一个关系链过渡到另一个，且在同时不断自我重构，甚至自我再造）。总之，如果旋律不能从中找到一种新的自由和新的统一体、一种流动，则通奏低音不会将和谐定律强加于复调旋律线。

---

① 也称数字低音，是巴洛克音乐的重要特征之一，是一种将固定低音与流动的上声部以谨慎的和声相结合的形式，旨在强调高低两个音部的基本旋律线。因其有一个独立的低音声部贯穿整个作品，故被称作通奏低音。——译注

实际上，在复调中，旋律线可以说被附点固定着，而对位法 ① 则只显示附点与各不同旋律线的一一对应。马勒伯朗士的偶因论就正是一种哲学复调音乐，在这种音乐里，偶因就是上帝的永恒奇迹或永恒介入的对位法。但在新体系中则相反，从这种调式对位法解放出来的旋律赢得了一种变化能力，它将形形色色的奇异因素统统引入实现和弦的过程当中（延迟、装饰音、倚音等等，于是，一种新调性的或"华丽的"对位法从这些因素中衍生出来），但同时也赢得了一种连续能力，这种能力必将发展出一种独一无二的音乐动机，甚至跨越多种潜在的调性（"主调音乐的通奏低音"）。② 说到底，物质宇宙通向一个呈广延的、横向的和集体的统一体，在那里，发展的旋律自行跻身于对位法的关系之中，每个旋律都越出其界限，成为另一个旋律的动机，以便使全部**自然**成为一个巨大的身体和身体流的旋律。③ 而这种广延的集体统一体并不与另一个统一体，即主观的、概念的、精神的、和谐的和

① 一种古老的音乐创作技法，即让两条或多条互为独立的旋律同时发声且彼此融洽，主要见于复调音乐。对位法在巴洛克时期的音乐中得到广泛应用，以巴赫的作品最为典型。——译注

② 参见曼弗雷德·布科夫泽尔（Manfred Bukofzer）：《巴洛克音乐 1600—1750》（*La Musique baroque 1600—1750*），拉戴斯出版社，第 242—244、390—391 页。关于通奏低音的出现及其与和声、调性及新对位法的关系，见莱奥·施拉德（Leo Schrade）：《蒙特威尔第》（*Monteverdi*，拉戴斯出版社）以及帕斯卡尔·克里顿（Pascale Criton）的相关研究。

③ 乌克斯库尔对于作为旋律的"自然"作了一番深刻的、非常莱布尼茨式的描绘："意义论"，见《动物世界与人类世界》，龚蒂耶出版社。关于"活泼的调性"，见第 103 页；关于"旋律与动机"，见第 145—146 页（"花朵作为对位法的集能使蜜蜂兴奋，因为它有着如此丰富动机的发展旋律已经对蜜蜂的形态发生产生了影响，而相反……我可以证明，全部自然是作为动机参与到我的肉体和精神人格的形成过程中的，因为，如果不是这样，我就不会拥有能够了解自然的器官"）。

分配的统一体相悖，**恰恰相反，它取决于后者**，尽管是它给予了后者一个身体，完全如同单子对拥有一个身体、拥有某些感觉器官的要求，因为没有身体和感觉器官，单子就不能认识**自然**。"感官的一致性"（旋律）是我借以在实在事物中辨识和谐的标志。[1]和声不仅存在于和声中，在和声与旋律之间也有和声。正是从这个意义上讲，和谐是从灵魂到身体，从心智之物到感觉之物，并于感觉之物中延展。既依据原则，也依据本能，拉莫谈及和声时如是说。当巴洛克式房屋变成音乐的房屋，上层就包含着和谐垂直单子，包含着每个单子在其各自房间所创造的内部和弦以及这些和弦的对应或协奏；下层则沿着彼此在对方呈现的无穷水平旋律线延展，下层在那里一面装饰它的变奏，一面发展它的感觉连续性，但这是由于上层按照调性折叠于下层，以便在下层实现和弦，而和声正是在旋律中得以实现的。

　　莱布尼茨的和谐与在同一时刻产生于巴洛克音乐的和声之间在整体上呈精确的相似，对此，我们似乎难以无动于衷。甚至莱布尼茨在次级类比中所援用的单子之间的协调也不仅涉及和声，还涉及一种不具有巴洛克参照、不可解释的旋律模式。假设音乐理论家们借以定义巴洛克音乐的主要特征如下：音乐作为一种具有表现力的表达方式，这种表现此时相关于感觉，如同相关于和弦的效果（例如，未经调制的不协和和弦就是失望和暴躁的表现）；垂直和声即与水平旋律成直角的第一和声须处于和弦状态，且不再经由音程[2]，它依据和弦本身来解决不协和；协奏风格：人

---

　　① 《隐秘哲学要素》："（和谐的）存在的标志，就是感觉一致的事实。"上文中乌克斯库尔的引语可以作为对这句话的解释。

　　② 音乐术语，指两个音的音高关系或两个音之间的距离，其单位为度。音程是构成和弦的基础。——译注

声、乐器声或强度不同的回音的对比；改变了性质的旋律和对位法（华丽的对位法和主调音乐的通奏低音）；通奏低音，它调制或强化包含在和弦中的调性，和弦在这个调性中被分解，也使旋律线从属于和谐原则。① 这些特征中没有一个不能证明和谐是"前定"的，没有一个不在莱布尼茨式和谐中有着自己的相似物。莱布尼茨热衷将各种不同的灵魂—身体概念与两种时钟的对应方式加以比较：或是流数，或是偶因，或是（被他视作高级的）和谐。这些也恰是音乐的三个"年龄段"：单音齐唱阶段、复调或对位法阶段、呈和弦的和声亦即巴洛克阶段。

关于歌词和音乐的关系，人们不会满足于二者匹配，因为这很可能是武断的。如何将歌词折叠以便包裹进音乐？这一表现问题不单单是歌剧的基本问题。巴洛克音乐人可能是最先对这个问题给出系统答案的人，他们认为是和弦规定了符合歌词的情绪状态，并且为人声提供了必要的旋律曲线。由此，莱布尼茨得出了这个观念：我们的灵魂主动、自发地以和弦歌唱，而我们眼睛则

① 关于这些特征中的大多数，参见布科夫泽尔，尤见第 I 章以及"文艺复兴—巴洛克风格对照表"，第 24 页。我们可以将新近再版的拉莫著作《对我们的音乐本能及其根源的考察》(Observation sur notre instinct pour la musique et sur son principe，1754，斯莱肯出版社翻印）视作巴洛克艺术及和谐至上的宣言。这部著作强调了和弦的表现力。而常遭误解的让-雅克·卢梭的立场却非常有趣，他决绝而自甘落后。在他看来，衰减的发生不仅伴随着和弦的和声以及和弦渴望"富于表现力"的抱负，也已经伴随了复调音乐和对位法。卢梭认为，应当回归作为唯一纯粹旋律的无伴奏齐唱，也就是说，回归纯人声变化曲线，它有权置身复调和声之先，因为齐唱是唯一的自然和声。当人声在北方蛮族影响下变得"刚性"，当人声由于僵硬的关节而失去变化，衰减便开始了。参见卢梭：《论语言的起源》(Essai sur l'origine des langues)，图库，第 14 及 19 章。我们会发现，莱布尼茨也认为（或许拉莫亦然），无穷曲线必须以和声和旋律为前提，和声和旋律能够充分表现曲线，没有它们，曲线就无以存在，因为它是"潜在"于其自身的。

追随歌词，我们的声音追随旋律。歌词依据和弦被折叠，而包裹歌词的是和声。正是这一表现问题不断地赋予了音乐以活力，直至瓦格纳、德彪西以及当今的凯奇[①]、布莱、斯托克豪森[②]和贝里奥[③]。这不是一个交互对应问题，而是"内折"或"褶子叠褶子"的问题。究竟发生了什么，以至于自巴洛克艺术家以来对于这一问题的答案，或毋宁说对这一问题的各种不同答案发生了巨大的变化？问题的解决不再依靠和弦，因为问题自身的情况发生了变化：新巴洛克风格和新莱布尼茨主义出现了。从关于城市的视角看，同样的建筑在不断发展，但却不再是同一个视角，亦不再是同一座城市，图形与平面图均在空间中呈运动状态。[④]单子的情形中有某种东西发生了变化，即在旧模式、有着不可感知开口的闭合小教堂、托尼·史密斯所采用的新模式以及在昏暗的高速路上奔跑的密闭轿车这些情形中发生了某些变化，我们大致可以确定是两个主要可变项发生了变化。

----

① 凯奇（J. Cage，1912—1992）：美国先锋派作曲家、音乐理论家、哲学家、行为艺术家。——译注

② 斯托克豪森（K. Stockhausen，1928—2007）：德国作曲家。——译注

③ 贝里奥（L. Berio，1925—2003）：意大利先锋派作曲家。——译注

④ 关于和声—旋律关系的演变以及"对角线"的形成，参见布莱：《学艺手记》（*Relevés d'apprenti*），瑟伊出版社，第281—293页。关于城市的视角，见《意志与偶然》（*Par volonté et par hasard*），第106—107页。伊万卡·斯托亚诺娃（Ivanka Stoïanova）是布莱的《褶子叠褶子》（*Pli selon pli*）的评论者之一，她尤其喜欢按照歌词—音乐的新关系折叠马拉美诗作的方式：《行为　歌词　音乐》（*Geste texte musique*），10—18；也见热阿娜·多特雷（Jehanne Dautrey）：《当代音乐中的人声》。我们借用了吉辛（Brion Gysin）和博罗斯（W. S. Burroughs）的用词"内折"（fold-in），他们二人发明了这种借助"裁切"（cut-up）达到延长的文本折叠法（卡尔·安德烈也称他的雕塑作品为空间中的切口或褶子）。

经查，该注所涉热阿娜·多特雷的论文《当代音乐中的人声》是在德勒兹指导下于1986年完成的，但并未发表。——译注

　　莱布尼茨的单子要服从于两个条件，即密闭和拣选。一方面，单子包含着一个不存在于诸单子之外的世界整体；另一方面，这个世界须以第一次收敛性拣选为条件，因为它有别于其他可能的、同时也是发散的、并被那些得到认可的单子所排斥的世界；接下来，这个世界引起了协和音程的二次拣选，因为每个被认可的单子都将在它所包含的世界中为自己开辟一个清楚表现区域（这第二次拣选是通过微分比或邻近泛音进行的）。然而，无论如何，趋于消失的首先是拣选。如果泛音在位次上完全失去优势（或者是微分关系完全丧失秩序上的优势），那么，在避开自然全音且全部调性都在其中消失的半音音列中，就不仅是不协和不再有什么需要"解决"的，而且不一致还有可能被认可。但是，当单子介入那些属于不可共存世界的发散级数时，就轮到另一个条件消失了：那个跨骑在多个世界上的单子仿佛被一些夹子固定为半开放状态。由于单子现在是由发散级数（Chaosmos[①]）构成，或者，由于掷骰子替代了**全场**游戏，单子便不再能够像投影在一个可变密封圈中那样包含全世界了，而是向着一条不断延展、且越来越远离一个中心的路径或螺旋线敞开。我们不再能够区分垂直的泛音和水平的旋律线，就像不再能区分一个在其自身创造自己特有和弦的统治单子的隐秘状态和遵循旋律线的群体单子的公开状态，因为这两种状态在一条对角线上融合在了一起，单子在这里互相渗透、互相转化，并且与拖挂着它们、将它们统统变成瞬时捕获物的攫握团块不可分离。问题依然是要在这个世界上居住，但斯托克豪森的音乐居所和杜比菲的雕塑屋均不允许

---

　　① 希腊语，意即混沌、混乱。——译注

内部与外部的不同，不允许私人与公共的差异继续存在，他们将变异和路径视为同一，并以"游牧论"（nomadologie）替代了"单子论"（monadologie）。音乐曾经是房子，但房子的结构及性质已经发生了变化。虽然表现我们的世界或我们的歌词的不再是和弦，我们却依然是莱布尼茨主义者；虽然我们还将发现新的打褶方式和新的包裹方式，但我们依然是莱布尼茨主义者，因为打褶、解褶、重褶始终是问题所在。

法汉人名对照表

A

André, Carl　卡尔·安德烈

Arnauld　阿尔诺

Assenmaker　阿森马克

B

von Baël, Karl Ernst　卡尔·恩斯特·冯·贝尔

Baltrusaitis　巴尔特鲁萨提斯

Bardon, Françoise　弗朗索瓦兹·巴尔东

Becco, Anne　贝科

Belaval, Yvon　伊冯·贝拉瓦尔

Benjamin, Walter　瓦尔特·本雅明

Bergson, Henri　柏格森

Berio　贝里奥

Berkeley, G.　贝克莱

Bernard, Claude　克洛德·贝尔纳

Bernini (Le)　贝尼尼

Bertram　贝尔特拉姆

Bettencourt　贝当古

Billettes (Des)　毕耶特

Blanchot　布朗肖

Blankenburg　布兰肯伯格
Boehm, A.　波姆
Bonnefoi, Geneviève　博纳夫瓦
Bonnefoy, Yves　伊夫·博纳富瓦
Bonnet, Charles　博内
Borges, J. L.　博尔赫斯
Boucher, François　弗朗索瓦·布歇
Boulez, Pierre　布莱
Boyle, R.　波义耳
Bresc-Bautier　布莱-波缇埃
Bréhier, Emile　布雷耶
Brochard, V.　布罗夏尔
Brossolet, Guy　布罗索莱
Bruno　布鲁诺
Brunschwig, Jacques　布伦施威格
Brutus, M. J.　布鲁图斯
Buci-Glucksmann, Christine　布希-格鲁克斯曼
Buffon　布丰
Bukofzer, Manfred　曼弗雷德·布科夫泽尔
Burroughs　博罗斯
Butler, Samuel　巴特勒

C
Cache, Bernard　卡什
Cage, John　凯奇
Canetti, Elias　卡内蒂
Canguilhem, Georges　康吉莱姆（又译康吉扬）
Caravage (Le)　卡拉瓦乔
de Careil, Foucher　卡莱伊
de Ceccatty, René　勒内·德·赛卡提
Cesselin　赛斯林
Celant, Germano　切兰特
Ceysson　塞松
Chatelet, Gilles　夏特莱
Christian, Johann Joseph　约翰·约瑟夫·克里斯蒂安
Christo　克里斯托
Clarke, Samuel　克拉克
Clérambault　克莱朗博
Cocteau　科克多
Corradini　科拉迪尼

Gintz, Claude　克洛德·金茨
Gibbs, Willard　吉布斯
Giovanni　乔瓦尼
Goldstein, Kurt　戈德斯坦
Gombrowicz　贡布罗维奇
Goujon　古戎
Gravesande　格拉夫桑德
Greco　格列柯
Grégoire　格里高利
Grenot, Nicole　格蕾诺
Gropius　格罗皮乌斯
Grua , Gaston　加斯通·格鲁阿
Gueroult　盖鲁
Gysin　吉辛

H

Hantaï　昂塔依
Hartsoeker　哈佐克
Heidegger　海德格尔
Heinzen, Helga　海因岑
Helmont, Van　海尔蒙特
Hercule　赫拉克勒斯
Herz, Marcus　赫茨
Hocquenghem, Guy　霍昆格姆
Husserl　胡塞尔
Huyghens, Christian　惠更斯

J

Jagodinsky　雅戈丁斯基
James, Henry　亨利·詹姆斯
James, William　威廉·詹姆斯
Janet, Maurice　莫里斯·雅内
Jeanclos　让克洛
Joyce　乔伊斯
Judd　贾德

K

Kandinsky　康定斯基
Kemp, Cornelia　科妮莉亚·肯普

Kemp, Friedhelm　弗雷德海姆·肯普

Kepler　开普勒

Klaniczay, Tibor　克拉尼察

Klee, Paul　克利

Kleist, Heinrich von　克莱斯特

Knecht, Herbert　科奈希特

Kobro　科布罗

Koch, J. A.　科赫

Kofman, Sarah　考夫曼

Koyré, Alexandre　柯瓦雷

L

Lacan, Jacques　拉康

Lagrange, J.-L.　拉格朗日

Lautman, Albert　阿尔贝特·洛特曼

Lewitt　勒维特

Leblanc, Maurice　勒布朗

Locke　洛克

Loos　劳斯

M

Maïmon, Salomon　迈蒙

Malebranche　马勒伯朗士

Mallarmé　马拉美

Mandelbrot　曼德博

Masham　玛莎姆

Mazarin　马扎兰

Merleau-Ponty　梅洛-庞蒂

Michaux, Yves　伊夫·米修

Michaux, Henri　亨利·米修

Milet, Jean　让·米莱

Morris, Robert　罗伯特·莫里斯

Mumford, Lewis　芒福德

N

Nakamura　中村良志

Nicole, P.　尼科尔

Nizolius　尼佐利乌斯

P

Ponofsky　潘诺夫斯基

Papetti　帕佩蒂

Paris, Jean　帕里斯

Pascal　帕斯卡尔

Permoser　佩尔莫塞

Perrin, Jean　佩兰

Pessoa, Fernando　佩索阿

Philonenko　费罗南科

Pleynet, Marcelin　普雷奈

Plotin　普罗提诺

Pollock　波洛克

Proclus　普罗克洛斯

Prospéro　普洛斯佩罗

Q

Quevedo　戈维多

Quincey, Thomas, De　昆西

R

Rabant, Claude　拉邦

Rameau, J.-P.　拉莫

Rauschenberg　劳申伯格

Renonciat　雷侬西亚

Riemann　黎曼

Riezler　雷兹勒

Robinet, André　罗比内

Robinson, Abraham　阿布拉姆·鲁宾逊

Rousseau, Jean-Jacques　卢梭

Rousset, Jean　让·鲁塞

Ruyer, Raymond　雷蒙·鲁耶

S

de Saint-Germain, Bertrand　贝尔特朗·德·圣热尔曼

Saint-Hilaire, Geoffroy　圣伊莱尔

Sarduy, Severo　萨尔杜伊

Saxe　萨克斯

Scala, André　斯卡拉

Scherer, E.　舍雷尔

Schrade, Leo　莱奥·施拉德
Schuhl, Pierre-Maxime　舒尔
Schwob, Marcel　施沃布
Serres, Michel　米歇尔·塞尔
Simondon, Gilbert　西蒙东
Smith, Tony　托尼·史密斯
Souchal　苏夏尔
Spinazzi　斯皮纳齐
Stahl　斯塔尔
Steinberg, Leo　斯坦伯格
Stockhausen　斯托克豪森
Stoïanova, Ivanka　伊万卡·斯托亚诺娃
Strzeminsky　斯特泽敏斯基
Sznycer, Evelyne　茨尼塞尔

T
Tarde, Gabriel　塔尔德
Taton, René　塔顿
Tesauro, Emmanuel　特索罗
Thérèse　特蕾莎
Thom, René　托姆
Thomson, D'Arcy　达西·汤姆森
Tintoret　丁托莱托
Tisseron　蒂瑟隆
Toros, Yvonne　托罗斯
Tromeur　特洛莫尔

U
Uccello　乌切洛
Uexküll, Jacob von　乌克斯库尔

V
Valier　瓦里耶
Vanuxem　瓦努西姆
Varignon　瓦里尼翁
Volder, Burcher de　德·沃尔德
Vuillemin　维耶曼

W

Wagner, Gabriel　瓦格纳
Wahl　瓦尔
Weyl, Hermann　韦尔
Welish, Marjorie　玛乔丽·韦利什
Whitehead　怀特海
Willis, Tomas　威利斯
Wittgenstein　维特根斯坦
Wölfflin　沃尔夫林

译后记

20多年前的一天，我收到福柯研究专家、哲学博士于奇智教授的一封信，他在信中邀我为陈侗鲁毅工作室翻译吉尔·德勒兹的《褶子：莱布尼茨与巴洛克风格》（以下简称"《褶子》"）。我一不懂哲学，二不甚知德勒兹，哪敢应允如此艰深的译事，但经不住于博士一句"我了解你，你可以"的鼓励，我接下了这块烫手山芋，由此开启了历时一年余的啃硬骨头经历。那一年正值我既要工作，还得独自照顾上学前班的孩子。除了备课上课，晚间须安顿孩子入睡后，才能坐定面对《褶子》，每每工作至凌晨两三点钟，成为"小区最晚熄灯的人"。《褶子》中有许多难以理解且无参考文献可借助的表达，翻译只能以德勒兹的注释或他所提及的相关人物、著作或研究为线索，间接查阅资料，迂回解决。我的书房因为《褶子》成了一个书摊，各类辞书和相关著作均摊放在座椅四周的地板上，以便随时取用。在电脑尚未普及的年代，千疮百孔的《褶子》译文在我的笔下逐字落入方格稿纸。

译后记

　　法国午夜出版社出版的《褶子》和《福柯》原著均为单行本，在法国外交部的资助下，湖南文艺出版社"午夜文丛"于2001年将于奇智教授所译《福柯》和我的《褶子》译本合二为一，以《福柯　褶子》之名出版。至此，德勒兹的两部著作均有了第一个中译本。

　　《褶子》译本伴着我的忐忑在读者当中流转多年，直到2020年初，上海人民出版社于力平先生邀我为"法国哲学研究丛书·学术译丛"修订《褶子》，我既感到欣喜，又感到压力。欣喜的是难得有了一个修改译文的机会，压力则因我依然还是德勒兹哲学的门外汉。好在时隔20余年，国内已在更广泛的领域里对德勒兹展开了深入的研究，对其著述的译介日臻完善，我的修订工作因此也有了一些可以借鉴的文献。另外，此次《褶子》修订工作恰值我身在疫情中的巴黎，别无他务，时间充裕，资料查阅也方便许多。

　　本次修订涉及如下内容：改正误译、通顺语句，译语尽可能明了，对原译的一些拗口长句进行了分拆；基于时事变化等因素，修改、完善注释的翻译，并对原有注释作了增删；调整诸多哲学及自然科学概念的翻译选词，使其或臻于准确或符合通行翻译。改译少量为德勒兹所独有的概念，在征求专业人士意见的基础上，借鉴已有翻译。比如 objectile 一词，其汉译有"抛物体""物的流变态""对象域""对象流域"等。鉴于德勒兹的 objectile 是关于"其对象只存在于可能性中"的一种区间概念，我选择借鉴刘威霆先生的译法"对象域"；修改人名、地名的翻译，使其与通行译法一致，以免在读者那里造成混乱；《褶子》的关键词"le pli"有"皱褶""褶皱""皱折"等多种汉译，我留用了"褶子"，因其通俗且已为多种相关著作所用。"la préhension"一词被译作"抱握"已见于一些颇为重要的文本中，但我认为，"攫握"虽不尽通俗，但更符合汉语对 la préhension 一词的解释。至于德勒兹反复使用的"objet""corps""puissance"等词的翻译，则根据其所在语境分别做了不同处理：objet 具有"客体""对象""物体"等翻译；corps 有时是"身体"，有时是"形体"；puissance则可能是"权力"或"潜能"等……凡此种种，不一一赘述。然而，由于缺乏数学、物理等自然科学的专业知识，有些专业概念的翻译很可能依然不尽准确，甚至有误，还请读者指正。

提交了修订译本，我又一次坠入不安，这大概也是翻译的永恒状态。但愿修订译本能帮助读者更接近原文、更接近德勒兹所描画的哲学意境。

此次修订承蒙于奇智博士一如既往的信任和支持，他不但就具体问题提出了修改意见，更在百忙之中又一次为修订译本撰写了长篇代译序，从多个角度生动解读了无处不在于微观和宏观世界的褶子意象。这篇代译序堪称褶子之诗、诗意之序。有了它，德勒兹的褶子必定在读者眼前明晰很多，美丽很多。本次修订得到上海人民出版社于力平先生的热情相邀和殷切关注，他提出的增加插图等建设性意见势必缩短《褶子》与读者之间的距离。谨在此一并鞠躬致谢。

杨 洁

2021 年 4 月 20 日于西安

图书在版编目(CIP)数据

褶子:莱布尼茨与巴洛克风格:修订译本/(法)
吉尔·德勒兹(Gilles Deleuze)著;杨洁译. 一上海:
上海人民出版社,2021
(法国哲学研究丛书·学术译丛)
ISBN 978 - 7 - 208 - 17253 - 1

Ⅰ.①褶…　Ⅱ.①吉…　②杨…　Ⅲ.①德勒兹-哲学
思想-研究　Ⅳ.①B565.59

中国版本图书馆 CIP 数据核字(2021)第 143869 号

责任编辑　于力平
封扉设计　人马艺术设计·储平

Cet ouvrage a bénéficié du soutien du Programme d'aide à la publication de l'Institut
français. 本书获得法国对外文教局版税资助计划的支持。

法国哲学研究丛书·学术译丛
褶子:莱布尼茨与巴洛克风格(修订译本)
[法]吉尔·德勒兹 著
杨　洁 译

出　　版	上海人民出版社
	(201101　上海市闵行区号景路 159 弄 C 座)
发　　行	上海人民出版社发行中心
印　　刷	上海商务联西印刷有限公司
开　　本	635×965　1/16
印　　张	16.75
插　　页	6
字　　数	182,000
版　　次	2021 年 9 月第 1 版
印　　次	2023 年 11 月第 3 次印刷

ISBN 978 - 7 - 208 - 17253 - 1/B·1572
定　　价　68.00 元

法国哲学研究丛书

学术文库

《笛卡尔的心物学说研究》 施 璇 著

《从结构到历史——阿兰·巴迪欧主体思想研究》 张莉莉 著

《诚言与关心自己——福柯对古代哲学的解释》 赵 灿 著

《追问幸福:卢梭人性思想研究》 吴珊珊 著

《从"解剖政治"到"生命政治"——福柯政治哲学研究》 莫伟民 著

《从涂尔干到莫斯——法国社会学派的总体主义哲学》 谢 晶 著

《走出"自我之狱"——布朗肖思想研究》 朱玲玲 著

《永恒与断裂——阿尔都塞意识形态理论研究》 王春明 著

学术译丛

《物体系》(修订译本) [法]让·鲍德里亚 著 林志明 译

《福柯》(修订译本) [法]吉尔·德勒兹 著 于奇智 译

《褶子:莱布尼茨与巴洛克风格》(修订译本) [法]吉尔·德勒兹 著 杨 洁 译

《雅斯贝尔斯与生存哲学》 [法]米凯尔·杜夫海纳 [法]保罗·利科 著
邓冰艳 译

《情节与历史叙事:时间与叙事(卷一)》 [法]保罗·利科 著 崔伟锋 译

《资本主义与精神分裂(卷2):千高原》(修订译本) [法]吉尔·德勒兹 [法]费利
克斯·加塔利 著 姜宇辉 译